公共安全应急管理指南

郝永梅　孙　斌　章昌顺　黄　勇/编著

气象出版社
China Meteorological Press

图书在版编目(CIP)数据

公共安全应急管理指南/郝永梅等编著. —北京：气象出版社，2010.4

ISBN 978-7-5029-4958-7

Ⅰ.①公… Ⅱ.①郝… Ⅲ.①紧急事件-公共管理-中国-指南 Ⅳ.①D63-62

中国版本图书馆 CIP 数据核字(2010)第 054886 号

Gonggong Anquan Yingji Guanli Zhinan

公共安全应急管理指南

郝永梅 孙 斌 章昌顺 黄 勇/编著

出版发行： 气象出版社

地　　址： 北京市海淀区中关村南大街 46 号　　**邮政编码：** 100081

总 编 室： 010-68409142　　**发 行 部：** 010-68408042

网　　址： http://www.cmp.cma.gov.cn　　**E-mail：** qxcbs@263.net

责任编辑： 彭淑凡　张盼娟　　**终　　审：** 黄润恒

封面设计： 燕　彤　　**责任技编：** 吴庭芳

印　　刷： 北京奥鑫印刷厂

开　　本： 850 mm×1168 mm　1/32　　**印　　张：** 10.5

字　　数： 283 千字

版　　次： 2010 年 4 月第 1 版　　**印　　次：** 2010 年 4 月第 1 次印刷

定　　价： 28.00 元

前　言

公共安全是国家安全和社会稳定的基石。进入21世纪，世界范围内出现了一系列重大危机事件，如“9·11”事件，SARS暴发，禽流感、甲流感流行，印度洋地震海啸以及汶川大地震等。公共安全成为世界各国越来越关注的社会问题。

我国是世界上自然突发事件最为严重的国家之一，70%以上的人口，80%以上的工农业和城市，受到各种突发公共事件的严重威胁：突发公共事件总量居高不下，重大、特大和特别突发公共事件时有发生；多种传染病尚未得到有效遏制，全球新发的30余种传染病已有半数在我国发现，有些还造成了严重后果；国际形势依然复杂，地区冲突不断，台独、民族分裂和东突等恐怖势力猖獗等。据资料显示，中国的GDP连续多年平均保持了8%的高位增长，但每年因公共安全问题造成的GDP损失高达6%，约6500亿元，同时夺去了约20万人的宝贵生命。

随着世界经济一体化和社会联系紧密化的趋势明显，突发公共事件的产生就更加频繁，并成为世界上各国政府的一项重要课题。我国目前正处于经济和社会的转型期，而且在未来很长一段时间内，我国都将面临突发公共事件所带来的严峻考验，正确认识和应对突发公共事件，成为我国政府的一项重要职责。建立健全公共安全应急管理体系，及时有效地防范和处置突发公共事件，已成为我国公共安全管理不可回避的重大挑战。

公共安全应急管理是一个新的研究领域，但在世界各地灾难频发的背景下，一经出现就成为当今世界上的热点问题而备受瞩目，并且在短短的几年时间里，在理论、技术和方法等多个方面有了较大进展。本书基于积极宣传国家有关公共安全应急管理的方针、政策和法律制度，参与公共安全管理理论、方法研究探索的目的，对近些年在公共安全管理方面的研究进展作了简要介绍，对公共安全管理的基本理论进行了概述，对突发事件应急管理的政策制度、技术方法以及实践操作应用进行了系统、深入的总结、归纳、分析和探讨，提出了目前形势下我国建立和完善公共安全应急管理的思路和建议。

本书侧重于公共安全应急管理的政策、方法、程序、技术应用和实践操作，在内容和体系上体现了公共安全应急管理理论应用层面上的特点，同时借鉴、引用了国内外大量相关研究成果，特别是当今国内外应急管理理论与实践的新鲜经验，具有较强的实用性。本书适用于政府和企事业单位，尤其是对从事应急管理和安全管理的人士和操作人员具有较好的参考价值和实用价值，也可作为公共安全应急管理知识的培训教材和公众获取防灾减灾常识的读本。

本书由郝永梅担任主编，孙斌、章昌顺、黄勇担任副主编，参与编写的还有周荣义、葛秀坤等人。由于作者水平有限，书中疏漏之处在所难免，望广大读者批评指正。

编者

2010 年 3 月

目　录

第一章　绪　论

进入21世纪，世界范围内出现了一系列重大危机事件，如"9·11"事件，SARS暴发，禽流感、甲流感流行，印度洋地震海啸以及汶川大地震等。公共安全成为世界各国越来越关注的突出的社会问题。在我国，重、特大事故时有发生；公共卫生事件开始成为严重威胁，全球新发的30余种传染病已有半数在我国发现；地震、冰冻、洪涝等自然灾害此起彼伏，这些都给国家和人民的生命财产造成了难以估量的损失，严重干扰了社会正常生产生活秩序，威胁到国家和社会的稳定和谐。如何及时有效地防范和应对各种突发公共事件，加强公共安全管理和重大危机应对工作已成为政府、社会和公众关注的焦点。

第一节　公共安全概述

我国目前正处于经济和社会的转型期，生产力水平很不平衡，公共安全保障基础薄弱，与经济高速发展的矛盾越来越突出，影响着国民经济全面协调可持续发展。尤其是2003年的"SARS"、2004年的"禽流感"以及2009年的"甲流感"，进一步加深了对建立公共安全管理体系、加强公共安全管理的必要性和紧迫性的认识。据资料显示，中国的GDP连续多年平均保持了8%的高位增长，但每年因公共安全问题造成的GDP损失高达6%，约6 500亿元，同时夺去了约20万人的宝贵生命。实际上，这还仅仅是直观的、表面的现象，公共安全所造成的负面效应，单靠GDP和人员死亡数这两个量化指标是无法完全表达的。比如2003年发生的

"SARS"疫情，虽然死亡人数只有300多人，但对人们造成的心理影响、由此导致的社会动荡程度及对旅游和社会经济活动的限制是有目共睹的。因此加强公共安全管理，是实现社会和谐发展的最根本保障，是亟须解决的重大课题。我国政府历来高度重视公共安全问题，努力创造和谐社会。2003年7月，胡锦涛总书记在全国防治SARS工作会议上指出，我国公共突发事件应急机制不健全，处理和管理危机能力不强，要高度重视存在的问题，采取切实措施加以解决。2004年4月13日，温家宝总理主持会议，在听取公共安全科技问题研究专题汇报时指出：公共安全是经济和社会发展中的重大问题和突出问题，是关系人民群众利益的紧迫问题。

一、公共安全的定义

什么叫公共安全呢？在有关辞典中没有查到公共安全的定义。公共安全包括两个词，一个是公共，一个是安全。从词义和典故出发，查阅有关工具书，得到如下描述。"公共"，不特定的、多数人、共同的，包含有公（有）的、公众的、政府的、公家的、公立的、社会的、公用的、公开的等多种意思。"安全"，在希腊文中的意思是"完整"；而在梵语中的意思是"没有伤害"或"完整"；在拉丁语中有"卫生"之意；从汉字字面上来说，"安"字指不受威胁，没有危险、太平、安全、安适、稳定等，可谓无危则安，"全"字指完满、完整或者指没有伤害、无残缺等。"安全"的意思是"有保障、无危险"，即没有受到损害或者失败的现实可能。为了获得安全的真实含义，从安全的科学层面去查阅相关的资料，得到了"安全"的以下定义：指免除了不可接受的损害风险的状态，是人类的整体与生存环境资源的和谐相处，互相不伤害，不存在危险、危害的隐患。狭义的安全可理解为人、工具及人和工具构成的环境三者处于协调、平衡状态，一旦打破这种平衡，安全就不存在了。广义的安全则是指人类的生存环境——地球的生态安全，包括生产、生活、生存、科学实践及人可能活动的一切领域和场所中的所有安全问题。由此可知，公共安全应是指不特定或者多数人的生命、健康、财产安全，重大公私财产安全，重大生产安全，公共生活安宁以及重大公共利益的安全；是指国家和政府为保护社会公众生命和财产不受威胁，不被损坏，保障公共设施稳定运行，公共环境不遭破坏，预防和控制各种重大突发事件、灾害、事故的发生，减少社会危害和经济损失，稳定社会发展而提供的一种公共服务。

在有关学术文献中，也给出了几种不同但意义相近的解释，如“公共安全是指公民全体及个人和社会的安全，指社会和公民个人从事和进行正常的生活、学习、工作、娱乐、交往所必需的稳定的外部环境和秩序。它包括经济安全，学习、生产和工作场所安全、环境安全、公共卫生安全等”。又如“公共安全是指社会公众享有安全和谐的生活和工作环境以及良好的社会秩序，公众的生命财产、身心健康、民主权利和自我发展有安全的保障，最大限度地避免各种灾难的伤害”。

国外的公共安全的概念跟我国区别不大，如美国的公共安全通常是指政府对社会日常运转所提供的安全保护，诸如防火、维护交通秩序、预防犯罪等等。在美国的地方政府机构中，警察局、消防队和“911”呼救中心构成公共安全的核心。在英国，公共安全指的是一种紧急事态或者紧急事件的应急。根据英国的法律规定，在英国联邦内的人民福利、环境或者安全受到威胁的话，国家要采取行动，确保它的公共安全。

随着社会的进步与发展，公共安全管理的内涵也在发生着深刻的变革。在中国古代，基本上没有公共安全管理的概念，取而代之的是国家安全管理，主要是指统治者为了防止被统治者推翻自己的统治，或是为了防止其他国家、外来民族对本国疆土的入侵，维护自己的最高权威而进行的行政管理活动。在现代社会中，我们对公共安全有两种概念：一方面是传统的灾害，另一方面是非传统的灾害。在传统灾害上，大家比较熟悉的，比如说2008年5月的汶川大地震以及2008年春节时的南方大雪灾，这是自然灾害。除了自然灾害，还有一些瘟疫等，这是传统的灾害。随着人类社会文明的发展，社会的发展，有些非传统的灾害已经暴露出来，比如说恐怖主义、新生的传染病等等。

二、公共安全的内涵和外延

1. 公共安全的内涵

从以上公共安全定义可知，“公共安全”应包括以下几方面含义：①公共安全的目的和性质主要是为公众提供服务。②强调执行公共安全管理活动的主体主要是政府公共部门或公共服务机构，而不是私人机构。③强调公共部门所负的社会责任和义务。④强调公众的参与性。公共安全的整个活动过程和广大公众的利益有密切联系，这种参与主要表现在公众对政府安全决策的影响。⑤强调了安全活动的公开性。公开性一方面说明政府部门官员的安全工作要有透明度，让公众知晓，另一方面说明要让新闻媒介和公众了解主要的安全管理工作，并随时接受检查、调查和监督。⑥运用管理的、政治的、法律的、军事的理论和手段对整个社会及其各个部分进行安全管理和提供安全服务。

在现代社会，公共安全已经不仅是传统意义上的安全和公共安全秩序，公共安全是国家安全的重要组成部分，是经济和社会发展的重要条件，是政府加强社会管理和公共服务的重要内容，是人民安居乐业和建设和谐社会的基本保证。“公共安全”内涵涉及政治安全，如政治制度、集权分权、国家统一、民族分裂、宗教问题等；经济安全，如粮食安全、耕地安全、资源安全、能源安全、金融安全、国有资产安全等；军事安全，如国防安全、恐怖主义、分裂主义、地区安全、战略安全、核安全等；社会安全，如社会保障、就业问题、人口膨胀、贫富不均等；生产安全，如伤亡事故、职业病、火灾爆炸等；环境安全，如生物安全、生态安全、自然灾害等；文化安全，如传统文化、文化遗产等；科技安全，如信息安全、网络安全等。《国家中长期科学和技术发展规划纲要》（2006—2020）首次将公共安全列为我国未来科技发展的重点领域，其中应急管理是公共安全的核心问题。

2. 公共安全的外延

（1）公共安全活动是一门艺术——公共安全管理。在安全管理发展的过程中，公共安全管理的出现是一个历史的进步，特别是在社会主义国家，更加反映出安全管理具有公共安全的本意。在中国古代，基本上没有公共安全管理的概念，取而代之的是国家安全管理，主要是指统治者为了防止被统治者推翻自己的统治，或是为了防止其他国家、外来民族对本国疆土的入侵，维护自己的最高权威而进行的行政管理活动。到了现代，公共安全已发展成为保护人民、国家领土、政府和主权不受威胁和侵害的根本要素，时代赋予了公共安全管理新的科学定义方式，即以政府为核心的公共组织为了维护人民的生命、财产安全，保证国家主权不被侵犯，运用政治、法律、经济和管理的理论和方法，及时发现、纠正或制止各类安全隐患，提高安全管理水平和危机处理能力，对涉及公共安全的事物进行管理的行为。现代公共安全管理应是系统的安全管理，把管理重点放在整体效应上，实行全员、全过程、全方位的管理，使社会达到最佳的安全状态。

（2）公共安全在操作上是一门技术——公共安全技术。运用现代安全防范的技术装备，采用各种技术措施和组织措施，消除或减少影响公共安全的社会生产和活动中存在的各种各样的不安全或危险的因素，这些措施的综合称为公共安全技术。预防安全事故和灾害事故的发生，必须从技术的层面去实施或考虑，或者是说以技术为主，即强化技防，用具体的方法和手段，达到确保安全稳定的目的。公共安全科学着重于研究公共安全的规律，发现、探索、认识其本质，从而把握好安全；而公共安全技术更侧重安全的应用，研究事故致因因素，从而转危为安。因此，公共安全技术丰富了公共安全科学，公共安全科学又指导和推动了公共安全技术的发展。《公共安全中长期科技发展规划战略研究报告》中指出：实施“科教兴国战略”是我国公共安全工作的必由之路，实现公共安全应急科学与技术的持续创新，是实现公共安全应急保障的重要支撑。

(3) 公共安全产生最大的效益——公共安全经济。中国的GDP连续多年保持了平均8%的高位增长，而每年因公共安全问题造成的GDP损失高达6%，每年夺去约20万人的宝贵生命。因此，从经济学的角度，应该把有限的人力、物力、财力合理投入，最大限度地发挥安全工作投资的作用，减少安全事故经济损失，以最少的经济资金投入取得最大的效益。当我们认识到安全也是稳定、安全也是生产力、安全也是最大的效益时，安全也就有了思想上的统一，公共安全目标就成了全社会公众的自觉行动。

(4) 公共安全反映了一种文化——公共安全文化。公共安全文化是一种客观存在，是劳动人民集体智慧的结晶，安全文化是存在于社会组织、单位、个人的种种素质和态度的总和，是决定组织的安全与健康管理的承诺、风格和效率，是那些个体或组织的价值观、态度、认知、胜任力以及行为模式的产物。它应包含公共安全观念文化（精神层）、公共安全行为文化、公共安全管理文化（制度层）和公共安全物态文化（物质层）。

第二节　公共安全的现状与发展

城市化是当今全球经济和社会发展的标志性产物，是全球化进展过程中的重要组成部分。随着生产力的发展和科学技术的进步，在城市现代化发展的进程中，突发公共事件处于不断上升趋势，社会面临的潜在威胁不断加重。从某种程度上说，科学技术的发展和应用给社会带来巨大财富、推动社会进步的同时，也埋藏着诸多重大隐患。到2020年，我国的城市化率将达到60％左右，城市空间集中性和人口密集性将不断提高，火灾、爆炸、毒物泄漏、高楼坍塌、交通事故、恐怖袭击等各类重大事故、安全隐患的风险也将日益突出。一旦发生事故，极易造成人员和财产的巨大损失。

一、公共安全现状和主要矛盾

1. 公共安全现状

突发公共事件是社会公共安全的最大威胁，给人类带来沉重的灾难。美国“9·11”事件使2 797人丧生，直接损失3 000亿美元，间接损失达5 000亿美元。联合国有关机构测算，这一事件使当年世界经济增长率减少1个百分点。2004年12月6日，印度尼西亚苏门答腊岛附近海域发生强烈地震并引发海啸，影响到印度尼西亚、泰国、印度、斯里兰卡、马尔代夫、索马里等东南亚、南亚和东非国家，造成重大人员伤亡和财产损失。据世界货币基金组织和世界银行2005年1月22日公布的对印度洋地震海啸的调查：突发公共事件所造成的死亡和失踪人数达到约30万，损失总额超过64亿美元。

我国目前处在突发公共事件的高发时期，而且在未来很长一段时间内，都将面临突发公共事件所带来的严峻考验。

从自然的角度分析，中国是世界上受自然灾害影响最为严重的国家之一，灾害种类多，灾害发生频度高，灾害损失严重。受灾害影响的人口大体在2亿左右，占全国人口的1/7以上，使得自然灾害在中国有着较强的社会性。

随着经济建设的发展，灾害造成的损失也逐步增加。我国有70％以上的大城市、半数以上的人口、75％以上的工农业生产值，分布在气象、海洋、洪水、地震等灾害严重的沿海及东部地区。我国每年因自然灾害造成的损失一般都要超过上千亿元。

从社会的角度分析，我国目前正进入经济社会发展的关键阶段，既是关键发展期，又是矛盾凸显期。人民内部矛盾出现一些值得重视的新问题，如果处置失当，有可能会出现社会危机。此外，国际政治经济格局的最新变化也使得国际的冲突和危机出现新的特点。如“9·11”事件就显示了国际恐怖主义的威胁巨大。

另外，我国很多地区自然环境破坏严重，潜在的危机有可能随时爆发。而新中国成立以来建设的大量基础设施，年代久远、老化严重，又缺少及时的维护和更换，安全隐患非常多，也是一个个“定时炸弹”。

根据国务院应急办及公安部、民政部、卫生部和安全监管总局，对我国近些年突发公共事件应对工作进行的统计分析评估，中国突发公共安全事件现状如下。

（1）自然灾害

2006年自然灾害总体偏重，受灾人口、死亡人口、农作物受灾面积、倒塌房屋数量等均较常年明显偏高，灾害损失是1998年之后最为严重的一年。①台风登陆早、强度大、频率高，洪涝、滑坡和泥石流等灾害多发频发，造成严重人员伤亡。②旱灾持续时间长、强度大、损失重，四川、重庆等地发生历史罕见特大干旱；森林火险火灾多发，大兴安岭林区发生1987年以来最严重的3起特大森林火灾。③大风冰雹、强降雪、沙尘暴、高温热浪等极端天气事件频发，对群众生产生活造成严重影响。④受灾区域相对集中，福建、湖南、广东、广西、江西和浙江等6省（区）的灾害损失最为严重。

（2）事故灾难

2006年生产安全事故灾难数量和造成的死亡人数有较大幅度下降，特大事故明显减少，一次死亡10人以上特大事故、一次死亡30人以上特别重大事故起数和死亡人数均有较大幅度下降，全年未发生一次死亡百人以上事故。2009年上半年，全国共发生各类事故186 775起，死亡36 370人，同比减少32 787起、5 115人，分别下降14.9%和12.3%。其中煤矿事故发生749起，死亡

1 175 人，同比减少 204 起、265 人，分别下降 21.4%和 18.4%。共发生各类较大事故 881 起，死亡 3 463 人，同比减少 40 起、206 人，分别下降 4.3%和 5.6%。其中煤矿事故发生 53 起，死亡 239 人，同比事故起数持平，死亡人数减少 19 人，下降 7.4%。发生重大事故 30 起，死亡 392 人，同比减少 12 起、209 人，分别下降 28.6%和 34.8%；其中煤矿事故发生 6 起，死亡 82 人，同比减少 7 起、105 人，分别下降 53.8%和 56.1%。发生特别重大事故 2 起，死亡 108 人，同比减少 1 起、4 人，分别下降 33.3%和 3.6%；其中煤矿事故发生 2 起，死亡 108 人，同比增加 1 起、73 人，分别上升 100%和 208.6%。

（3）公共卫生

2007 年 1—6 月，卫生部收到全国（除港澳台）30 个省（自治区、直辖市）通过突发公共卫生事件报告管理信息系统报告的突发公共卫生事件共 1 524 起，报告病例 54 363 人，死亡 224 人。与 2006 年同期比，报告事件数下降 0.20%，病例数下降 39.49%，死亡数上升 30.99%。2007 年上半年无特别重大突发公共卫生事件报告；共报告 3 起重大事件，报告病例 3 人，死亡 2 人。与 2006 年同期比，报告重大事件数下降 76.92%，病例数下降 87.50%，死亡数下降 88.24%；共报告 126 起较大事件，报告病例 2 692 人，死亡 160 人。与 2006 年同期比，事件数下降 9.35%，病例数下降 73.41%，死亡数上升 22.14%；共报告 1 395 起一般事件，报告病例 51 668 人，死亡 62 人。与 2006 年同期比，事件数上升 1.45%，病例数下降 35.17%，死亡数上升 169.57%。分析认为，各类突发公共卫生事件中，以传染病事件为主，其次为食物中毒事件、环境因素事件和职业中毒事件。

（4）社会安全

2006 年全国社会安全形势总体稳定。群体性事件发生起数和参与人数均有明显下降；境外涉及我国公民、企业的突发事件较为突出，非传统安全突发事件时有发生；银行业突发事件数量与涉案金额有所下降；刑事案件立案总量同比持平，严重暴力犯罪和侵财犯罪有所下降，破获刑事案件起数明显上升，人民群众安全感有所增强。此外，国内市场总体稳定，个别地方因遭受自然灾害、受国际市场影响等原因，出现部分商品价格短时间异常波动的情况。

2006 年 7 月，在“全国应急管理工作会议”上，时任国务委员的华建敏指出，2005 年，中国公共安全形势总体平稳，趋向好转，事故灾难和社会安全事件总量有所下降，自然灾害和公共卫生事件有所增加，部分地区、部分行业和部分领域的安全形势依然严峻。全年发生灾害突发公共事件 540 万起，比上年减少 21 万多起；造成大约 20 万人死亡，比上年减少了 1 万多人；直接经济损失约 3 253 亿元，比上年有较大幅度降低。2008 年 7 月国务院召开全国应急管理工作会议。会议强调，各级政府要全面贯彻科学发展观，进一步完善和落实应急预案，增强应急管理能力，切实做好各类突发公共事件的预防和处置工作，促进社会和谐稳定。

2. 我国公共安全主要矛盾

我国目前正处于经济和社会的转型期，公共安全形势严峻，公共安全保障基础相对薄弱，与经济高速发展的矛盾越来越突出，具体表现在以下几个方面。

(1) 城市化进程加快与应对灾害能力脆弱的矛盾

随着经济建设的高速发展，中国城市化进程趋于加快，人口和财富在城市快速集聚，特别是近 10 年来，年均城市化水平上升均达到 1 个百分点以上。而另一方面，城市目前应对灾害打击的能力却十分脆弱，中国大部分城市分布在自然致灾因子的多发区，70%以上的大城市、半数以上的人口、75%以上的工农业产值，分布在气象、海洋、洪水、地震等自然灾害严重的地区。60%以上城市的防洪标准低于国家的规定；在 50 万人以上的大中城市中，54%的城市处于地震烈度Ⅶ度以上地区，使得城市受各类灾害影响的风险逐步提高。一旦遭受灾害袭击，任何环节的缺位与失控，都将造成灾难性的后果。

（2）经济高速发展与公共安全保障基础薄弱的矛盾

目前，我国正处于工业化和城市化快速发展的时期。随着社会经济的高速发展，我国的城市化进程近年来大幅跃进，城市化率由1978年的17.9%上升到1997年的30%，现代经济的发展仍在加速这一进程。现代城市不仅出现了人口集中、建筑物集中、生产集中、财富集中等快速发展的趋势，而且伴随这种趋势，城市同时也作为灾害的巨大承载体而存在着。加上随时可能发生的自然灾害和公共卫生灾难，人们所处的环境充满了危险，同时也考验着国家的公共安全保障能力。虽然我国公共安全与应急管理在国家重视和大力支持下，近年来已取得了长足进步和发展，但总体上看，我国的公共安全保障基础还相当薄弱，与国外发达国家比较存在较大差距。具体表现在：我国还没有从整体层面上进行系统的公共安全和应急管理科技研究，缺乏完善的国家公共安全体系，各相关领域研究处于条块分割状态；公共安全和应急管理相关领域的安全体系的建立还刚刚开始，研究基础弱；公共安全和应急管理相关的实验条件不足，设备相对落后；公共安全科技意识淡薄，专门人才不足，公众安全教育不够完善；在公共安全科技经费投入方面不足；缺乏相关的政策、法律、法规等支撑条件。

（3）应急管理标准提高与应急处理水平滞后的矛盾

经过多年努力，我国在突发事件应急管理的法制、组织体系及救援队伍建设等方面都已具备一定基础，积累了许多处置突发事件的经验，成功应对了一些专业领域的突发事件。我国许多地方已经开始设置专门的应急管理机构，将应急管理作为政府的一项日常的工作来抓，使政府应急管理逐渐走上了正规化和制度化的轨道。但是这种尝试还只局限于部分经济发达地区的大中城市，对于广大中小城市和中西部地区，应急管理还远远没有走上制度化、规范化的轨道。在现实的应急管理活动中，领导机构也大都是应急组成的，是临时从相关部门抽调人员组成的应急处理小组。尽管由于行政权威的力量，这样的小组也能较好地完成任务，但是这种组织形式本身就带有不可避免的缺陷。

另外，我国目前的应急管理机制基本上还是以职能部门为基本单位分别展开的，应急管理在本部门、本系统内部基本上可以做到畅通无阻。但是随着社会的日益发展，各种突发危机事件的诱发因素日益多元化、影响领域日益广泛，对快速反应的要求越来越高，而这种传统的应急管理体制在应急管理的过程中，权限不清，责任不明，很容易造成在实际的管理活动中各自为战的状况，各个相关的职能部门之间推诿扯皮、贻误战机、耽误大局。而且一个成功的应急反应机制应该是由科学的信息收集机制、分析决策机制、组织实施机制、反馈调整机制、奖惩评估机制等多方面因素组成的综合体，绝不仅仅是一个简单的发号施令的过程。

（4）防灾减灾问题突出与应急规划保障不力的矛盾

新中国成立以来，中国政府高度重视减灾事业，制定了“预防为主，防抗救相结合”的应对原则，进行了大量减灾工程建设，大大提高了中国抗御灾害的能力。随着经济的高速发展，我们所赖以生存的环境日益恶化，防灾减灾问题也越来越突出。这就要求我们必须重视搞好公共安全应急规划，克服人类在社会生产经济活动中的盲目性和主观随意性，减少由于自然灾害、人为灾害对社会的破坏，提高整个国家的应急防御能力。然而在实际工作中，我国目前现有应急规划中的减灾规划还很不到位。

①城市规划对减灾能力建设防范的缺陷，加大了城市灾害影响和减灾工作的难度。尽管目前各城市的规划中都对城市防灾减灾进行了布置，但往往不能尽如人意。规划中设置的防灾减灾用地没有落到实处，各类灾害防御措施不协调，“综合”仅限于救灾，而未能贯穿于城市减灾涉及“测、报、防、抗、救、援”的整个过

程中。

②城市规划制定对可能产生的各类灾害风险考虑不足。目前城市的风险管理还主要集中在自然灾害、事故灾难、公共卫生、社会安全等传统的风险领域，对由高科技发展带来的新近凸现的风险、新的生物灾害、网络时代的金融风险、全球变化与全球化引发的自然资源与市场安全风险、社会发展所带来的社会风险，以及有关国民经济决策如大型工程决策失误等带来的风险关注不足。此外，目前工作重点是侧重于风险发生后的应对和恢复，缺少风险事件发生前采取的风险预防性管理。在各级城市规划编制中，由于对这些风险考虑不足，使得一些城市灾害发生后，应急响应与综合控制力不从心，加剧了灾害损失。

③区域与区域、城市与城市之间发展与减灾规划协调不足。城市发展规划中往往是就城市论城市，忽略了城市与周边其他城市的联系，更忽略了城市与区域的关系，致使城市总体规划缺乏区域的依托，不能满足区域和城市协同发展和应对突发事件的要求。事实上，城市与区域相互依赖，相互促进。区域资源比如水系、交通干线、生态资源等都是跨城市相互联系的，而且区域内各城市在公共福利和公共资源等都存在协调合作关系，所以单个城市的产业结构调整、水资源短缺、环境恶化等问题仅仅依靠自身无法很好地解决，只有从更大的区域尺度——城市及所在地区来考虑，才能为综合减灾和风险防范创造良好的环境。

(5) 突发公共事件复杂性与科技支撑力不足的矛盾

随着城市化进程的加快，城市建设向智能化、管网化发展，工业生产向专业化、大型化、高技术和高风险发展，大型特种设备集聚，由此带来的高层建筑火灾、燃气管线、输油管线和大型承压设备等重大危险源增多，而城市抗御灾害能力脆弱，使保证公共安全的难度加大。

在安全减灾的科技进步领域，无论人为还是自然灾害防御，中国与发达国家仍然相差甚远，安全科技在中国尚未形成完善的支撑体系，技术与队伍均显不足，从而导致应急响应与风险管理技术落后，缺少减灾成套技术与城市减灾科技的投入；在城市综合应急与风险管理上，国家迄今仍无城市综合减灾科技平台，导致一些减灾科技设施重复建设，不能发挥城市综合灾害风险管理的作用；在科学上，中国至今没有综合的城市灾害风险评价指标体系，也缺乏相关标准。因此，急需在建立综合灾害系统数据库的基础上，研究制定综合灾害风险诊断指标、综合灾害风险评估指标，并提出相应的国家标准和规范；在完善现有灾害风险评估模型的基础上，开发针对不同灾害种类的风险水平测量模型，集成各种单一的灾种风险评估模型，识别不同地区的灾害链，进而建立城市综合灾害风险评估模型体系；在技术上，尽管已建立了相关的灾害应急指挥体系，但仍未实现综合集成，对生产安全事故和灾害发生机理、识别理论和技术、评价指标体系、危险源的监测监控理论及技术、灾害防治、预测预报与预警技术、应急处理技术和决策支持技术缺乏系统研究；在管理上，减灾规划由于没有相关城市灾害风险研究成果的支撑，至今为止，减灾规划仍未能依据城市能接受的灾害风险水平的差异，在具体的规划中设置不同的情景，进而设置不同的防控措施。

（6）突发公共事件的社会性、猝变性与公民安全意识薄弱和社会动员能力不足的矛盾

突发公共事件、事故和灾害从总体上是小概率事件，但一般后果比较严重，大多能造成广泛的群众影响。从近年来发生在我国的重大伤亡事故、特大火灾事故的有关统计资料中不难看出，78%以上的灾害事故是由于人的不安全行为导致的；同时，事故中的遇难群众多为妇女、老人和儿童。所有这些情况均反映出我国目前在公共安全意识教育、逃生自救技能训练和救援应急处置等方面存在薄弱环节。同时，由于公共安全具有社会性和不确定性以及伤害后果

严重（危及人身生命安全）的特点，应急处理稍有不慎，就可能改变突发公共事件、突发公共事件与事件的性质，使平稳、有序的和平状态向动态、混乱和冲突方面发展，引起突发公共事件、突发公共事件与事件波及范围扩展，卷入人群数量增加和人员伤亡与财产损失后果加大。这就要求公民面对突发事件必须具有较高的安全素质、良好的心理素质和防范技能。但目前我国公民总体社会警觉性较差，市民缺乏自救、救护的防灾意识和能力，与发达国家差距很大。在国外一些发达国家，政府和公民具有较高的公共安全素质和应急指挥处置水平，如 2004 年发生在俄罗斯的地铁事件中，司机和乘客听从指挥，忙而不乱，处置紧张有序。虽然我国许多部门和地区都制定了突发事件的应急预案，有的还进行了演练，但还仅限于纸面上和浅层次，公民的公共安全知识、防范技能和心理适应能力都急需提高。

可以说，公民的公共安全意识高低是衡量一个国家或一座城市公共安全管理水平的重要参数。公民参与作为公众安全的重要力量，也变得越来越重要，它可以作为一种补偿形式，减少社会对国家控制的社会安全网络的依赖。但除了红十字会和慈善总会这样的老牌组织外，我国的公民社会组织很少和国际上众多的专业组织和国际志愿者组织接轨，而能够吸纳各种捐助的民间基金会更是寥寥无几，这些都严重地制约了社会公民组织力量的发挥，也就加重了政府的负担。

“群防是基础，国防是保障”，只有全民积极参与和响应，才能推动城市公共安全管理体系的建设，才能将公共安全管理工作做实、做出成效。而我国长期形成的“大政府、小社会”的格局使得在公共安全管理中的社会动员能力相对不足，公民自发地组织和行动起来防范危机、应对危机以及灾后的恢复和重建的主动性和积极性不足。在应急管理中，不能很好地从事先、事中和事后三个阶段配合政府开展工作，往往过于依赖于政府，而自身的积极性和创造性严重不足，这对要求必须在第一时间内做出正确反应的应急管理来说，显然是十分不利的。

(7) 公共安全法制体系建设与实践要求相比的相对滞后

应急工作中法律本身即是一定的应急预案。过去我国也先后制定了一些处理公共应急状态的法律，例如应对社会动乱的《戒严法》，处理重大自然灾害的《防震减灾法》、《防洪法》和《消防法》等。这是国家层面上应对突发事件的四项法律。具体到各个行业、各个部门还制定了相应的应对性规章。我国灾害管理立法诸如地震减灾、气象、防洪、交通安全、公共安全、森林、草原、传染病防治、公共卫生应急事件、保险等方面立法已初步建立，已有各业务主管部门起草，经国务院和有关部委颁发的一系列单项法规和大量临时性政策性法规文件，如《国家安全法》、《公安法》、《治安管理处罚条例》、《交通法》、《民政事务法》等。但这些法规本身的部门管理色彩太重，缺乏政府各部门之间、政府和社会之间的协调与合作，在应对现代出现的高频度、多领域的紧急事件时，往往显得力不从心。2003 年 SARS 事件之后，党中央、国务院提出了加快突发公共事件应急机制建设的重大课题。党的十六届三中、四中全会明确提出，要建立健全社会预警体系，提高保障公共安全和处置突发事件的能力。2003 年国务院常务会议审议通过了《突发公共卫生事件应急条例》；2005 年《国家突发公共事件总体应急预案》经国务院常务会议讨论通过，并于 2006 年 1 月颁布；同年 11 月国务院会议又通过了《重大动物疫情应急条例》；2007 年 11 月颁布《中华人民共和国突发事件应对法》(简称《突发事件应对法》) 等。但依法实施综合减灾，尚未完善减灾法规体系，且与我国目前的公共安全应急管理的实践要求相比，应急管理的法律法规体系建设还是相对滞后，需要加强国家对减灾工作的宏观管理，加快减灾立法的进程。

3. 我国公共安全面临的严峻形势

在实施改革开放政策 30 多年的时间内，我国城市化水平提高了近 25%，城市化进程的加快，重现了发达国家在城市化加快发展期间或此后出现的一系列生态、环境与灾害问题，使可持续发展面临严重的风险障碍。

（1）重大自然突发公共事件、重大社会性突发公共事件频发，分布广，损失大。中国是世界上自然突发公共事件最为严重的国家之一，70%以上的人口，80%以上的工农业和城市，受到各种突发公共事件严重威胁，全国 22 个省会城市和 2/3 的百万以上人口的大城市均位于地震高危险区。全国有 2/3 的国土面积不同程度受到洪水威胁，特别是长江、黄河、淮河等七大江河中下游地区，集中了全国 1/2 的人口，3/4 的工农业产值，洪涝突发公共事件的威胁更为严重。崩塌、滑坡、泥石流等地质突发公共事件，在我国各地均有分布，随着人类活动的加速和气候变化等因素的影响，地质突发公共事件的发生频度、密度以及范围都呈增长趋势。

（2）突发公共事件总量居高不下，重大、特大和特别突发公共事件时有发生。1990 年至 2002 年，突发公共事件总量年均增长 6.28%，最高时增长达 23%。近几年每年因各类突发公共事件造成 13 万多人死亡，70 多万人受伤，平均每天各类突发公共事件夺走约 300 人的生命，每年直接和间接经济损失约 2 500 亿元。

（3）从社会安全方面来看，近年来一些地方爆炸、投毒、杀人、绑架等恶性暴力犯罪发案率上升，犯罪形势向动态化、组织化、职业化和智能化的趋势发展。转型期社会问题引发的群体性事件持续增多，呈现出跨区域串联和连锁反应的特点，甚至引发局部地区社会的不稳定。

（4）公共卫生形势依然比较严峻，多种传染病尚未得到有效遏制。据统计，全球新发的 30 余种传染病已有半数在我国发现，有些还造成了严重后果。食品安全隐患增大，外来生物入侵也严重影响了人民的生命安全和经济发展。

（5）国际形势依然复杂，地区冲突不断，台独、民族分裂和东突等恐怖势力猖獗等。

据统计，上述公共安全问题每年给中国造成经济损失计 6 500 亿元人民币，约占 GDP 总量的 6%。按 2003 年国际劳工组织的方法测算，仅工矿企业突发公共事件损失就约占 GDP 的 4%。

此外，随着经济社会快速发展，我国公共安全还面临诸多新的挑战。比如，正在兴建的一批重大建设工程，有的处于自然突发公共事件频发地区，重大自然突发公共事件对这些工程构成潜在威胁，而且存在诱发次生突发公共事件的可能：高技术和信息产业的高速发展，在为国家和个人提供全新发展机遇和生活空间的同时，也带来了新的安全威胁。

二、公共安全研究进展和发展思路

1. 国外安全城市研究进展

由于各国国情的差异，关于公共安全的研究关注点也各不相同，但整体上都是从城市防灾与防卫两个方向入手。

（1）日本公共安全的研究重点

由于特殊的地理条件，经常受到自然灾害的威胁，因此在开展城市安全的研究方面起步较早，重点是防灾减灾。早期研究较为分散，主要是由各大学和研究机构独立进行。在 1995 年 1 月 17 日阪神大地震发生之后，对于城市安全的研究开始转向各研究单位的系统、合作研究。

日语中有“安全都市”和“安全安心城市”两种说法，前者倾向于防灾，但“防灾都市”的说法更为普遍。1996 年 5 月在日本神户大学成立了“都市安全研究中心”，代表日本关于城市安全的研究进入了新的阶段。该中心认为安全、舒适的城市理念是：城市首先应当成为充满活力的生产、经济、文化活动场所，具有多种功能，并为市民的舒适生活创造良好的生活空间，称为“安全安心的城市”。

（2）欧美公共安全的研究重点

由于存在较为严重的社会问题，欧美等国更重视人身安全防卫设计方面的研究，因此公共安全的内涵也偏向于防卫。英语中“Safer City”和“Safe City”都表示“安全城市”。“Safer City”一般与阻止犯罪联系在一起，侧重于防卫；而强调防灾功能方面，“Disaster-resistant City”更普遍。20 世纪 80 年代后期，加拿大多伦多着手制定并实施了一系列方针和政策，其目的在于从城市规划和设计的角度改善城市治安。英国早在 1988 年也实施了“安全城市计划”，其初衷是减少犯罪，减轻人们对犯罪的恐惧感，创造一个经济和社区生活都很繁荣的安全城市。随后“安全城市”关注的焦点为：加强政府与公民，尤其是边缘群体的合作；通过环境设计、社区发展和教育来阻止治安性犯罪；将社会阻止和物质环境变化的方法结合起来，城市安全性成为引起环境变化的催化剂。而 2003 年由加拿大皇家骑警队和英国哥伦比亚保险公司合作发起的“安全城市”（Safe City）计划，则旨在为道路上的各类行人提供一个安全的交通环境，确保通行安全。

此外，美国每年都会根据联邦调查局公布的犯罪数字评选出全美最安全城市，供公众参考；加拿大根据警方提供罪案资料统计结果每年进行最安全城市的评选。至 2006 年，位于多伦多以西的密西沙加市已连续第七年成为加拿大最安全的城市。

（3）国际社会始终关注公共安全问题

如何提高人类居住区的防灾抗灾能力，保障人居环境的安全已成为全人类共同关心的问题。1987 年联合国召开的减少城市不安全性会议，1989 年举行的提高城市安全度会议、欧洲和北美洲城市安全和预防犯罪会议，以及 1989 年和 1991 年举行的欧洲城市安全论坛、加拿大城市联合会和美国市长会议，都旨在寻找有效手段确保市民人身安全和城市治安稳定。1994 年，联合国发展计划报告使人类安全受到世界性的广泛关注，其关注重点是平民和社区生活的安全。20 世纪 90 年代联合国决定于每年确定一个“国际减灾日”主题，旨在最大限度地调动各国公众的防灾自觉性，提高安全预防综合能力。1996 年“国际减灾日”的主题便是“城市化与灾害”。而 1998 年，世界人居日的主题为“更安全的城市”。2005 年 9 月国际减灾大会在北京召开，重在提高国家和社区的减灾能力。

21 世纪初，不安全事件在世界范围内频繁发生：美国“9·11”事件，2005 年伦敦地铁连环爆炸事件，同年“卡特里娜”飓风袭击了美国的路易斯安那、密西西比和阿拉巴马三个州，2003 年爆发的 SARS 致使中国大陆遭受到传染疾病的严重威胁，以及致使东南亚地区大量家禽死亡、经济损失严重的禽流感等，都促使非传统的城市安全问题受到社会各界的高度重视。这一阶段的研究扩充了传统安全城市的内涵，打破了防灾与防卫的局限，上升到更高的人类整体性安全层面。

2006 年 6 月主题为“我们的未来：可持续发展的城市——将构想化为行动”的第三届世界城市论坛在加拿大温哥华举行。在本次论坛中，提出了“The Secure City”（即安全城市）的倡议。论坛提出，21 世纪，对城市发展产生影响的各种力量和威胁给城市规划、城市政策和城市设计的有效应对能力提出了越来越大的挑战。传统城市安全理论的基石（个人安全、社区安全、服务和系统的安全）亟待发展，急需变得更加敏感和灵活。于是，一个探寻适应性安全、预防性安全和人类安全三者间关系的研究方案被提上议程。

2. 我国对公共安全的研究与实践

(1) 早期公共安全研究

在新中国成立初期，由于我国计划经济占主导地位，面临的首要威胁还是自然灾害（地震、洪水、台风等）和较简单的人为灾害

（火灾、交通事故、犯罪等）。因此，我国关于公共安全的探讨相应集中于一般层面上的防灾减灾研究。但随着社会的进步和市场经济的发展，城市人口急速增长，城市职能发生变化，城市中不安全因素增多，致灾和成灾因子有不断扩大的趋势，公共安全研究领域则扩展到防灾、治安和防卫三方面。

同时，城市公共安全的内涵在学术研究与实践中不断得到充实。首先，从灾害学中逐渐分化出一支以城市防灾减灾为研究对象的学科——城市灾害学。其次，在城市规划中也有专门的防灾减灾规划，主要在硬件方面布置安排各种防灾工程设施，在软件方面拟定城市防灾的各种政策及指挥运作体系。其又细分为城市防洪规划、城市消防规划、城市减灾规划和城市人民防空规划四个方面。然而，城市规划和城市的弊病之间的关系并没有为规划者更多地认识。城市规划在处理城市发展和市民安全、和谐共处时，并没有体现出前瞻性和灵活性，城市安全体系还存在很多漏洞。

（2）21 世纪的公共安全研究

新世纪人为活动对城市影响凸显，公共安全问题复杂多样。一方面，随着人类居住区机能和设施的不断完善，人、自然和环境之间的关系变得越来越复杂，威胁城市的因素增多；另一方面，因为市场经济的活跃和人口流动性的增强，社会问题多样化，人为因素对城市的作用不断显现并强化，可能形成的破坏程度比以往任何时候都要严重。2003 年在香港、北京蔓延的 SARS 病毒造成全国恐慌；2005 年由于吉林石化爆炸事件，导致大量污水排入松花江，造成哈尔滨全市停水；同年，因多人食用福寿螺致病事件以及城市“狗患”问题，都令公共安全问题变得复杂多样化。

国家对公共安全予以高度关注，研究领域向更广范围延伸。安全是城市可持续发展过程中不可或缺的因素。SARS 的突发使公众安全成为社会关注的焦点，学术界也展开了如何应对突发事件和保障公共安全的探讨，内容涵盖灾害发生的整个过程：灾前城市综合减灾规划，灾中应急预案、救援措施，灾后综合灾情评估体系等。2002 年由中国科协主持的安全科技综合专题研究在综合的安全目标下，同时启动了生产安全、职业危害预防与控制、生态与环境安全（含外来物种入侵）、资源与能源安全、城市安全减灾、信息安全、食品及生物安全、突发公共卫生事件控制、交通运输与物流安全等研究项目，从而使安全减灾成为可持续发展战略中的关键一环。2003 年底，成立国务院办公厅应急预案工作小组，先后组织召开了国务院各部门和部分重点省、市预案工作会议，全国上下全面展开应急预案的编制工作。首先是科技部“十五”期间设立的攻关课题《城市公共安全规划与应急预案编制技术及其关键技术研究》，原国家安全监督管理局安全科学技术研究中心（现中国安全生产科学研究院）牵头成立课题组，重点对应急体系建设和应急预案编制的关键技术展开研究。此外，中国行政管理学会也成立政府应急管理课题组，从理论和实践相结合的基础上，分别从政府应急管理的新特点、新思路和新方法，以及如何构建灵活有效的政府预警系统、应急管理机构和制度、政府快速反应机制、政府信息管理等方面的应对措施展开比较全面的研究。

同时，全国各地高度关注城市安全和公众安全。2002 年南京市公安系统郑重承诺将南京建成“全国最安全城市”，随即有研究从危害城市治安秩序的破坏力、维护城市治安秩序的控制力、公众安全感三个方面提出安全城市的评价指标体系。同年，我国第一套城市应急联动系统在广西南宁投入运行。2003 年，沈阳开始着手创建安全城市调研阶段的 20 个工程，项项不离百姓的生活。SARS 之后，中国城市规划学会于 2004 年开始筹建“城市安全与防灾规划学术委员会”。近年来，南开大学又展开了城市公共安全规划编制要点和规划目标的研究，使我国城市安全研究更加具体。

3. 公共安全的发展思路

公共安全是国家安全和社会稳定的基石。我国公共安全面临严峻挑战，对科技提出重大战略需求。2006 年，国务院公布了《国家中长期科学和技术发展规划纲要》（2006—2020 年）。公共安全被列为第 10 部分，并提出了国家公共安全应急信息平台、重大生产事故预警与救援、食品安全与出入境检验检疫、突发公共事件防范与快速处置、生物安全保障和重大自然灾害监测与防御六大优先主题。

公共安全的发展趋势如下。

（1）加强对突发公共事件快速反应和应急处置的技术支持。以信息、智能化技术应用为先导，发展国家公共安全多功能、一体化应急保障技术，形成科学预测、有效防控与高效应急的公共安全技术体系。

（2）提高早期发现与防范能力。重点研究煤矿等生产事故、突发社会安全事件和自然灾害、核安全及生物安全等的监测、预警、预防技术。

（3）增强应急救护综合能力。重点研究煤矿灾害、重大火灾、突发性重大自然灾害、危险化学品泄漏、群体性中毒等应急救援技术。

（4）加快公共安全装备现代化。开发保障生产安全、食品安全、生物安全及社会安全等公共安全重大装备和系列防护产品，促进相关产业快速发展。

我国目前公共安全研究六大优先主题的重点分别如下。

（1）国家公共安全应急信息平台。重点研究全方位无障碍危险源探测监测、精确定位和信息获取技术，多尺度动态信息分析处理和优化决策技术，国家一体化公共安全应急决策指挥平台集成技术等，构建国家公共安全早期监测、快速预警与高效处置一体化应急决策指挥平台。

（2）重大生产事故预警与救援。重点研究开发矿井瓦斯、突水、动力性灾害预警与防控技术，开发燃烧、爆炸、毒物泄漏等重大工业事故防控与救援技术及相关设备。

（3）食品安全与出入境检验检疫。重点研究食品安全和出入境检验检疫风险评估、污染物溯源、安全标准制定、有效监测检测等关键技术，开发食物污染防控智能化技术和高通量检验检疫安全监控技术。

（4）突发公共事件防范与快速处置。重点研究开发个体生物特征识别、物证溯源、快速筛查与证实技术以及模拟预测技术，远程定位跟踪、实时监控、隔物辨识与快速处置技术及装备，高层和地下建筑消防技术与设备，爆炸物、毒品等违禁品与核生化恐怖源的远程探测技术与装备，以及现场处置防护技术与装备。

（5）生物安全。重点研究快速、灵敏、特异监测与探测技术，化学毒剂在体内代谢产物检测技术，新型高效消毒剂和快速消毒技术，滤毒防护技术，危险传播媒介鉴别与防治技术，生物入侵防控技术，用于应对突发生物事件的疫苗及免疫佐剂、抗毒素与药物等。

（6）重大自然灾害监测与防御。重点研究开发地震、台风、暴雨、洪水、地质灾害等监测、预警和应急处置关键技术，森林火灾、溃坝、决堤险情等重大灾害的监测预警技术以及重大自然灾害综合风险分析评估技术。

第三节　公共安全的科学研究体系

“SARS”之后，公共安全研究在我国迅速展开。作为一门新兴学科，发展时间较短，其理论体系尚未形成，而与公共安全相关的研究主要是从国家安全、生产安全、公共管理学、法学以及国外紧急事态管理理论等角度展开。众多学者也从各自学科角度，对我国公共安全现状与对策各抒己见，虽有明显差异，但却为我国公共安全科学体系的形成做了许多基础性的工作。

一、公共安全的研究范围和内容

1. 公共安全的研究范围

公共安全问题由自然因素、生态环境、公共卫生、经济、社会、技术、信息等多方面所组成。按门类划分，影响公共安全的因素主要有：①自然因素。包括地质灾害，如地震、滑坡、崩岸、塌陷、泥石流等；气象灾害，如暴雨、洪涝、旱灾、风灾、雹灾、雪灾、霜冻、雷击、雾凇、雨凇、寒潮、沙尘暴潮、海浪、海啸、海难等。②卫生因素。包括人体卫生安全，如各类传染病，流行病、职业病、突发病、中毒等；动物防疫安全，如各类传染病、流行病、突发病、中毒等；水生物防疫安全，如鱼、虾、蟹、贝等。③社会因素。包括刑事安全，如打、砸、抢、盗、杀、烧、炸、绑架、毒品等；社会动乱，如暴乱、非法集会游行、非法宗教活动等；社会灾难，如火灾等。④生态因素。包括海洋生态安全，如赤潮、海岸带侵蚀、海水入侵、海水污染、渔业生态失衡、海岸工程毁坏等；自然生态安全，如动植物群及物种保护、生物多样性保护、农作物与树林病虫灾、森林火灾、水土流失等。⑤环境因素。包括废气、废水、废渣、噪声、毒气、腐蚀性物质、光化学雾、放射性危害等。⑥经济因素。包括生产安全，如爆炸、各类事故等；金融安全，如信贷、外汇、股市等；交通运输安全，如铁路、公路、航空、海运、管道、索道、重要桥梁等；能源安全，如煤、油、电、气、水、火、热等。⑦信息因素。包括国家机密、计算机信息、网络信息、核心技术、商业秘密等。⑧技术因素。包括重要公共技术设施保护，如电视台、电台、通讯等重要信息枢纽等；高新技术的负面危害，如克隆技术、转基因技术等。⑨文化因素。包括民族矛盾、文化冲突等。⑩政治因素。包括政治动乱、国家分裂、政治斗争等。⑪国防因素，包括外敌入侵、主权危害等。

根据公共安全的内涵和影响因素，归纳起来，公共安全科学的研究领域包括公共安全全部范围，主要涉及自然灾害、公共卫生灾害、技术灾害、环境灾害、人为灾害等方面。

2. 公共安全的研究内容

公共安全学科是一门跨门类的综合性新兴横断科学。公共安全涵盖了安全的方方面面，既涉及为数众多的政府部门和社会团体，也与城市自身的社会、经济和自然环境密切相关。公共安全问题本身具有复杂性、交叉性和潜隐性，要给这门新兴的学科下一个准确、全面的能被大家普遍接受的定义是有一定难度的，况且公共安全的科学研究范畴还正处于不断地发展和变化中。目前，对公共安全科学体系的研究只能是初步设想，但是总的来说，公共安全学科是研究公共安全本质及其规律的科学。如果从安全领域角度划分，它应包括：公共安全学基础理论、国家安全学、社会安全学、生产安全学、自然灾害安全学、环境与生态安全学、公共卫生安全学、信息安全学、公共安全应急机制与技术等。公共安全学科的研究应该是围绕着其研究目的进行的一系列活动，具体说来，其研究内容包括：公共安全科学的哲学思想（包括公共安全观、公共安全的认识论、方法论），公共安全科学基础理论（包括基础科学和现代科学技术的成果，研究安全问题自身规律以及形成和发展的规律，从而形成自己的理论体系），公共安全防范技术及危机管理措施等。

二、公共安全的研究目标和方法

1. 研究目标

公共安全科学研究的目的，首先是确保公民的生命、身心、健康的安全，即“以人为本”这一中心原则，是公共安全的核心；其次，是保证财产、设施、环境的安全。公共安全科学研究目标可分为两个不同的层次：较高的目标是通过灾害性公共突发事件、事故治理体制、机制和法制层面存在的相关问题进行梳理，为我国灾害性公共安全提出一个切实可行的管理方法、途径，以期为将来公共危机的治理提供借鉴和参考；较低的目标是用一个全新的视界来看待公共安全，在体制、机制和技术层面探讨公共安全的基本问题，客观分析我国公共安全体系建设的基本矛盾，确定公共安全建设基本目标和原则，促进公共安全应急管理方式的转变。

2. 研究方法

(1) 文献研究法

公共安全管理是一个复杂的过程，综合管理机制的形成和建立也是一个长期的过程，其中涉及政府和非政府等多方面的力量。文献研究法主要是查阅和参考国内外有关公共安全方面的著作和论文，有关公共安全方面的研究译著、已有的相关研究成果等，收集、总结、探讨有关公共安全管理的现状、问题、对策思路以及经验总结等。

(2) 案例研究法

公共安全应急管理的效果如何，要靠实践来验证。本法通过对国内外有重大影响的灾害性公共突发事件案例进行分析，并对一些公共危机治理事件中的问题进行评析，对以后类似事件的处理起到指导和借鉴作用。

(3) 比较研究法

由于各国政治、经济、文化、地理环境、自然状况等因素不同，引发的公共事件也不尽相同，因此，在公共安全应急管理上自然存在差异。通过比较分析判断对各种突发公共事件、灾害及其应急管理的长短优劣，找出其共同点或相似点，取其精华，弃其不适，对比中国和其他国家在公共安全应急管理方面的优点和差距，给予中国公共安全相应的思路和建议。

(4) 制度分析与经济分析的方法

这一分析方法把任何物品或者是服务都看成是复杂的，并且是可以进行细分的，而不简单地说某物品就是公益物品或公共服务，或者说某物品就是私益物品或由私人提供的服务。认为不同的公益物品和服务的性质不同，所以其融资、生产、供给、提供以及消费政策可能导致不同的问题产生。这一分析框架着眼于公益物品和公共服务的有效供给。通过对问题的分析，分别在操作层次、集体选择层次和立法层次进行政策选择。经济分析是一种统一的、适用于解释全部人类行为的方法，能够应用的范围非常广泛。对公共危机的治理进行经济学的分析，坚持用效率、财政平衡、可持续发展作为危机治理的价值目标和绩效标准，具有重要的意义和作用。

（5）理论联系实际的方法

运用理论联系实际的方法研究公共安全，就是为了更好地把书面知识同活生生的现实相结合，理论不能成为检验真理的标准，唯有实践才是检验理论真理性的标准。作为真理标准的实践不是一时一地的实践，它具有空间的广泛性和时间的无限性。在公共危机的治理机制还不是很完善的情况下，如果在实践中应对危机的某些做法是合理有效的，而现实理论还比较滞后，就必须对有益的经验进行借鉴，做到从实践中来，到实践中去。

第二章　突发事件

进入 21 世纪以来，无论是发达国家，还是发展中国家，都面临着各种突发公共事件不断增长的严峻挑战。地震、海啸、空难、恐怖暴力、疫情流行等突发公共事件此起彼伏、层出不穷，给各国人民的生命财产造成了难以估量的损失，严重干扰了社会秩序的正常运行，阻碍了社会的经济发展，威胁到社会的和谐稳定。尤其是作为地域社会政治、经济和文化中心的现代城市，由于居住人口稠密，公共基础设施不断扩展，各种大型活动接连不断，一旦出现突发公共事件，造成的危害更加严重。如何及时有效地防范和应对各种突发公共事件，保障城市公共安全，维持社会稳定发展，已成为政府、社会和公众共同关注的焦点，成为城市管理者亟须解决的问题。常言道“知己知彼，百战不殆”，认清突发公共事件的本质是做好应急管理工作的第一步。

第一节　突发事件概述

根据《突发事件应对法》第三条规定，突发事件是指突然发生，造成或者可能造成严重社会危害，需要采取应急处置措施予以应对的自然灾害、事故灾难、公共卫生事件和社会安全事件。这一概念具有 4 个核心要素：一是突发事件具有明显的公共性或社会性，即属于公共危机；二是突发事件具有突发性和紧迫性；三是突发事件具有危害性和破坏性；四是突发事件必须借助于公权力（即政府权力）的介入，运用社会人力、物力才能解决。

由战争或全国总动员、局部动员所引起的应急状态则是一种最为典型的突发公共事件。现实情形中，在一定外界因素作用下，突发事件就会进一步发展成为危机，所以，又常常把突发事件称之为“危机事件”，突发事件大都具有危机的特质，或者说具有向危机事件转化的潜质。因此，在一定意义上突发事件也叫突发公共危机事件。

一、突发事件的界定

突发事件是一个相对的概念，必须与事件承受的对象和产生的环境相对应。某一事件对某些对象来讲是突发事件，而对其他对象而言可能就是一般的简单事件，或许称不上是事件。比如：由于技术或系统原因，一个小型企业内部信息网络发生故障，对其来讲是突发事件，需要组织力量，采取措施，尽快处置，恢复正常的工作秩序，减少由此造成的经济损失和负面影响。如果此事件不涉及公共利益，对整个社会而言，就不是突发事件。因此，突发公共事件与突发事件是相容的关系，突发公共事件是突发事件的一部分，并不是所有突发事件都是突发公共事件。

突发公共事件中，“突发”强调事件发生的不可预测性和结果的不确定性；“公共”强调的是事件本身属性与纯粹的个体和私人利益无关，需要调动相当的公共资源、整合社会力量加以解决；“事件”强调一旦这样的情境出现，则对公共组织会造成较大的影响，存在或潜藏着对整个公共组织的威胁。

在概念使用上，除了“突发（公共）事件（emergency）”外，现在学术界和实践部门使用的主要还包括“公共危机（crisis）”、“应急状态（state of emergency）”、“灾害（hazard）”、“灾难（disaster）”等。这几个概念都是用来描述性质相近的一类事件或状态，但它们的侧重点不同。对于这类事件或状态的分析，可以从以下三个维度考虑：事件的危害程度、事件的影响方式、事件的影响范围。

（1）灾害和灾难主要是指自然因素、人为因素或由二者共同作用所引起的对人类生命、财产和人类生存环境造成破坏损失的现象或过程。一般来说，灾难的程度比灾害更高一些。灾害/灾难的发生既有以突然发生的方式来产生影响的（如地震），也有以可预见的方式来影响社会的。灾害和灾难的影响范围一般涉及不同的公共范畴（如不同地域或不同系统）。

（2）突发事件和应急状态强调的是事件的影响方式是突如其来的，事先难以预料，需要紧急处置。应急状态更多的是指突发事件的关键临界点，这种提法从法律和国家的角度来看待突发事件，更多地偏重于性质严重到可以威胁政府统治权力的事件。突发事件的危害程度有可能很大，但也有可能有限。突发事件和应急状态影响的范围既可能是公共范畴，也可能是私域范畴。

（3）危机是全过程、全方位地来描述那些突发的、有可能产生较大破坏损失的事件。由于灾害/灾难、突发事件、应急状态之间相互重叠和转化，广义的危机定义实际上把灾害/灾难、突发事件、应急状态等等全都包括进来了。

总之，突发公共事件的发生是一个矛盾、冲突量变积累的过程。从表面看，突发公共事件是一个突发事件，但实际上一般会经过一个由渐变、量变，最后达到质变的过程，而质变就是突发公共事件爆发的阶段。因此，防控潜藏危机诱因的发展与扩散，才是突发公共事件处理最要紧的阶段。其次，突发公共事件是指处于受严重威胁、具有不确定性和压力感的危机状态，而不是一种有序运行的常规状态。这说明突发公共事件必然要给旧有秩序或原有状态带来变化，当系统感受到这种变化时，混乱、失控、紧张感都属于其中的正常反应。再次，与突发公共事件伴随的必然是决策和处置行为。因为突发公共事件一般情况下会给组织系统带来严重损害，给公共利益和公共安全带来严重威胁，这就需要政府在时间紧迫、资源短缺、信息不足的情境状态下立即进行决策和行动。

二、突发事件的构成要素

根据对突发事件的界定，可以推知，所谓突发事件至少应该包括以下几个基本要素：突然爆发、难以预料、由必然原因导致、产生严重后果、需紧急处理。这五个要素对突发事件来说，是必不可少的。

（1）突然爆发。这是突发事件的第一要素。因为突发事件发生前的量变过程通常不为人们所注意和了解，或者事物内在矛盾由量变到质变的过程是爆发式的，其发生的时间、地点、规模、具体形态和影响程度，是人们难以预料的。当危机发生时，事物原有的发展程序和格局被打破，使人们感到很突然。

（2）难以预料。突发事件具有很大的不确定性，人们很难判断突发事件是否会发生，会在何时发生，会以何种方式以及在何种程度上发生。突发事件的发生是由于系统的稳定性和可控性遭到破坏，系统出现异常情况而发生的无秩序的意外事件。因此，人们往往很难根据以往经验作出准确的推测和判断。

（3）由必然原因导致。必然性是指客观事物联系和发展的合乎规律的、确定不移的趋势，是在一定条件下的不可避免性和确定性。突发事件以偶然性形式表现出来，但反映的是必然性的内容。世界上无论多么出人意料的事件都有它产生的内在根据和具体条件，只要诱发突发事件的条件成熟，就会发生突发事件。因而突发事件都存在某种必然性。

（4）产生严重后果。不论什么性质和规模的突发事件，都必然不同程度地给国家和社会造成政治、经济、文化等方面的损失和破坏，会给社会带来生命、财产或精神上的巨大损失和损害。

（5）需紧急处理。突发事件所反映的问题极端重要，关系到社会、组织或个人的安危，必须马上处理，而且要很好地处理。突发事件的发展非常迅速，如果不迅速处理，会造成更大的损失。因此，对突发事件的反应越快，应对决策越正确，突发事件所造成的损失就会越小。所以，在突发事件中，时间非常紧迫，对事件的把握很大程度上决定了突发事件处理的有效性。

三、突发事件的特征

现实生活中，各种突发公共事件，大都具有突然爆发、起因复杂、蔓延迅速、危害严重、影响广泛的特点，而且相互交织，处置不好会产生连锁反应。具体来讲突发公共事件有以下几个共同特征。

1. 客观性和复杂性

不以人的意志为转移，由多种原因、多种因素、多种条件构成，而且这些原因、因素和条件往往相互联系、相互影响，甚至相互转化。因此，既要进行科学分类管理，又要加强相互协调和沟通，采取科学、系统、综合的措施应对长期潜伏性。如 1998 年的特大洪水，在很大的程度上是由于长期以来对森林的过度采伐和对植被的破坏，导致区域自然生态失衡，这有一个量变过程，具有隐蔽性。加强科学研究，尽可能地化解这种量的积累，防止量的扩张和质的突变，这就是我们一贯倡导的预防为主的方针。

2. 突发性

突发公共事件会在何时、何地或何种情况下发生，具有极大的不确定性，这为我们防止公共安全事件的发生和选择采取应对措施的时机增加了难度，因此，建立健全公共安全应急体制具有特殊意义。突发公共事件虽然是由一系列细小事件逐渐发展而来的，有一个量变过程，但事件爆发的时间、规模、具体态势和影响深度，却经常出乎人们的意料之外，即事件发生突如其来，一旦爆发，其破坏性的能量就会被迅速释放，并呈快速蔓延之势，而且事件大多演变迅速，解决问题的机会稍纵即逝，如果不能及时采取应对措施，将会造成更大的危害和损失。

3. 紧急性

当政府面临的环境达到了一个临界值和既定的阈值，政府急需在高度压力下快速做出决策，但通常缺乏必要的训练有素的人员、物资和时间。

4. 公共性

突发公共事件专指在公共管理范畴内的危机事件，其影响和涉及的主体具有公共性。当然，突发公共事件的直接涉及范围不一定是在普遍的群众领域，但是事件却会因为迅速传播引起群众的关注，成为公共热点并造成公共损失、群众心理恐慌和社会秩序混乱。突发公共事件可能源于他人、它地，但是在一个开放的、动态的、回应的社会系统中，来自感知的强烈刺激使得群众身心紧张，对事态严重关注，从而促使政府必须要通过调动相当的公共资源，进行有序的公共组织协调才能妥善予以解决。如美国发生的炭疽菌攻击，实际发生案例并不多，但造成的影响和恐慌却是全国性的。

5. 高度不确定性

不确定性表现在原因、变化方向、影响因素、后果等各方面都无规则，事件瞬息万变，难以准确预测和把握。不确定性和人类理性的有限性使得人们在事件面前往往无所适从，更增强了恐慌感，并扩大不安全感。

6. 多样性和独特性

突发公共事件的发生发展具有不同的情景，在表现形式上各有特色。事件的独特性导致难以照章办事。突发公共事件的分类有近百种之多，而且同样的事件发生的时间、地点、原因及变化的趋势又各不相同和千变万化。

7. 广泛性

2002 年底至 2003 年的 SARS 疫情扩散到中国大部分省市区，

并波及欧美，类似事件要与其他国家或有关国际组织建立联系，共同抗击。

8. 危害性

不论什么性质和规模的突发公共事件，都必然不同程度地给社会造成破坏、混乱和恐慌，而且由于决策的时间以及信息有限，容易导致决策失误，造成无可估量的损失和社会危害。而且危机往往具有连带效应，可能引发次生或衍生突发公共事件，导致更大的损失和危机。1986 年发生的前苏联切尔诺贝利核电站的核燃料泄漏突发公共事件，造成的危害直至现在仍未完全消除，有关专家预测该突发公共事件的影响将延续 100 年。在社会领域，任何一个突发公共事件，都有可能把潜在的社会矛盾引发出来，威胁整个社会的稳定。

9. 信息的有限性

由于突发公共事件的随机性和不确定性，很多信息是随着事态的发展而演变的，而时间的紧迫性，使得决策者掌握的信息有可能不全面，信息不及时，并且在信息的反馈和处理过程中，难以保证信息的准确性和有效性，导致信息失真，这是对决策者最严峻的考验。

四、突发事件的分类

正确区分不同类型的突发公共事件是有效解决问题的前提，针对不同类型的突发公共事件需要采取不同的应对措施和方法，只有这样，才能及时、准确、有效和全面地解决问题。

根据国务院的总体预计预案，突发公共事件分四大类，第一类是自然灾害，第二是和我们经济生产活动有关的一些事故灾难，第三是和我们的生命健康有关的突发公共卫生事件，第四是和我们的社会、经济有关的一些突发社会安全事件。

（1）自然灾害。主要包括水旱灾害、气象灾害、地震灾害、地质灾害、海洋灾害、生物灾害和森林草原火灾等。我国是世界上自然灾害最为严重的少数国家之一。其中平均每年洪涝成灾面积 500 万 hm^2* 以上，干旱成灾面积 1 000 万 hm^2；每年登陆台风约 7 个，风暴潮、沙尘暴、冰雹、暴风雪、低温冻害、海啸、赤潮、海岸侵蚀等海洋气象灾害分布广泛时有发生；崩塌、滑坡、泥石流灾害点 41 万多处，土地荒漠化面积 262 万 km^2，土地沙化面积每年扩展 2 460 km^2，地震灾害在世界上属于多发国家；生物灾害中农作物病虫鼠害达 1 400 种，草原森林病虫、鼠害每年发生面积分别超过 2 000 万 hm^2 和 800 万 hm^2；森林火灾年均发生 1.6 万次，草原火灾发生频繁的近 1 亿 hm^2。据统计，我国 70%以上的人口，80%以上工农业和城市受到各种自然灾害的严重威胁。

（2）事故灾难。主要包括工矿商贸等企业的各类安全事故、交通运输事故、公共设施和设备事故、环境污染和生态破坏事件等。近些年来，我国安全事故屡屡发生，居高不下。全国每年发生各类事故 100 万起左右，死亡人数 13 万人以上，平均每天发生 7.2 起一次死亡 3～9 人的重大事故，每周发生 2.5 起一次死亡 10 人以上特大事故，每月发生 1.2 起死亡 30 人以上特别重大事故。1990—2002 年，各种安全事故总量年均增长 6.28%，最高时达 22%。

（3）公共卫生事件。主要包括传染病疫情、群体性不明原因疾病、食品安全和职业危害、动物疫情以及其他严重影响公众健康和生命安全的事件。近些年来，我国有些已基本得到控制的传染病有重新抬头的趋势，全球新发 30 余种传染病已有半数在我国发现，污染中毒事件、食品中毒事件、有毒化学品造成的职业中毒事件、各种灾害带来的疫情风险、生物侵害事件等有所增加，防不胜防。如 2003 年出现的“SARS”疫情、2004 年出现的禽流感，以及

* $1\ hm^2 = 10^4\ m^2$

2008 年出现的甲流感疫情都是涉及全国的公共卫生事件。

（4）社会安全事件。主要包括恐怖袭击事件、经济安全事件、涉外突发事件等。近年来，全国公安机关立案的刑事案件年平均上升幅度为 24％，刑事案件总量每年达 300 万起以上，违法犯罪形式趋向组织化、职业化、智能化及国际化。群体性事件，如群体上访、静坐请愿、聚众集会、阻塞交通、围堵党政机关等事件时有发生，成为影响社会稳定的一个突出问题。

另外，根据应对突发公共事件的需要，可按照不同的划分形式对突发公共事件进行分类。

（1）按内在属性分类

按照突发公共事件的内在属性可将其划分为五种类型：①由自然原因引起的灾害，如山洪、滑坡、洪水、冰雹、风暴、地震、海啸、火山爆发、水灾等；②由人为因素造成的重大事故，如交通事故、生产事故、核事故、危险化学品泄漏、爆炸、环境污染、火灾等，此类事件通常与技术发展和应用直接相关，在现代社会有日益增多的态势；③疫病危害，如流行疾病、瘟疫、霍乱、SARS、禽流感等；④社会事件，如社会骚乱、非法聚集、罢工、游行等，属于非武装暴力事件，如果处置不妥和控制失当，也会转化为暴力冲突；⑤暴力冲突，如战争、恐怖袭击、暴力对抗等。有时也将第④种和第⑤种类型归为一类，统称为社会安全事件。当然，此种划分类型的方法并不是绝对的，有些突发公共事件随着过程的演进会出现类型的转换，必须根据具体情况进行分析。有些突发公共事件可能是由于多种原因触发的，不能一概而论。

（2）按发展态势分类

按照突发公共事件的发展态势，罗森塔尔（Rosenthal）将突发公共事件分为四种类型：①龙卷风型，此类事件来去匆匆，不会给社会带来长久的影响，比较典型的是城市重大交通故障、公共基础设施故障和空难事故；②腹泻型，此类事件有一个相当长的酝酿发展阶段，但爆发后很快结束；③长投影型，此类事件突然爆发，后续影响长远，长时间不能平息；④文火型，此类事件形成缓慢，逐步升级，甚至没有明显的爆发过程，然后缓慢地结束。罗森塔尔这种划分方法比较适合研究工作的需要，可以根据不同的突发公共事件类型提出解决问题的基本思路和方法。

（3）按表现方式分类

按照突发公共事件的表现方式，也可将其划分为四种类型：①点式事件，其产生是独立的、短暂的，影响仅限于局部范围；②线性事件，此类事件如不能及时控制，将会出现连锁反应，引发一系列其他突发公共事件，造成更大的危害；③周期性事件，此类事件的产生有特定的规律，人们只要在积累一定的经验之后，就能够把握其规律，控制此种事件的出现，避免危害的发生；④综合性事件，此类事件是由多种原因汇集引发的。

此外，人们从不同的角度出发，根据不同的判别标准，对突发公共事件还有其他多种划分形式，以满足各种应急活动开展的需要，以利于问题的研究和快速解决。

五、突发事件的分级

将突发公共事件划分为不同的级别，从而采取不同的应急措施，这是各国应急管理的共同经验。

突发公共事件分级主要可以从事件的危害程度和政府的控制能力来考虑，两者的角度是不一样的。突发公共事件分级的难点在于：是按照突发公共事件的客观属性（产生原因、影响范围、损失后果等），还是按照应急管理的主观属性（突发公共事件的影响程度、政府应对能力的强弱等）来分。分级的意义在于从政府的应急管理能力出发，科学地确定突发公共事件的级别。例如，有些突发公共事件损失和影响重大，但政府处理快速简单，这类事件的级别就不一定很高（如特大交通事故）；相反，有些突发公共事件起初危害和影响不大，但潜在危害很大，波及迅速，难以控制，这类事件的级别就应当被列为较高（如新型传染病）。

目前我国主要基于突发公共事件的客观属性的一些分类方法较不合理（如矿难按照死伤人数来划分）。因此，需要在科学分析、评估各级政府的应急管理能力的基础上，使应急管理组织体系的建设重心由中央、省向市、县下移，即国家应急管理体系建设应当遵循“能力本位”和“重心下移”两个基本原则。

（1）“能力本位”：分级标准以应对能力为主，兼顾事件的客观属性。虽然这种分级标准可能会造成同样的事件在不同地方的分级不同，但这符合实际情况。为了形成突发事件应对能力建设的机制，可以把分级与应对能力评估结合在一起（同样的事件，分级高的地方说明应急能力低）。

（2）“重心下移”：县、市政府往往处于应对突发公共事件的第一线，对于本地的公共安全和社会稳定负有直接的责任，因此大部分的突发公共事件都应当主要依靠本级政府的力量来解决；超出地方政府应对能力的，才由上一级政府介入。

根据《突发事件应对法》，按照社会危害程度、影响范围等因素，自然灾害、事故灾难、公共卫生事件分为特别重大（Ⅰ级）、重大（Ⅱ级）、较大（Ⅲ级）和一般（Ⅳ级）四级，依次用红色、橙色、黄色和蓝色进行预警和分级管理。法律、行政法规或者国务院另有规定的，从其规定。根据“重心下移”的分级管理原则，以上四级突发公共事件，分别由发生地省级、市级和县级政府统一领导和协调应急处置工作（见表2-1）。

（1）一般（Ⅳ级）突发公共事件，表示其影响局限在社区和基层范围之内，可被县级政府所控制。

（2）较大（Ⅲ级）突发公共事件，表示后果严重，影响范围大，发生在一个县以内或是波及两个县以上，超出县级政府应对能力，需要动用市有关部门力量方可控制。

（3）重大（Ⅱ级）突发公共事件，表示其规模大，后果特别严重，发生在一个市以内或是波及两个市以上，需要动用省级有关部门力量方可控制。

（4）特别重大（Ⅰ级）突发公共事件，表示其规模极大，后果极其严重，其影响超出本省范围，需要动用全省的力量甚至请求中央政府增援和协助方可控制，其应急处置工作由发生地省级政府统一领导和协调，必要时（超出地方处理能力范围或者影响全国的）由国务院统一领导和协调应急处置工作。

表 2-1　分级管理与应急管理组织框图

级别应急组织	特别重大（Ⅰ）	重大（Ⅱ）	较大（Ⅲ）	一般（Ⅳ）
国家	√			
省级	√	√		
市级			√	
县级				√

第二节　突发事件的成因

30 多年来，我国现代化建设取得了举世瞩目的成就。尤其是近些年，GDP 平均保持 8%的高速增长，同时突发公共事件的种类、频率和损失也在增长，增速比 GDP 增长更快，公共安全形势严峻。为什么公共安全问题会日益突出？成因何在？主要风险因素有哪些？从何而来？其间有无规律可循？这些问题值得深入探讨。

在当代国际社会，随着环境气候变化，人口增加，城市化、全球化进程加快，高新技术发展，恐怖活动等因素的变化和相互作用，使得发生灾害风险的可能性增加，世界各国都不同程度地出现突发事件增多、损失加重的趋向，在寻求发展而防范风险能力较弱的发展中国家更为明显，中国也未能例外。加上我国地域大、人口多、发展快，又处于经济社会的转型时期，在各种风险因素不断产生积聚和相互作用下，各种突发公共事件有增无减，对公共安全造成严重威胁。具体成因分析如下。

一、技术原因凸显事故灾难

科学技术在造福于人类的同时，由于人们的掌握程度不够、失误、意外或人为故意，造成的技术灾害也与日俱增，加上技术灾害又最难做到早期预警，预防和处置复杂程度更高，逐渐成为现代社会中常见的突发事件。各种各样的工程事故、交通事故、化学品泄漏、通讯网络事故、环境污染事件等日渐增多、防不胜防；生物技术灾难、核泄漏更是令人闻之色变；我国也不可能免于技术灾害，而且恐怖分子、违法犯罪分子也在利用现代科技手段从事危害社会的活动，造成人为的事故灾难，社会危害性更大。现实表明：①事故灾难的发生频率和造成的损失，都已在我国四类突发公共事件中高居首位。②新出现的食物中毒、慢性污染、有害健康的食品用品、病毒变异等突发公共卫生事件，都与技术因素有关，成为威胁生命健康的风险隐患。③在社会安全事件中，利用高新技术、先进工具和智能体从事危害社会的活动不断增多，查处难度加大。

二、城市化提高易损性

联合国统计资料表明，50 年前世界上生活在城市的人口不到 30%，而现在已超过 50%，并且还在加速，21 世纪将成为一个“城市世纪”。事实表明，人口集中和经济发达与受到灾害风险增长存在着密切关联。城市作为人口、建筑、企业、交通、通讯、政治等要素高度集中的中心，经济社会的易损性和灾害连发性大大高于非城市化地区。特别是城市作为完整的人造生态系统，必须依靠道路、管道、线路、通讯等生命线设施系统来支撑和运行，如果其中一点遭到破坏，往往会使整个城市陷于瘫痪；如果城市功能受到严重损坏，足以使一个地区及至国家运行陷于瘫痪，易损性显而易见。这意味着城市化程度越高，面临的易损性风险因素也越大，现在城市灾害伤亡人数已占全部灾害伤亡人数的60%，占财产损失的80%以上，就大体上说明了这种现象。

目前，中国的城市化进程正处于“加速阶段”，1990年为26%，2000年为36.1%，到2020年，我国的城市化率将达到60%左右。诺贝尔经济奖得主斯蒂格利茨2000年说：“中国的城市化和美国的高科技发展将是深刻影响21世纪人类发展的两大课题。”与所有国家的城市一样，我国的城市和生命线系统也不可能免于易损性和突发事件的连锁反应，不仅灾害事故易发多发，而且极易引发连锁反应，加上城市经济发展、财富集中，灾害事故造成的损失也大。特别是我国的大中城市主要分布在气象、海洋、洪水、地震等自然灾害严重的东部地区和沿海地区，城市公共安全受到严重威胁。1976年唐山大地震中24.2万人死亡，16.4万人伤残，直接经济损失100亿元，就是一个突出的例子。如果说21世纪是一个“城市世纪”，那么城市易损性风险问题更加不容忽视。

三、全球气候变暖造成灾害增长

据科学测量，全球气候变暖已成为事实，近50年的气候变暖主要是人类使用矿物燃料排放的大量二氧化碳等温室气体的增温效应造成的。未来全球的气候将继续向变暖的方向发展。这一增温使发生各种自然灾害和传染病疫情的可能性增加，我国也受到这一气候变化的影响。近年来我国水旱灾害、热浪、沙尘暴、火灾、疫情等灾害增多增强，都与气候变化有着直接关系。研究表明，SARS疫情就可能与气候变化有关，而气候变化引起的灾害与社会活动引起的灾害相互结合、相互作用，使风险灾害出现增长趋势。

四、经济与社会发展失衡产生不稳定因素

国际国内经验表明，经济快速发展阶段往往也是风险因素和社会不稳定因素容易增加的时期。我国正处于经济转轨、社会转型阶段，从而使发生突发公共事件的可能性大大增加。主要原因包括：①经济快速增长和市场竞争机制必然会引起社会和利益结构发生剧烈变动，如利益重新分配、贫富差距拉大、效率公正失衡、社会矛盾加大等结构性利益性变化，社会不稳定因素增多。②经济快速发展往往造成资源破坏，使灾害灾变发生的可能性增加。纵观现代发展，几乎所有国家的经济高速增长，都以资源开发损耗、生态环境破坏为代价，工业化时期更加严重。中国经济的高速增长，也付出了沉重的环境资源代价。而人为的环境资源破坏又使自然灾害增加，自然灾害频频发生又会引发事故灾难、疫情和社会事件。自然灾害与人为灾害相互作用的结果，使危害成倍放大。③经济快速发展是以科技发展、城市发展为依托的，如前所述这也会使风险灾害因素不断增加。④我国经济发展迅速，而社会事业发展相对滞后，投入不足，出现了失衡状态，使得突发公共事件出现增长趋势，成为影响社会稳定的因素。

五、经济全球化加大外来风险因素影响

经济全球化进程使世界各国的联系更加紧密，交往更加频繁，同时也使灾害风险因素跨越国界更加容易，相互影响机会更多。一个国家发生的突发事件，往往会迅速传播蔓延到其他国家和地区，或者在其他国家和地区产生连锁反应。近年来发生的疯牛病事件、猪口蹄疫事件、亚洲金融危机、“9·11”事件、SARS疫情、禽流感、甲流感疫情等国际性突发事件，突出反映了这一趋向。我国实行对外开放政策，主动融入经济全球化进程，获得了更加广阔的发展机遇，但同时受到外来风险影响的可能性也在加大，如国外的有

害生物入侵、疫情传播、经济被动冲击、网络病毒危害、敌对势力干扰、国际恐怖活动等，都可能对我国造成危害。如何应对外来灾害风险影响，成为经济全球化背景下必须面对的挑战。

六、应对能力不够导致灾害损失扩大

国内外经验表明，在相同背景条件下，由于应对风险能力强弱不同，各个国家控制灾害事故风险的程度有很大的差异。如果政府和社会具有较强的应对风险能力，就可以更多地预防、减少灾害风险的负面影响；反之，发生灾害风险的概率和损失也较大，甚至由“小事酿成大祸”。与一些发达国家相比，我国在应对风险能力上还有不小的差距，如风险危机意识不强，应急管理体制、机制和法制还不健全，救援救助能力不足，科学研究和科技应用水平不够等。这些问题也是突发公共事件频频发生、后果严重的重要原因。

第三节　突发事件的基本规律

上述事实和分析表明，我国现阶段公共安全问题是多种因素造成的，也是有规律可循的，关键是要认识突发公共事件产生发展的规律，采取正确有效的应对策略措施，就可以把危机风险减轻到较低程度。

一、突发事件的发生与发展

按照事物发展规律，任何事件的形成通常都有一个由量变到质变的萌生、形成和发展的过程，应该说具有可知性的必然趋势。但突发事件由量变到质变的过程具有特殊性，突发事件往往由一定的诱因引发，才被人们感知，表现出很大的突发性。

突发公共事件多种多样，但都具有基本相同的发生、发展过程。一般来说，一个完整的突发事件的发生、发展包括五个阶段，即潜伏期、爆发期、高潮期、缓解期、消退期。

1. 突发事件的潜伏期

这一阶段属于突发事件的起始阶段。在这一阶段里，社会系统或社会组织较长时间地积累矛盾，突发事件还处于量变积累的过程；或者说，质变已经发生但表现还不明显，以致人们无法感觉到。以烟蒂导致的火灾为例，烟蒂即将引燃可燃物，或者烟蒂已经引燃可燃物，但火焰和烟雾很小，不容易被人们所觉察。这个阶段就是火灾之类突发事件的潜伏阶段。

2004 年震惊世界的印度洋海啸发生之前，一个英国小女孩正在海滩玩着沙子，她突然发现一个古怪的现象：海面上出现了不少的气泡，潮水也突然退去，将船只和海鱼留在沙滩上。见此情景，这位小女孩想起了老师在课堂教过的海啸知识：一旦遇上这种迹象，说明要有海啸发生。她立即告诉了母亲。女孩的妈妈聪慧而理性，当她听完孩子的叙述之后，立即和海滩饭店的工作人员火速把海滩边 100 多名游客撤离到安全地区。就在游客离开海滩不到几分钟，十几米高的海浪突然从岸边袭来。但万幸的是，因为有了小女孩的预报，该海滩成为这场海啸中少数几个没有出现人员伤亡的海滩之一。

面对海面上出现的凶兆，一直与海为伴的海滩工作人员没有发现，渔民没有发现，一个孩子却发现了。这足以说明在突发事件的潜伏阶段，在突发事件的潜伏期内，必须对出现的各种征兆保持清醒的头脑和高度的警惕，并采取适当的行动。只有这样，才有可能一方面阻止某些突发事件的发生；另一方面，对无法阻止的突发事件可以最大限度地减轻事件造成的损失。

2. 突发事件的爆发期

突发事件的爆发期时间最短，但是感觉最长。此阶段主要表现为事件的急速发展和严峻态势的出现。这个阶段有四个典型的特征：在强度上事态逐渐升级，由不为人所知达到引起公众广泛的注意；事态引起越来越多媒体的注意；烦扰之事不断干扰正常的活动；事态影响了社会组织的正面形象或团队声誉。

爆发期是突发事件造成各种影响和损失的阶段，也是社会和个体开始承受突发事件所带来损害的阶段。这一阶段持续时间虽然最短，但是对社会的冲击、危害最大，马上引起社会的普遍关注，产生很强的震撼力。

3. 突发事件的高潮期

突发事件的高潮期是指从人们可感知突发事件造成的人员、物质等方面的损失到突发事件无法继续造成明显损失的这个阶段。突发事件爆发后，人们往往感到非常地突然，它不断地给组织和个人造成损害，这种损害不断地加深和积累，但直到一定的时候，损害会达到最高点。这时，突发事件就进入高潮阶段。

在突发事件的高潮阶段，突发事件所具有的突发性、复杂性、破坏性、持续性、可控性和机遇性等性质表现得非常明显。

4. 突发事件的缓解期

突发事件的缓解阶段是指突发事件所造成的损失达到最高点后，不再继续造成明显的损失，也就是说，损失慢慢地减小。突发事件的缓解阶段长短不一，往往是有形的损失容易恢复，恢复得较快；而无形的损害，如组织的信誉、形象、品牌等无形资产受到损害，个人声誉的下降和心理创伤，或者一个国家或地区的吸引力和发展能力的下降等，这些无形伤害的恢复需要很长的时间。在突发事件的缓解期，突发事件得到初步控制，但没有彻底解决。

5. 突发事件的消退期

这一阶段，突发事件得到完全控制，就像锅被从火上拿开。在消退期，人们开始恢复生产、重建家园以及加强各种预防突发事件知识的宣传。

二、突发事件的确定性和不确定性

1. 突发事件的确定性

突发公共事件会影响到社会生活的各个方面，处在其中的大部分个体都会感受到它的影响。其负面影响是显性的、现实的，可以感觉得到，突发公共事件不以人的意志为转移，它的出现不会无缘无故的，有其必然的一面。

（1）突发公共事件虽爆发突然，但在爆发之前却往往要经历一个缓慢而平静的积累过程，其急速爆发时只是集中展现一个缓慢积累的结果。如 1998 年的特大洪水，在很大的程度上是由于长期以来对森林的过度采伐和对植被的破坏，导致区域自然生态失衡，这有一个量变过程，具有隐蔽性。

（2）虽然不可能彻底杜绝突发公共事件的发生，但许多突发公共事件，尤其是社会性突发公共事件，其发生概率与危害程度一般都可以通过有效的防治而大大降低。

（3）虽然有些现象（尤其是诸如地震等自然现象）难以避免，但这些自然现象不是不可预测，如果预测准确，即使地震发生也只是预期而至。而且，对应于这些现象的突发公共事件（例如震灾）更非完全不可避免，如果防震减灾措施得力，那么震灾就会少得多。

（4）有些突发公共事件，例如各种自然灾害，看似不可解释，实则是自然结构、社会结构、经济结构、法律结构失衡所致。例如自然灾害在很大程度上是大自然对破坏环境的报复，而各种社会灾难，则往往是社会关系矛盾激化的结果。无论我们能否对突发公共事件做出令人信服的合理解释，其发生都不可能是无缘无故的，而是存在着复杂的因果联系，或者是一因一果，如一起重大火灾事故的发生；或者是多因一果，如社会动乱；或者是一因多果，如政府管理不当等。

(5) 尽管对于突发公共事件的受害者，或者对于政府或公众而言，突发公共事件的出现可能始料未及，但它并非对于所有主体而言都是出乎意料的。例如，各种人为破坏所致的突发公共事件对于肇事者而言显然是意料之中的。因此，突发公共事件的“出乎意料”，主要是从防治者的角度而言的。而且，即使是对于防治者而言，有些突发公共事件也仍然是意料之中的事，只不过其不愿意去意识或心存侥幸而已。例如，明知存在着安全生产隐患却漠然视之，不去采取有效的防治措施无异于静候突发公共事件的到来。由此可见，虽然突发公共事件因其急速而至容易给人带来一种防不胜防、偶然发生的假象，但事实上其发生多半是一种疏于防治而致的必然结果。

2. 突发事件的不确定性

突发公共事件同时又具有高度的不确定性。①发生状态的不确定性。具体突发公共事件在什么时间、什么地点、以何种形式和规模爆发通常是无法提前预知的。有些自然灾害通过科技手段和经验知识，能够减少某些不确定因素，但是很难确定哪些不确定因素造成的结果。如果突发公共事件没有不确定因素，也就不属于突发公共事件，这样的事件可预先做好充分的准备工作，用通常的办法去应对。②事态变化的不确定性。突发公共事件发生之后，由于信息不充分和时间紧迫，绝大多数情况的决策属于非程序化决策，响应人员与公众对形势的判断和具体的行动以及媒体的新闻报道，都会对事态的发展造成影响。许多不确定因素在随时发生变化，事态的发展也会随之出现变化。③事件的后果及其严重程度不确定。突发事件往往成为危机的先兆和前奏，或充当引发危机爆发的原因。当突发事件因处理不当而导致失去控制，朝着无序的方向发展时，危机便会形成并开始扩大化。如何处理这种不确定性是研究突发事件的关键之一。

第四节　突发事件的应急管理

一、应急管理的含义及其演变

1. 应急管理的含义

应急管理是和突发事件紧密相连的一个概念，是在应对突发事件的过程中，为了降低突发事件的危害，达到优化决策的目的，基于对突发事件的原因、过程及后果进行分析，有效集成社会各方面的相关资源，对突发事件进行有效预警、控制和处理的过程。

从目前国内外学者观点看，对应急管理的界定一般包含两层含义：一是说明应急管理的目的；二是说明应急管理应该采取什么管理行为。基于以上考虑，所谓应急管理（Emergency Management），从宏观上来讲，就是指为了应对突发公共事件而进行的一系列有计划有组织的管理过程，主要任务是如何有效地预防和处置各种突发公共事件，最大限度地减少突发公共事件的负面影响。应急管理一般是指针对突发、具有破坏力事件所采取预防、响应和恢复的活动与计划。

首先，这个定义说明了应急管理的对象是潜在性和已经发生的突发公共事件。在应对突发公共事件的过程中，政府因其责任、地位和能力之所在，必然要发挥主导作用，不仅要组织动员各种力量和资源共同应对危机，而且要统一指挥、协调、处置各项应急事务。因此，不断探讨总结政府应急管理的经验教训，提高政府应对突发公共事件的能力，成为现代各国政府和社会普遍关注的问题，重要性日益凸现。针对潜在性突发公共事件，我们要做好预测和预防工作；针对已经发生的突发公共事件，我们要做好处理计划、决策和处置等工作。

其次，这个定义说明应急管理的两个最终目的。一是采取积极有效的预防措施，防止突发公共事件发生，以避免公共利益和公共安全受到损失。二是主动作为，使公共组织及其成员尽快摆脱危机状态，进入到机会或机遇的发展阶段之中。另外，这个定义也说明应急管理有着与其他常规管理不同的特征，如应急的紧迫性和长期性、预测和处置过程的不确定性、事件反应的链条效应、应对方法的权变性、参与者的心理约束性等。

应急管理的主要目标是：对突发公共事件做出预警；控制突发公共事件发生与扩大；开展有效救援，减少损失和迅速组织恢复正常状态。应急救援对象是突发性和后果与影响严重的公共安全事故、灾害与事件。由于应对突发公共事件需要政府采取与常态管理不同的紧急措施和程序，超出了常态管理的范畴，所以政府应急管理又是一种特殊的政府管理形态，即非常态管理。

应急管理本身并不仅指危机发生过程的时间序列，还要考虑到每个阶段的相应行为选择。一般来说，应急管理包括四个方面的行为过程：一是对突发公共事件前的预防；二是对突发公共事件前的准备；三是对突发公共事件作出反应；四是突发公共事件之后的修复和重建。但是如何把这种政策性应对之举转变成为一个具有长期性的有效机制，从而避免其短期效应特征，就成为大多数国家共同关注的焦点问题。

2. 应急管理的演变

传统方式组织的应急管理的基本法则已经有 50 年的历史了。在此期间，应急管理工作已经从主要对灾害作反应和响应的民防指挥与控制的方法，改变为 20 世纪 70 年代后期提出的一种更加全面和综合的方法。而前一种方法起源于 20 世纪 40 年代的第二次世界大战和 50 年代的朝鲜战争时期。随着灾害环境变革，20 世纪 70 年代期间就有人试图采用一种统一的模式，综合应急管理法（CEM）和“应急管理者”也就应运而生。这里所说的“应急管理者”指的是把自己的绝大多数时间奉献给“应急管理”的特定管理者（从业者）。综合应急管理指的是一种通过协调所有有关人士，对于管理各种类型的应急和灾害的责任和能力。“综合”包括减灾（或者减少风险）、准备（就绪）、反应和恢复。

由此产生了一体化应急管理系统 IEMS（the Integrated Emergency Management System）。该系统能够帮助形成不同层面上的资源拥有者之间的合作关系，这种合作关系可以是垂直的（不同的政府之间），也可以是平行的（不同的机构与公营和私营产业之间）。一体化应急管理系统把注意力集中于灾害分析、能力评估、应急规划、能力保持、应急反应和恢复要求。然而，尽管综合应急管理法一体化（应急管理系统）在以后 20 年中主导着应急管理思维，但是实践应用却比较滞后。尽管在理论和实践结合方面获得了一些重大成功，但是减灾和应急管理之间的整合仍旧比较滞后。

20 世纪 90 年代出台了一整套不同的措施，这些措施开始对应急管理的角色和方向提出要求，并且要求重新评估应急管理的角色和方向。而强烈影响到绝大多数国家人民的政治思考的这两种措施指的是可持续发展和公众对于增加安全感的高要求。因此，减灾之所以开始成为一个全球范围内的政策问题，这是因为在他们的日常生活中人类应做什么或是在遇到灾害的时候社区的脆弱性暴露无遗，这种情况越来越成为现实并为世人所接受。

二、应急管理的内容

（1）机理分析

机理就是事件发展过程中所遵循的原理和规律，它包含两个方面的内容，一是指突发事件发生、发展、衍生及其影响扩散的自身规律，二是指应急管理主体自身的运作规律。

机理分析是开展应急管理的基础。因为应急管理面对的是突发灾难性事件，是对人的生命和财产有严重威胁的事件，必须从客观规律出发来进行突发事件的处置工作。尽管突发事件具有不确定性或者有些类型的突发事件的规律在爆发初期不能完全被人们所认识

（例如 2003 年的 SARS 疫情），但是，从当前掌握的信息出发进行必要的分析与研究工作，仍是指导应急管理做出正确决策的基础。

应急管理的客体主要是突发事件，由于这些事件所处的领域、布局往往不同，造成不同突发事件的发生发展规律迥异，给应急管理带来了困难。这就需要首先对容易发生重大危害事件的领域进行专业性、针对性的研究和分析，才能够制订比较完善的应对方案。

突发事件应急管理是管理主体对突发事件的介入和应对行动，因此，必须对突发事件（称之为客体）和管理者（称之为主体）这两个因素进行全面研究分析，把它作为研究突发事件应急管理的起点，从而明确突发事件的特性，以便根据机理进行预防、设计和调整预案，根据事件发生的机理和环境来确定预防重点，把预防与处置结合起来。

（2）机制

机制是机理的外延，是指构成机体的结构和相互关系，可以分为两个层次：一个是要素，一个是要素之间的联系规则。由于突发事件处置过程中责任重大，涉及面广，因此应急管理的参与者可能来自不同的行业领域。如：消防、公安、医院、公路养护部门以及当地的基层行政组织。他们之间的联动协调除了进行统一指挥外，还要有一定的规章制度来保证，也就是要建立一套有效的应急管理机制。完善的应急管理机制是保障应急管理体系正常运转的基础。

（3）体系建设

突发事件应急管理是一个完整的体系，应包括运行机制、预防预警机制、平战切换机制、资源保障机制、评估机制等 5 大系统。建设好各个系统，使之相互协作服务于整个应急管理体系，是有效进行突发事件处置的核心内容。

突发事件应急管理有几个主要过程，包括对事件的预警、预案管理、对事件的处理和事后的处理。其中，预警是个重要的环节。所谓预警，就是根据一些突发事件的特征，对可能出现的突发事件的相关信息进行收集、整理和分析，并根据分析结果进行设施的规划，给出警示。预警的目的就是对可能发生的事件进行早发现、早处理，从而避免一些事件的发生或最大限度地降低事件带来的伤害和损失。

对突发事件的处理是应急管理的核心，它表现为对各种资源的组织和利用，在各种方案之间进行选择决策。当突发事件出现以后，事件的各种表现形式及特征都将逐步显露出来，这就要求对事件产生的各种影响进行整理分析，对事件未来的发展趋势进行预测，根据分析的结果，对各种应对措施做出相应的决策。其间还会涉及对各级政府的法规、政令、条例的遵守以及相关的人力资源的调动、物资的调拨等一系列的行动。

事后处理是在突发事件的影响减弱或结束之后，对原有一些状态的恢复，对事件的相关部门、人员的奖励和追究责任。另外还要对发生的事件及时形成案例，总结经验教训。

（4）分类分级

不同类型突发事件的机理不同，其处置过程也不相同，如火灾与危险化学品泄漏的处置过程是不同的。另外，同种类型的事件如果级别不同，需要采取的措施也不尽相同。因此，在机理分析之后，需要进行的研究和管理工作应当是根据突发事件的机理对突发事件进行分类分级。

在对突发事件进行分类分级的同时，要对处置机构进行分类分级，使其和事件的分类分级对应。这是因为分类分级的目的是为了更好地指导应急处置，如果只单纯对事件进行分类分级，不对处置机构分类分级的话，就不能使处置机构在应急管理中“才尽其用”，甚至会出现盲目指挥，某些机构被指派处理与自己能力不相符的突发事件，不但不会减小灾害，相反会加大损失。

（5）预案管理与预案库建设

由于突发事件的不确定性，它可能发生，也可能不发生，但是一旦发生就会造成重大损失，因此，针对这种性质，最有效的方法除了平时积极预防之外，还要制定事件一旦发生时的应对方案，即预案。

应急管理中，预案管理是一个重要内容。预案是对具有一定特征的事件，进行应对时可能采取的一些方案的集合。预案由一系列的决策点和措施集合组成。预案管理贯串在应急管理的主要过程中，如预案的准备和制订就是总结突发事件的处理经验，把它们作为案例记录下来，用于指导将来出现的一些可能发生的事件；对事件的处理过程就是预案的实施和调整过程；预案管理还是对一些可能出现事件的规律的分析和预测，通过研究事件相互之间的联系，寻找其中的一些规律性的特征，来指导预案的准备和制订。另外预案的完善程度也反映出一个组织的处理突发事件的能力。

预案的编制要针对不同类型的突发事件而编制相应的预案，同时不同级别的机构应当编制相应的预案。由于突发事件的类别很多，级别也各不相同，不同类型不同级别的突发事件需要不同的预案来处置，这就需要建立预案库。

（6）资源管理与过程动态管理

由于突发事件的潜在危害性，需要在限定的可控时间内处理完毕，否则事件的影响和造成的损失就会有扩大的趋势，这就需要迅速组织所需的多种资源来应对这些突发事件。突发事件的处理必须最终落实在资源的使用方面，在资源管理中需要考虑多种需求问题，如资源的布局、资源的有效调度等。因此资源管理是应急管理的一项重要内容。在处理突发事件的过程中，资源的需求是否能够及时满足是影响应急管理成败的关键因素之一。资源管理就是要在平时做好应急资源的评估以及优化布局，战时则要根据处置结果的不断发展变化调度资源，满足突发事件对应急资源的需求，战后则要对应急资源做重新评估，进行补充或调整。

与普通的决策过程不同，突发事件爆发时的应急决策，不仅要考虑到前面实施的应对措施达到了什么效果，同时要考虑到周围环境的状态，例如在资源调度中，不仅要考虑到当时的资源需求，而且要考虑到处置效果初步显现后的资源需求。因此，即使有相应的预案或方案，也不能照搬照抄过来，而是要根据实际情况做出相应的决策，因此应急管理是一种过程动态管理。

第五节　我国应对突发事件工作的管理体制和原则

《突发事件应对法》规定，我国对突发事件应对工作实行“统一领导、综合协调、分类管理、分级负责、属地管理为主”的应急管理体系。

统一领导，就是突发事件应对工作必须在各级人民政府统一领导下进行。综合协调，就是由负责应对突发事件的人民政府，协调政府相关部门、企事业单位、基层自治组织、社会组织、公众等各方面力量有序参与突发事件应对工作。分类管理，就是按照突发事件的类型，由相应职能部门对各类突发事件实行专门管理，建立一定形式的指挥体制，收集、分析、报告相关信息，为政府提供决策咨询和建议。分级负责、属地管理为主，就是根据突发事件的不同等级和需要动用人力、物力的不同，指定由事发地的哪一级人民政府负责应对，但无论哪一级别的突发事件，当地基层政府都要迅速反应，全力投入应对工作。

按照《突发事件应对法》，突发事件应对工作实行“预防为主、预防与应急相结合”的原则。尽早发现、尽量消除重大突发事件风险隐患，有效预防重大突发事件的发生，最大限度地减轻重大突发事件的影响，永远都是突发事件应对工作的首要目标和核心工作。

第三章　公共安全应急法制建设

建立和完善应急法制体系是整个公共安全应急体系建设的制度保证。从世界范围看，20世纪中期以来，突发公共事件种类日益复杂，发生频率加快，规模扩大，国际化程度提高。为适应形势发展需要，很多国家纷纷加强应急管理法制建设，逐步形成了规范各类突发事件，应对、涵盖危机管理各个阶段的完备的法律体系。实践证明，将危机管理纳入法制化轨道，有利于保证突发事件应对措施的正当性和有效性，从而做到既有效控制和克服危机，又能够将国家和社会应对危机的代价降到最低。

第一节　公共安全法概述

一、公共安全法的定义

这里说的公共安全法是广义的公共安全法，包括调整全部公共安全法律法规关系及与其密切相关的法律规范的总称，是指关于公共安全的维护与保障、预防公共安全事件的发生以及公共安全事件的应急处理和事件发生后的善后与处理的法律规范的总和。公共安全法的概念包含以下四层含义。

(1) 公共安全法是法的一种。公共安全法同其他法一样，是国家制定或认可的、用特定形式颁布、并以国家强制力保障其实施的行为规则或法律规定。公共安全法具有国家强制性、法律规范性等法律基本特征，既不同于公共安全道德规范，也不同于企业事业单位的内部规章和其他非法律文件。这一定义实际上是对公共安全法一般属性的肯定。

（2）公共安全法是有关公共安全的法律规范的总称或综合体。公共安全法不是指某一个法律规范，而是有关公共安全的具有同样宗旨、性质相似、相互关联的一系列法律规范的集合。这里的法律规范，是指由国家制定或认可，以国家强制力保障其实施，并由假定（或条件）、指示（或处理）、后果三要素组成的行为规范。

（3）公共安全法调整的是因公共安全问题而产生的社会关系。公共安全法调整的是一种特定的社会关系，即因公共安全问题或公共安全事务而产生的社会关系。可以把这种社会关系简称为公共安全社会关系。这种社会关系始终离不开公共安全或对公共安全有影响的主体的活动，始终以公共安全为媒介。因此，公共安全社会关系是所有涉及公共安全的管理与保障，危害公共安全事件和行为的预防及公共安全事件应急处理等各种社会关系的综合，调整公共安全社会关系实际上包括调整整个社会关于公共安全事务的各个方面。这一含义是对公共安全法这一新兴的、独立的法律子部门的基本特征、调整对象和目标的概括。

（4）公共安全法主要调整、维护与保障公共安全所发生的社会关系。因公共安全事件和人的公共安全行为而产生的社会关系很多，公共安全法对这些关系的调整是逐步发展的，即在安全问题日益发展成为整个人类社会所共同面临和关注的重大问题，且公共安全问题的解决与处理急需全社会的共同努力的当今社会，公共安全领域所发生的社会关系才纳入了公共安全法律调整的范畴。公共安全法将因公共安全管理所产生的社会关系，破坏公共安全所产生的社会关系，解决与处理公共安全事件即对公共安全事件应急处理所产生的社会关系，维护和保障公共安全所形成的社会关系等，作为自己的调整对象。

二、公共安全法的效力范围

公共安全法的效力范围是指公共安全法在什么地方、对什么人和在什么时间内具有约束力，包括公共安全法的空间效力范围和时间效力范围。空间效力范围，是指公共安全法效力所及的地域，即公共安全法对地和对人的效力。不同级别和调控对象的公共安全法律对其空间效力范围有不同的规定。公共安全法的时间效力范围，是指公共安全法何时生效、失效，及其对生效前的行为事件是否有溯及力。

1. 公共安全法的空间效力范围

（1）对地的效力范围

参照一般法律关于地域效力范围的规定，我国的公共安全法对地的效力范围可以规定为："中国公共安全法适用于中华人民共和国领域和中华人民共和国管辖的其他海域；中华人民共和国缔结或者参加的与公共安全有关的国际条约，同上述规定有不同规定的，适用国际条约的规定，但中华人民共和国声明保留的条款除外。"

中华人民共和国领域，包括中国的领陆、领水、领空、底土以及延伸意义上的领域。领陆，是指国境以内的陆地。领水，是指陆地疆界以外的、疆界内的水域和与陆地疆界邻接的一定宽度的水域，包括内水和领海。领空，是指领陆和领水的上空。领空只及于大气空间，不包括外层空间。底土，包括领陆和领水的底土，即陆地以下的底土和领水的水床及其底土延伸意义上的领域，包括中国领海、领空之外的中国船舶、飞行器和中国驻外使馆。中国的或者悬挂中国国旗的船舶或者飞机，不管在什么地方航行，其内部空间虽不是真正的领土，但法律赋予其领土的法律地位，理论上又称拟制领土。

中华人民共和国管辖的其他海域，是指根据中国的法律及中国缔结、参加的国际条约、协定或者其他有关国际法，由中国管辖的海域，主要指中国的毗连区、大陆架和专属经济区。

(2) 对人的效力范围

对人的效力范围，是指公共安全法对什么人有效。这里的人，从民法角度讲，应包括自然人、法人、组织和特殊法人（即国家）；而在我国公共安全法中，人的概念与民法主体的范围基本一致。公共安全法律往往在确定适地范围或适事范围的前提下确定对人的范围。例如，《中华人民共和国安全生产法》第二条规定："在中华人民共和国领域内从事生产经营活动的单位（以下统称生产经营单位）的安全生产，适用本法……"《中华人民共和国矿山安全法》第二条规定："在中华人民共和国领域和中华人民共和国管辖的其他海域从事矿产资源开采活动，必须遵守本法。"空间效力、对事物的范围不同的公共安全法律也有不同的对人的范围。

一般而言，全国性的公共安全法律适用于全国的一切单位和个人；地方公共安全法规适用于所辖区域的一切单位和个人。这里的一切单位和个人，包括在相应适地范围内或适事范围内的中国人、外国人和无国籍人，中国单位、外国单位以及中外合资企业、合作企业。这里的单位，包括法人单位、非法人单位和国家机关。享有外交特权和豁免权的外国人，因严重威胁、破坏我国公共安全，而必须对其依法追究刑事责任时，应通过外交途径解决。

2. 公共安全法的时间效力范围

公共安全法的时间效力范围是指公共安全法规的有效时间，包括何时生效、何时终止效力，以及对开始生效以前的活动和事件有无效力（又称公共安全法的溯及力）等与时间有关的问题。不同的公共安全法规对其时间效力范围有不同的规定。

我国关于公共安全法规的生效时间，主要有两种方式：一是法规不对生效日期做明确规定，习惯上从法规颁布之日起开始生效；二是法规规定具体生效日期，一般规定自颁布之日起生效或规定在法规颁布后的某个日期生效。如《突发事件应对法》）于 2007 年 8 月 30 日以中华人民共和国第六十九号主席令公布，自 2007 年 11

月 1 日起施行。

关于公共安全法规的失效时间，主要有三种形式：一是随着新法的颁布施行，旧的相应法律不需要新法宣布其失效而自行失效；二是在新法颁布时宣布凡与新法相抵触的法律或旧的法律失效；三是经修订的法规在颁布时宣布相应法规失效。如：2002 年 1 月 26 日，国务院以第 3 号令发布的《危险化学品安全管理条例》第七十四条就规定本条例自 2002 年 3 月 15 日起施行，1987 年 2 月 17 日国务院发布的《化学危险物品安全管理条例》同时废止。

关于公共安全法的溯及力问题，世界各国大都有从旧原则、从新原则、从旧兼从轻原则、从新兼从轻原则等不同原则的规定。但较多的是采用从旧兼从轻原则，即新法原则上不溯及既往，只有在新法规定处罚更轻时例外；但也有的公共安全法规溯及既往。例如，美国《综合环境反应、补偿和责任法》（1980 年制定，1986 年修改）规定：即使在该法成立以前属于合法，如果事件发生时违反本法，也要被追究责任；即使是按当时的法律办事，如和本法相违背，也应按本法处理。

三、公共安全法的分类

国家《宪法》规定了关于民主区域自治、国家安全服兵役、自然资源、劳动保护、防止污染、应急状态等公共安全方面的基本内容，作为调整公共安全法律关系的本源，统领公共安全法立法，适用于全部突发事件或非突发事件的公益救助法律。《突发事件应对法》、《消防法》构成公共安全法的基本内容。

《国家总体应急预案》根据突发公共事件的发生过程、性质和机理，将突发公共事件分为四类：自然灾害、事故灾难、公共卫生事件、社会安全事件，相应地，就可以将公共安全法分为自然灾害类法、事故灾难类法、公共卫生事件类法、社会安全事件类法。《国家总体应急预案》是为提高政府保障公共安全和处置突发公共事件的能力而制定的行政程序法，应是单列内容。

1. 自然灾害类法

灾害立法是保障防灾减灾体制顺利建立和发展的根本出路，是为了保证各项减灾措施的实施，节制人类盲目的开发和非科学活动，惩治对减灾工程和减灾工作的破坏行为，进行全民减灾法制教育，建立减灾立法的执行与监督机构，依法减灾。我国颁布的相关法律有《水法》、《森林法》、《草原法》、《气象法》、《防洪法》、《防沙治沙法》和《防震减灾法》等。

2. 社会安全类法

人类进步、社会发展，离不开社会安全，其中包括国家安全、经济安全、社会治安等。各类社会关系的建立、处理有一定的规则，应符合社会进步的需要。在依法治国的今天，世界各国均应依法来规范涉及社会安全的社会行为和社会关系。

社会安全立法的宗旨就是要用法律手段调整人们在社会活动和社会生活中形成的各种社会法律关系，建立并维护社会正常的秩序，保障社会安全。

我国从《宪法》到《刑法》，从法律到单行条例，制定颁布了一系列的法律法规，例如《民族区域自治法》、《国家安全法》、《国防法》、《领海及毗连区法》、《兵役法》、《中国人民银行法》，以及《保险法》等等，基本形成了维护社会安全的法律体系，为维护国家的主权、政治、军事、经济等关系，保障国家安全，维护社会稳定，促进社会发展，发挥着积极的作用。

3. 公共卫生类法

公共卫生法律的立法宗旨就是要用法律的手段调整人们在经济活动和社会生活中形成的各种公共卫生法律关系，建立并维护社会正常的公共卫生秩序，通过保护公民健康权益达到保护公众健康的目的。

公民健康权的保护在大多数情况下，还要依靠行政法律制度。这是因为公民的健康与公共卫生紧密相连，而行政法律规范的实施是由政府行政各主管部门推动，由此，立足于对整个社会公众的健康保护就是政府公共卫生管理要达到的目的。

目前，我国已经制定和实施了诸多的公共卫生法律与行政法规，包括《传染病防治法》、《食品卫生法》、《职业病防治法》、《国境卫生检疫法》、《公共场所卫生管理条例》、《化妆品卫生管理条例》等等。这些法律法规的颁布实施，将逐步改变我国公民健康权的保护状况，提高全体公民的健康水平。

4. 事故灾难类法

我国人为原因引发的事故灾难频发的情况比较突出，社会关注度日益升温。强化政府决策和行政的科学有效性、领导者的责任和公民的安全意识等，建立健全事故灾难类法律法规，从根本上杜绝事故灾难，是全社会的期望和目标。

就目前来说，事故灾难主要表现为各类交通事故、人因火灾、建筑安全事故、危险行业的安全生产事故、生态环境恶化等等。安全事故、突发事件涉及人类生命，责任重大。对此，国家制定和颁布了一系列的法律法规，诸如《劳动法》、《建筑法》、《煤炭法》、《渔业法》、《安全生产法》、《固体废物污染环境防治法》、《放射性污染防治法》、《环境保护法》、《海洋环境保护法》等，构建了事故灾难类法律体系。

第二节　公共安全应急法制体系

面对公共安全事件可能给社会带来的种种危害性后果，现代法治国家都在通过法制化的手段，积极营造将危害降到最低程度的应急活动环境，在健全正常社会状态下法律法规体系的同时，逐步完善应急状态下的应急法制体系。

一、公共安全应急法制体系的定义和特点

应急法制体系是社会整体法律法规体系的重要组成部分之一，是针对突发公共事件及其引起的应急状态情况所制定的各种法律、法规、制度、法令、条例、办法和标准的总称，是对应急状态下国家权力之间、国家权力与公民权利之间、公民权利之间的各种社会关系的调整和规范。

应急法制体系适用于应急状态情况下的应急活动的行为规范，与正常社会状态的法律法规体系不尽相同，它具备以下几个方面的特征。

（1）权力优先性

在应急状态下，与立法、司法等其他国家权力及法定的公民权利相比，行政紧急权力具有更大的权威性和某种优先性。

（2）紧急处置性

在应急状态下，即便没有针对某种特殊情况的具体法律规定，政府也可进行紧急处置，以防止公共利益和公民权利受到更大损害。

（3）程序特殊性

在应急状态下，行政紧急权力的行使可遵循一些特殊的法定程序，例如可通过简易程序紧急出台某些政令和措施，或者对某些政令和措施的出台设置更高的事中或事后审查门槛。

（4）社会配合性

在应急状态下，社会组织和公民有义务配合政府对行政紧急权力的实施，并在必要时提供各种帮助。

（5）救济有限性

在应急状态下，政府依法行使行政紧急权力，有时会造成公民合法权益的损害。有些损害可能是普遍而巨大的，政府可只提供有限的救济。

二、公共安全应急法制体系的框架

应急法律法规体系是应急活动的法律法规制度构成的统一整体。它不是有关应急状态法律条文的机械堆积，是具有内在逻辑结构和关系的有机整体。首先，它是以宪法为指导和纲领，体系内包含的各种法律、法规、规章和措施都要服从和统一于宪法，不得与宪法相冲突、相抵触。其次，体系内所有内容保持相互一致，互为补充和支持。最后，体系具有明显的层次结构，从上到下的各级、各类法律法规构成的贯穿一致的有机整体。

从法治的统一性和完整性的角度来讲，整个社会存在两套完整的法律法规体系：一套是在正常社会状态下发挥社会调节器作用的法律法规体系，它使整个社会处于有序之中，称之为常态公共安全法；另一套是在应急状态下和其范围内发挥社会调节器作用的法律法规体系，称之为非常态公共安全法，也就是应急法律法规体系，它使社会在应急状态下和其范围内同样处于一种有序状态之中。两者归结于宪法，它们的结合使法治走向统一和完整。

常态公共安全法与非常态公共安全法从两者的侧重点、需要的机构设置、运用的方式与手段到具体的法律法规等方面都有很大不同。常态公共安全法要求常规的公共安全职能部门注意事前的预警防范，做好平时的安全监督检查等工作，具体的法律有《安全生产法》、《道路交通安全法》等。

非常态公共安全法强调事后的应急救援，公共安全事件发生后相关机构通过超程序、应急式的方式及时有效地防止公共安全事件、事故造成严重损失。依据不同标准可对非常态公共安全法分类：①重大突发性自然灾害应急法，如《防震减灾法》；②重大突发性工业事故及灾难性事故应急法，如《消防法》；③重大突发性社会骚乱及事故应急法，如《突发公共卫生事件应急条例》；④重大突发性政治危机应急法，如《戒严法》。

作为整个国家的应急法律体系，应当在一般危机管理法与应急状态法之间建立相互协调、相互衔接和相互配套的关系，并且实行“一般危机管理法优先适用”的原则，也就是说，除非是发生了宪法所规定的正常的国家权力运行体制无法加以有效控制的高度危险的紧急局势，否则，应当依据一般的危机管理的法律规定来对付各种危机事件，而依据应急状态法的规定采取各种紧急措施必须遵循严格的法定程序。从整个国家应急法律体系的总体构造来看，应急状态法应当作为整个应急法律体系中最重要的法律形式，其他各项法律、法规和规章都可以参照应急状态法的立法原则来规定相应的应急法律制度。具体来说，我国应急法制体系的基本框架可以由下列各种形式的法律、法规和规章构成（见图 3-1）。

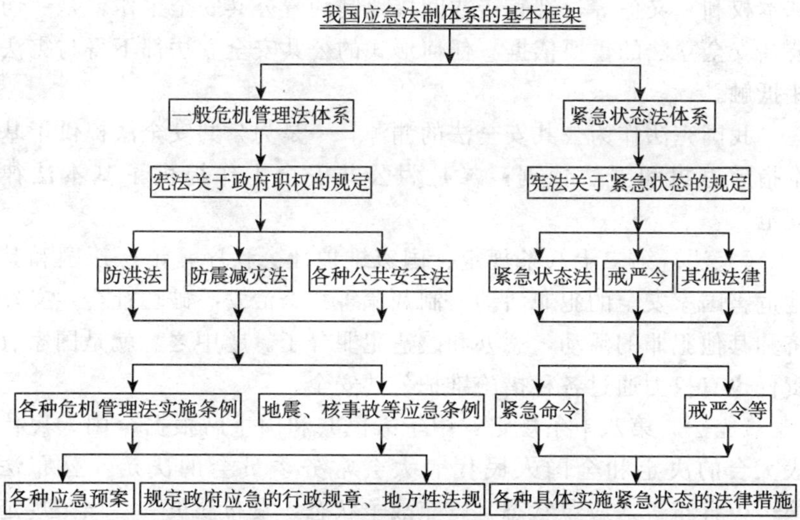

图 3-1　我国应急法制体系的基本框架

三、公共安全应急法制体系的层次

从宏观的角度来看，公共安全应急法制体系是由与应急活动有关的四个层面的法律法规内容组成。一是宪法和刑法中关于公共安全的法律条款；二是由立法机关通过的公共安全法律；三是由政府颁布的公共安全部门规章和行政规章、条例、标准等；四是地方性公共安全应急法规和行政规章。

1. 宪法和刑法中关于公共安全的法律条款

宪法是国家最高权力机关制定的国家的总章程和根本大法，世界上绝大多数国家的宪法中都有关于公共安全的条款，甚至专门的章节。各国宪法中关于公共安全的条款，通常是规定应急状态制度等，它具有最高的法律效力。

宪法是一国内全部法的总渊源，宪法中规定的国家的根本制度（社会制度、国家制度）、国家生活的基本原则、国家机构、公民的基本权利和义务等，都直接或间接地制约着公共安全工作，是一切公共安全立法的重要依据。任何形式的公共安全立法都不得与宪法相抵触。

我国宪法作为公共安全法的渊源，一是为公共安全法提供了基本指导思想和立法依据；二是为公共安全工作提供了基本法律规范。

《宪法》第二十八条规定：国家维护社会秩序，镇压叛国和其他危害国家安全的犯罪活动，制裁危害社会治安、破坏社会主义经济和其他犯罪的活动，惩办和改造犯罪分子。题中之意就是国家有责任也有权力通过各种措施维护公共安全。

《宪法》第八十条规定：中华人民共和国主席根据全国人民代表大会的决定和全国人民代表大会常务委员会的决定，公布法律……宣布进入应急状态，宣布战争状态，发布动员令。该条规定国家主席可以“在发生严重危及国家的统一、安全或者社会公共安全的动乱、暴乱或者严重骚乱，不采取非常措施不足以维护社会秩序、保护人民的生命和财产安全的应急状态”时宣布进入应急状态，实施非常措施以恢复正常的社会秩序，维护公共安全等。

我国新《刑法》第二编分则第二章设专章规定了危害公共安全罪，共有12个条文，30种罪名，可以说，对于惩治这类犯罪，我们拥有强有力的法律武器。它们也构成了公共安全法的一部分。

2. 立法机关通过的公共安全法律

这里所说的法律指狭义上的法律，指拥有立法权的国家机关依照一定的立法程序制定和颁布的规范性文件。一般地说，法律的效力仅低于宪法，其他一切行政法规和地方性法规都不得与法律相抵触，凡有抵触，均属无效。下面对我国目前主要公共安全法律作简要介绍。

(1)《中华人民共和国突发事件应对法》

2007年8月30日中华人民共和国第六十九号主席令公布了《中华人民共和国突发事件应对法》（以下简称《突发事件应对法》），并于同年11月1日起施行。

在《突发事件应对法》出台前，全国已经制定涉及突发事件应对的法律35件、行政法规37件、部门规章55件。而制定和实施《突发事件应对法》，是国务院进一步加强应急管理法制建设的又一重要举措，使我国基本形成了以《突发事件应对法》为核心，以相关法律、法规和规章为基础，门类齐全、覆盖面广的应急管理法律法规体系。

《突发事件应对法》的立法宗旨是预防和减少突发事件的发生，控制、减轻和消除突发事件引起的严重社会危害，规范突发事件应对活动，保护人民生命财产安全，维护国家安全、公共安全、环境安全和社会秩序。这充分体现了我国宪法确立的“国家尊重和保障人权”的人权原则，反映了贯彻科学发展观、推进构建社会主义和谐社会的必然要求。

《突发事件应对法》的适用范围是突发事件的预防与应急准备、监测与预警、应急处置与救援、事后恢复与重建等应对活动。也就是把应对突发事件的事前、事中、事后的全过程活动纳入该法的调整范围之内。

《突发事件应对法》的核心作用主要体现在以下几个方面：

①《突发事件应对法》是我国应急管理长期实践的高度总结。《突发事件应对法》提炼了近几年应急管理实践创新和理论创新的最新成果，很好地贯彻了科学发展观的基本内涵和根本要求。

②《突发事件应对法》确立了我国应急管理的基本制度。《突发事件应对法》从法律层面明确了我国统一领导、综合协调、分类管理、分级负责、属地为主的应急管理体制，以制度的形式建立了预防与应急准备、监测与预警、应急处置与救援等方面的机制，促进了党委领导下的行政领导责任制的进一步落实，从而在法律上确立了应急管理工作的基本制度。

③《突发事件应对法》是规范各方应对突发事件行为的基本法律。《突发事件应对法》既明确了政府在应急管理工作中的主体地位和作用，也规定了社会、公民参与突发事件应对活动的责任、权利和义务，形成了政府主导、社会支持、公众参与的应急管理工作基本格局。

④《突发事件应对法》是推动应急体系建设的强大动力。《突发事件应对法》对应急救援队伍、应急基础设施、物资储备、科技保障能力等应急体系建设工作作出了明确规定，这必将有力地推动各级人民政府应急体系建设。

《突发事件应对法》是我国事故灾难应急救援管理法规体系的基本立法，其指导作用体现在如下几个方面：

①《突发事件应对法》的基本思路是制定各项应急救援管理条例、规章的依据。

②对突发事件的预防和应急准备的相关制度作出明确规定。

③对突发事件的监测和预警的相关制度作出明确规定。

④对突发事件的应急处置与救援的相关措施作出明确规定。

⑤对事后恢复与重建的相关措施作出明确规定。

⑥对贯彻实施《突发事件应对法》，需要抓紧做好的工作提出明确要求。

《突发事件应对法》是一部规范应对各类突发事件共同行为的重要法律。它与现行有关应对突发事件的单行法律、行政法规作了较好的衔接，并与宪法规定的应急状态制度作了衔接。这部法律的出台实施，有利于进一步完善我国应急管理法律制度，建立健全预防为主、统一领导、综合协调、分类管理、分级负责、属地为主的突发事件管理体制和突发事件的预防与应急准备、监测与预警、应急处置与救援、事后恢复与重建等各方面法律制度，形成政府主导、全社会共同参与的应对突发事件的格局。对于依法有效应对各类突发事件和公共安全事件，保护人民生命财产安全，构建社会主义和谐社会，具有重要意义。

(2)《中华人民共和国道路交通安全法》

2003 年 10 月 28 日，十届全国人大常委会第五次会议通过了备受社会关注的首部《中华人民共和国道路交通安全法》，该法于 2004 年 5 月 1 日实施。此外还有 1997 年 7 月 3 日颁布的《中华人民共和国公路法》，它们一起保障了道路交通的安全。

(3)《中华人民共和国安全生产法》

2002 年的 6 月 29 日，第九届全国人大常委会第二十八次会议审议通过了《中华人民共和国安全生产法》。这部于同年 11 月 1 日起执行的法律，不仅是我国第一部全面规范安全生产的专门法律，也是我国安全生产管理全面纳入法制化的标志。此外还有针对特别领域另外出台的单行法律，以煤矿为例，有 1992 年 11 月第七届全国人大常委会第二十八次会议通过的《中华人民共和国矿山安全法》。由此可见，法律上对于安全生产的规范已经非常完备。

(4)《中华人民共和国防震减灾法》

《中华人民共和国防震减灾法》由第八届全国人大常委会第二十九次会议于 1997 年 12 月 29 日通过，自 1998 年 3 月 1 日起执行。该法是一部规范全社会防御与减轻地震灾害活动的重要法律，它不仅规定了各级政府及其各个职能部门的职权和职责，也明确了社会上任何单位和公民个人在防震减灾活动中的权利和义务。

(5)《中华人民共和国防洪法》

《中华人民共和国防洪法》(简称《防洪法》)，是由第八届全国人大常委会第二十七次会议于1997年8月29日通过，自1998年1月1日起施行。《防洪法》实施后，我国防汛抗洪工作目前已经步入规范、有序的轨道。1998年抗洪时，有关部门依据《防洪法》规定，宣布进入紧急防汛期，依法动员全社会的力量，采取应急措施，最终取得了抗洪的胜利。

(6)《中华人民共和国传染病防治法》

1989年2月21日由第七届全国人大常委会第六次会议通过的《中华人民共和国传染病防治法》，自1989年9月1日起施行。后于2004年8月28日修订通过，修订后的《中华人民共和国传染病防治法》自2004年12月1日起施行。

(7)《中华人民共和国消防法》

1984年，国务院公布了《中华人民共和国消防条例》，使我国的消防工作开始步入依法治火的轨道。1994年公安部成立《消防法》起草领导小组，到1998年4月江泽民签署第四号中华人民共和国主席令，公布《中华人民共和国消防法》。

(8)《中华人民共和国食品卫生法》

1982年，全国人大常委会制定了我国第一部食品安全卫生专门法律，即《中华人民共和国食品卫生法(试行)》(简称《食品卫生法》(试行))。1995年全国人大常委会在总结了《食品卫生法(试行)》12年的实践经验的基础上，审议通过了新的《食品卫生法》。

3. 公共安全部门规章和行政规章等

我国《立法法》第一次将“部门规章”作为一个层次用法律形

式确认下来，使得法律、法规的位阶更加清晰，使法学理论研究有了法律依据。我国目前关于公共安全的行政法规和部门规章主要有：

(1) 1957 年 11 月 30 日和 1984 年 5 月 13 日，国务院分别公布的《中华人民共和国消防监督条例》和《中华人民共和国消防条例》。

(2) 1991 年 7 月 9 日国务院发布施行的《中华人民共和国防汛条例》。

(3) 1991 年 10 月 4 日国务院批准、1991 年 12 月 6 日卫生部第 17 号令发布施行的《中华人民共和国传染病防治法实施办法》。

(4) 1993 年 8 月 4 日国务院颁布的《核电厂核事故应急条例和处理规定》。

(5) 1995 年 4 月 1 日起施行的《破坏性地震应急条例》。

(6) 1996 年 6 月 4 日颁布的《城市道路管理条例》。

(7) 根据《中华人民共和国矿山安全法》制定的、经国务院批准于 1996 年 10 月 11 日发布并施行的《中华人民共和国矿山安全法实施条例》。

(8) 2003 年 5 月 12 日国务院公布并予施行的《突发公共卫生事件应急条例》。

(9) 2004 年 4 月 28 日颁布的《中华人民共和国道路交通安全法实施条例》、2004 年 12 月 27 日颁布的《铁路运输安全保护条例》。

(10) 2005 年 1 月，国务院常务会议讨论并原则通过《国家突发公共事件总体应急预案》；2005 年 4 月，国务院正式作出关于实施《国家突发公共事件总体应急预案》的决定，随后，国务院印发的 25 件专项预案、80 件部门预案和省级预案也相继发布。

(11) 2005 年 11 月 16 日，国务院第 113 次常务会议通过《重大动物疫情应急条例》。

(12) 2006年1月6日，国务院授权新华社全文播发了《国家自然灾害救助应急预案》。

(13) 2006年1月10日起，国务院授权新华社陆续摘要播发五件自然灾害类突发公共事件专项应急预案和九件事故灾难类突发公共事件专项应急预案。

(14) 2006年6月15日，国务院授权新华社发布《国务院关于全面加强应急管理工作的意见》。

4. 地方性公共安全应急法规和行政规章

地方性公共安全应急法规指地方国家权力机关及其常设机关为保证宪法、法律和行政法规的遵守和执行，结合本行政区内的具体情况和实际需要，依照法律规定的权限，通过和发布的公共安全应急管理的规范性法律文件。根据《地方各级人民代表大会和地方各级人民政府组织法》的规定，省、自治区、直辖市的人民政府，省、自治区人民政府所在地的市的人民政府和经国务院批准的较大的市的人民政府，可以根据法律、行政法规和本行政区的地方性法规，制定规章。

对于公共安全应急行政法规和部门规章，各地有关机构都根据本行政区域的具体情况和实际需要，制定了地方性法规和政府规章，这方面比较多，就不一一列举。

第三节　公共安全法律制度

公共安全法律制度是指为了实现公共安全法的任务和目的，根据公共安全法的基本原则，由调整特定公共安全社会关系的一系列公共安全法律规范组成的相对完整的规则系统。它是公共安全管理制度的法制化和规范化，是公共安全法规范的一个特殊组成部分。据初步统计，我国目前已经出台涉及突发事件应急的法律35件、行政法规36件、部门规章55件，党中央、国务院及部门文件

111件。

公共安全法律制度主要包括公共安全防范和教育制度、应急处理制度、公共安全检测制度、公共安全评价制度、公共安全设施“三同时”制度、公共安全风险管理制度等。

一、公共安全防范与教育制度

公共安全问题贵在防患于未然。防患于未然，是公共安全危机管理的关键所在。政府是主角，但单靠政府的努力是不够的。要彻底解决公共安全问题，需要在提高公民素质的同时，尽快构建全社会的公共安全新机制。

（1）应尽快建立健全全国公共安全防范体系。首先要全面贯彻落实科学发展观，把社会发展提上议事日程；其次要从战略高度来对公共安全保障体系进行制度设计；再次要采取强有力的措施，从分配上、制度上应对公共安全挑战。同时要加强公共安全科学与技术的研究，为公共安全提供有力支撑。

（2）要在全社会开展公共安全教育，建立政府主导的公共安全宣传引导系统，加强日常对公众的公共安全防范意识、防范知识的普及，强化对公民公共道德、公民义务的宣教，以提高公众维护公共安全的能力和水平，在一定程度上可降低危机发生的几率，在危机发生时亦可起到安抚公众心态、缓解社会动荡的作用。

（3）要加强公共安全宣传教育，普及基本的识灾、防灾知识，提高公民自我保护意识及应对公共安全事件的能力。对公众进行公共安全教育，告诉公众如何疏散、如何协助政府、如何帮助他人，除了一般性宣传，还应有相应的场馆专门进行防灾训练。在公共安全事件爆发时，极易发生所谓的“羊群效应”，即由于信息缺乏、知识缺乏导致盲从盲信、以讹传讹、相互误导，使原本规模不大的安全事件酿成严重的灾难性后果。针对这种情况，政府在平时就应当加大对公众预防公共安全事件意识和知识的宣传教育，定期举行各类模拟演习。

二、公共安全应急处理法律制度

公共安全应急处理法律制度是指公共安全事件发生时，如何应对、处理并恢复到常态下的公共安全法律制度。主要包括以下具体内容。

（1）应急状态的确认和宣布制度

应急状态的确认制度和宣布制度决定着社会状态和法律管理方式的转换，决定着事态的发展方向，是非常重要的制度。

应急状态的确认是指紧急事实和紧急危险出现后，由有权国家机关或个人依照法律规定的程序和期限，查清和认定紧急事实和紧急危险存在之状况，并对其危险度作出分析和采取紧急对抗措施来消除紧急事态的识别判断。应急状态的确认主体主要有立法机关、政府首脑、行政机关、地方国家政权机关。

在法治社会中，启动应急状态制度应当非常慎重，是迫不得已的事情。不经过法定程序确认的应急状态，政府不能随意行使宪法和法律赋予的紧急权力，否则，就会破坏依法行政的基本原则。确认应急状态是否存在以及判定是否应当实施应急状态管理，对于维护宪法尊严和保护公民权利至关重要。需要对应急状态的确认在法律上给予明确的规定，对确认主体、程序和责任等进行规范。

应急状态的宣布则是应急状态的确认发生法律效力的必经程序和标志。关于应急状态的宣布，有的国家规定由立法机关宣布，有的国家规定由行政机关宣布，有的国家规定由国家元首宣布，有的国家规定由军事机关宣布。未经宣布的应急状态，不应该发生效力。一旦宣布进入应急状态，就意味着政府正式启动应急状态制度，政府从宣布应急状态之时起就可以行使应急状态法所赋予的行政紧急权力，而对于公民来说，应急状态的宣布意味着自己的宪法和法律权利可能就会因政府宣布应急状态而受到限制。

(2) 应急指挥机构制度

应急指挥机构是在应急状态时期集中行使行政紧急权力的最高决策机构，是在应急状态时期统一指挥应急工作的领导机关，是保证应急活动顺利开展的关键部门。应急法律法规体系应对应急指挥机构的设立、组成、职责、工作程序等内容作出明确的规定，一旦发生突发公共事件，应急指挥机构便可立即进入高速运转工作状态。

在应急法律法规体系中建立应急指挥机构制度是非常重要的。首先，从法律上明确应急指挥机构在应急状态期间的绝对权威和领导地位，有利于快速形成以政府为核心、其他社会组织和公众共同参与的应急队伍，形成一个符合统一领导、统一指挥、统一行动原则的有机应急组织；其次，针对不同的应急状态，规定与之相应的应急指挥机构，明确其职责和权力，有利于应急工作的开展，有利于奖罚措施的落实；最后，在应急状态期间，保证各项应急工作和采取的应对措施符合法律法规、规章制度和管理程序的要求，维护社会的公共利益，保障公民的基本权利。

(3) 行政紧急权力制度

政府的行政紧急权力制度是在法律对应急状态作出规定的基础上，对应急状态确认、宣布、执行、终止、撤销以及特别管制、宵禁和动员等权力行使方式与界限的规定，包括权力主体、权力措施、权力行使最低程序与责任的有关内容。①对随事态变化的权力行使主体作出明确规定，防止由于应急状态下法律授权权力行使主体不明而出现越权或推诿的情况，影响对突发公共事件的及时、准确和有效应对。②按照一定的等级标准对应急状态分级，明确在不同等级的应急状态下，可以在怎样的期限和地域内、采取哪些不同类型的紧急措施，限制公民的哪些具体权利。③设定严格的执行程序，即行政紧急程序，防止出现政府随意扩大行政紧急权力的现象。对实施各种紧急措施必须遵循的程序应该予以规范，保证行政紧急权力遵循正当合法的程序而高效行使。④明确规定不同等级应急状态的基本期限，以及延期的程序。⑤建立严格的责任制度。在应急状态下，特定职务人员的责任应该强化，防止因为法律责任制度的不够明确和不够有效而影响责任的认定、追究和惩处，对政府及其工作人员在应急状态时的违法失职行为、权力滥用行为、紧急措施实施不当行为应该承担的责任予以规定。

（4）公民应急状态的法律义务制度

在现代法治国家中，公民既有依据宪法享有国家机关不得非法剥夺的宪法权利，同时也要依据宪法的规定来向国家履行一些最基本的义务。特别是在应急状态时期，相对于正常社会状态时期而言，公民应当履行更多的法律义务。这些法律义务包括三个层次：①对应急状态保持高度关注的义务，即公民在应急状态时期要时刻关注政府所采取的各项紧急措施，并作出适当的反应；②公民在紧急时期应当主动接受政府的各项紧急措施，特别是接受各项管制的义务；③公民要接受宪法和法律权利受到政府一定限制的义务。

（5）公民权利保障制度

尽管在应急状态下法律授权政府获得一些必要的特殊权力，但这并不意味着在应急状态下国家权力和公民权利的比例关系可以完全失衡，某些公民的权利即使在应急状态时期也不得因为采取应急措施而受到限制，更不得予以剥夺。为使二者在应急状态时期仍能最大限度地保持合理比例，需要以法律手段来明确应急状态时期的权力与权利关系，作出应急状态下公民权利也只能受到有限程度制约的相关规定，对公民权利可以做什么限制、最低权利保障的底线以及公民获得救济的途径等作出明确规定；同时规定应急状态下必须坚持公民的权利损失最小原则，确保政府在非常时期不随意克减人权，使公民权利受到最大限度保护。可通过确立应急状态时期的公民权利最低标准来监督政府行使行政紧急权力的合法性。

（6）应急预案制度

应急预案制度是指针对公共安全事件应急预案的编制、内容、管理、审批、培训和演练等作出的规定。应急预案制度体现了预防为主和防治结合的基本原则，包括以下主要内容：应急处理指挥部的组成和相关部门的职责，军事反应部队的组成、任命和训练，信息收集、分析、报告与通报，应急监测机构及其任务，突发环保事件的分级和应急处理工作方案，突发公共事件预防、现场控制，应急设施、设备、救治药品和医疗器械以及其他物资和技术的储备与调度，突发公共事件应急处理专业队伍的建设和培训等。

在宣布进入应急状态后，政府必须依据应急法律法规体系的内容采取各项紧急措施。如果没有应急预案制度，没有事先的准备工作，临时仓促上阵，就很难保证所采取紧急措施的科学性和合理性，而且在目前人类社会发展状况下，有些突发公共事件是不可避免的。因此，必须制定各种应急预案，开展应急培训和演练，做好应对突发公共事件发生的准备工作。

三、公共安全责任制度

公共安全责任制度是根据公共安全法规建立的各级政府、各职能部门、公共从业人员在公共安全工作过程中对公共安全层层负责的制度。这一制度首先为多部涉及公共安全的立法所确立，如《中华人民共和国消防法》、《中华人民共和国安全生产法》。

公共安全责任制是岗位责任制的一个组成部分，是最基本的一项公共安全制度，也是公共安全管理制度的核心。公共安全责任制的内容，概括地讲，就是：各级政府首长对本地区公共安全工作负全责，各部门正职对本部门公共安全负全责，各单位行政一把手是本单位公共安全工作的第一责任者；副职对分管范围内的公共安全工作负责；各岗位工作人员对本岗位的公共安全工作负责。至于具体的公共安全的职责范围，应根据各单位的工作特点和具体情况不同分别确定。

四、公共安全设施“三同时”制度

公共安全设施“三同时”制度是指一切新建、改建、扩建的基本建设项目（工程）、技术改造项目（工程）、引进的建设项目，其公共安全设施必须符合国家规定的标准，必须与主体工程同时设计、同时施工、同时投入生产和使用。一般简称之为“三同时”制度。公共安全设施是指为了防止公共安全事故发生而采取的，消除公共安全危害因素的设备、装置、防护用具及其他防范技术措施的总称。公共安全“三同时”制度从源头上清除各类项目可能造成公共安全事故的危险因素，保护公共安全，保障新工程项目正常投产使用，避免因公共安全问题引起返工或采取弥补措施而造成不必要的投入。

公共安全设施“三同时”制度的建立，是防止新工程项目带病投产运行，确保物的本质安全的有效的法律制度。“三同时”制度和公共安全预防评价制度结合起来实行，是贯彻“安全第一，预防为主，综合治理”方针的具体体现。两者结合起来实施可使新项目做到更合理，最大限度地消除和减少潜在的危害，真正做到防患于未然。

五、公共安全风险管理制度

古人云：“凡事预则立，不预则废。”这里说的就是风险意识，要对“凡事”进行风险管理。公共安全作为公共产品，同其他的公共产品一样存在着风险管理，如何使公共安全风险管理规范化、程序化是政府解决公共安全问题的根本途径。风险管理有两个阶段。

1. 风险评估

首先认定现阶段或未来某个时期，在社会、企业或公众中会有什么样潜在的风险，风险有多大，它们的类型是什么，如果发生会有什么样的后果。这一阶段政府的工作主要有两点。①成立专门的风险评估委员会。这种专门的风险评估委员会有较多的优点：决策班子的稳定性；决策的科学性；责权的明确性。②集思广益，调动公众参与风险管理的积极性。无论是哪类风险，可以说最直接的受害者应该是公众，他们天然拥有规避风险的动力，但是由于他们处于离散状态，不具备规避风险的能力，政府应该鼓励和引导公众参与到某些项目的风险评估。一方面，公众可以通过评估认识到自身某些不正确的做法，积极改正；另一方面，政府可以借助公众的压力解决一些问题，比如，要求一些脱离地方政府监管、行政级别较高但是存在安全隐患的工厂进行一些安全设施的整改。

2. 风险控制

风险控制就是监视识别出的风险，制定和执行风险防范措施。风险控制的方法一般有：风险回避、损失控制、风险分散和风险转移。就这一阶段而言，政府的工作主要从以下几个方面入手：

（1）在现有法律的基础上尽可能结合对未来的预期，对一些法律程序、法律条款做出调整。

（2）建立常设性公共安全管理部门。虽然我国目前也有这类机构，但没有形成权责明晰的反应机制，究其原因关键在于政府没有对公共安全问题进行分类以便“对症下药”。一般来说，公共安全问题发生的原因主要有三种：一是自然产生的，如地震；二是人为引起的，如邪教法轮功；三是人为导致的自然危机，如人类大量捕食野生动物所引发的 SARS 危机，大量排放二氧化碳导致气候变暖而形成的洪水，这一类可能占有的比例最大，而且是最难预测和控制的，同时这也是政府的薄弱环节。每次这类灾害发生后，就成立临时工作小组应付危机，危机一完就人走茶凉，不仅丢了处理危机积累的经验，也丢了危机处理中结成的合作伙伴。所以，建立类似于美国 FEMA（联邦突发事件管理局）的常设性公共安全管理协调机构势在必行。

第四节　公共安全应急法制体系的建设和完善

一场SARS危机暴露出我国公共应急法制中法律资源的不足，现有法律也暴露出诸多漏洞，在某种程度上已经影响了法律在非常时期的强势作用。因此，要克服法律效力层次不一、责任机构各自为政的弊端，进一步整合和完善消防、防汛、抗震、公共卫生事件等各专业性的法律法规，建立统一、协调的应对紧急事件的法律法规和制度体系。

一、公共安全应急法制体系的建设情况

1. 国外应急法制体系建设基本情况

近年来，随着经济社会各方面的不断发展和进步，公共安全问题成为引起世界范围内普遍关注的热点话题。从“美国9·11恐怖袭击事件”、2003年中国“SARS事件”到“汶川大地震”、“全球性甲流感”、法航客机空难事件等，公共安全问题随处可见。

早在20世纪中叶，西方发达国家就已催生了现代应急理念的萌芽，并逐步建立起了规范化的现代应急管理体系。具体来说，许多国家都建立了比较完善的应急法制体系，不仅具有一般应急法律规范的共性，而且还具有本国应急法律制度的特色。

(1) 美国的应急法制体系建设得较为完善，其主要应急法律有：

①《灾害救助和紧急援助法》。1950年制定的《灾害救助和紧急援助法》，是美国第一个与应对突发事件有关的法律，适用于除地震以外的其他突发性自然灾害。该法规定了重大自然灾害突发时的救济和救助原则，还规定了联邦政府在灾害发生时对州政府和地方政府的支持。

②《国家洪灾保险法》。20世纪六七十年代，联邦灾害救助局

处理了大量需要联邦应急处理的重大灾害，这些灾害引起了人们对自然灾害问题的关注并增加了有关立法的数量，1968 年，国会通过《国家洪灾保险法》。

③《国家地震灾害减轻法》。1977 年 10 月，美国国会通过《地震灾害减轻法》。1990 年 11 月制定的《国家地震灾害减轻计划法》对减灾机构的职责、计划的目标和目的作了详尽规定，对国家地震灾害减轻计划作了重大修改。

④《全国应急状态法》。1976 年美国国会通过的《全国应急状态法》，它对应急状态的宣布程序、实施过程、终止方式、应急状态期限以及应急状态期间的权力作出了详细规定。“9・11 事件”之后，美国又制定了大量“反恐”法案和其他应急处理的法律。

（2）日本制定有关危机管理（防灾救灾以及应急状态）的法律法规是比较健全的，到目前为止共约 227 部。不仅由国土厅编撰了《防灾六法》作为应急法律法规的汇编文本，而且其国内有关应急法律规范的立法也是相配套，层次分明。在配合防灾救灾法律的组织实施以外，日本要求各级政府针对本身的业务权责制订防灾计划、防灾基本计划、防灾业务计划和地域防灾计划。计划的内容虽因机构层级的不同详细程度有差别，但均包括灾害预防、灾害应急以及灾后重建等不同阶段所应实施的防灾救灾工作及内容。

（3）英国的应急法制体系比较完善。习惯法中一直存在着戒严和应急状态两种法律制度，有关这方面的法律有 30 多部。如 1920 年的《应急状态权力法》、1964 年的《国内防御法》等。尤其值得一提的是，2004 年 1 月 7 日，英国下议院又通过了《国内应急状态法案》（Civil Contingencies Bill），该法律的出台使得英国有了一部统一的应急状态法律。根据该法案，英国又修改和重新制定了一批有关应急的法律规范，使得各种应急法律规范相互协调、自成一体。

通过对一些法制较为健全的国家应急法制体系的考查，可以看到国外应急法制体系发展的一些特点和趋势：多数国家都有一部统一的应急状态法律。如美国 1976 年的《国家应急状态法》，法国 1955 年的《应急状态法》，加拿大 1985 年的《危机准备法》和《危机法》等等。统一的应急状态法能够在由于复杂原因产生的应急状态中有一个统一的指挥机制以及程序规范，既可以加强应对紧急事件的效率，及时应对紧急事件，使受到严重威胁的经济与社会秩序迅速恢复常态，又能够避免因为法律的漏洞而使政府随意扩大紧急行政权力，从而公民权利保障有一个底线，不至于造成公民的权利在应急状态时期遭受公共权力的随意侵害而无法获得有效的法律救济。

除了统一的应急状态法以外，各国都针对各种具体的紧急情况制定了单行法。例如，法国的公共健康法典，俄罗斯的《关于保护居民和领土免遭自然和人为灾害法》、《事故救援机构和救援人员地位法》等等，这些专门立法也颇有特点。

2. 我国应急法制体系建设主要情况

我国对公共安全应急法制体系建设做了大量的工作，特别是近些年来，国家高度重视公共安全事件应急法制建设，取得了显著成绩。国务院和地方人民政府制定了有关自然灾害、事故灾难、公共卫生事件和社会安全事件的应急预案，突发事件应急预案体系初步建立。2005 年 1 月通过了《国家突发公共事件总体应急预案》，2007 年 11 月 1 日颁布实施了《突发事件应对法》。同时针对一些易发性突发事件类型制定了相应法律，以保证突发事件应急的“有法可依”，如《安全生产法》、《矿山安全法》、《传染病防治法》等；针对一些重要的危险程度高的突发事件类型，不仅有概括性质的法律的规制，还及时地制定了相应的行政法规，使其更加具体，更加具有可操作性，如《防洪法》与《防汛条例》、《传染病防治法》与《传染病防治法实施办法》、《矿山安全法》与《矿山安全法实施条例》、《水污染防治法》与《水污染防治法实施细则》等；针对一些具有发展不确定性的突发事件类型，不仅规定有一般应急状态下的应急措施，还制定了特别应急状态下的应急措施，如《传染病防治法》与《突发公共卫生事件应急条例》、《防震减灾法》与《破坏性地震应急条例》、《安全生产法》与《特别重大事故调查程序暂行规定》等。总体上形成了从中央到地方的分散性的突发事件立法体系。但是，这种分散性的立法体系也导致了如下的问题和不足：

（1）法律授权不明确，各部门之间缺乏必要的尊重

这种尊重首先体现在政府应当依据立法机关制定的法律从事各种应急活动，用立法机关制定的法律来约束应急行为；其次是在制定有关的行政法规、规章时，应当根据法律的授权进行；法律授权不明的，应当按照法律程序请求立法机关予以解释，或者是在应急时期过后，及时向立法机关汇报，并获得立法机关的许可。

（2）应急法律之间冲突现象亟须清理

中央一级的立法以行政法规和部门规章居多，这虽然保证了突发事件由行政机关应急处理的特点，但由于缺少上位基本法的控制，致使法律之间的冲突现象层出不穷，甚至出现了法律效力层次不一、责任机构各自为政的现象。现行的消防、防汛、地震、公共卫生事件等各专业性的法律法规，是各个部门按职权制定的，各管灾害救援的一面，囿于科学论证不够，造成救灾队伍繁多，无法形成合力，遇到综合性的较复杂的安全问题就更无所适从，程序紊乱。反思现状，实际操作中必须建立统一、协调的应对突发事件的法律法规和制度体系，理顺政府、社会、企业、个人在突发事件应对过程中的权利义务关系，使应急体系建设的功能得到最大限度的发挥。

（3）内容过于抽象、原则，可操作性不强

许多立法缺乏具体的实施细则、办法相配合，致使可操作性不强。绝大部分立法重视给应急机构配置紧急处置的权力，但却忽视

对这些权力的控制和对这些权力造成的危害结果的救济途径；重视纵向关系上机构之间的领导与被领导的关系，忽视横向层面上的机构之间的协调与监督；重视应急措施上的实体性的规定，忽视对其进行程序上的约束；重视官方机关和上级机关在处理突发事件中的领导和强制力，忽视了非官方机关和下级机关对其的配合与自治。

（4）一些领域的法律仍不完善

针对公共安全事件虽然制定了许多相关应急法，但总体上很不均衡、不完善。其中，以针对自然灾害的最为齐全。有学者建议，在灾害领域比较可行的立法思路应当是分门别类，就不同的灾种单独立法，并在遵循相同或相似的立法原则基础上，建立部门灾害立法体系。

二、公共安全应急法制体系建设和完善的原则

应急法制体系内容的建设要符合法律建设的基本准则，又有别于其他的法律，是一种适用于应急状态的法律，与适用于正常社会状态的法律在许多方面会存在冲突。因此，应急法制体系建设又有其特殊的原则，应在有利于控制和消除应急状态和有利于最大限度地保障公民权利的基础上，将应急活动纳入法制化轨道。概括而言，应急法制体系建设应当遵循以下几项原则。

（1）合宪性原则

宪法是现代法治国家的根本大法，具有至高无上的权威，政府在任何情况下采取的措施必须有宪法上的授权，符合宪法的要求，应急状态也不例外。因此，应急法律法规的关键内容必须进入宪法，由宪法作出明确的规定。

（2）合法性原则

应急状态下政府行使的各种管理手段和措施应有法律上的明确规定，符合法律的要求。在应急法制体系建设中，要考虑到应急活动中可能遇到的各种情况，在应急法制体系内给予具体的规定，确

保应急状态下政府行使的行政紧急权力受到法律的保护。

（3）合理性原则

在应急状态下政府需要针对所发生的突发公共事件的具体情况，行使相应的行政紧急权力，实施各种不同的应对措施。为确保政府行使的行政紧急权力符合应急状态的实际情况，并在突发公共事件得到有效控制后，及时结束应急状态的特殊管理方式，应在应急法制体系中对行政紧急权力的行使作出严格的规定，防止政府不切实际地使用行政紧急权力，违背宪法和法律的基本要求。

（4）保障公民权利原则

在应急状态期间，政府可通过宪法和法律所规定的行政紧急权力，对突发公共事件采取各种处置措施，包括适当限制公民权利的方式来维护社会秩序。因此，在应急法制体系建设时，在保障政府依法行使行政紧急权力的同时，要最大限度地保障公民的权利，特别是在宪法和法律中赋予公民享有的基本权利应得到充分保护。对于因采取应急措施的需要，给公民的财产和权利造成损失的，应当在事后给予必要的补偿。

（5）责任原则

在宪法和法律授予政府在应急状态下行使行政紧急权力的同时，为防止这些权力被非法使用和随意滥用，以及对公民基本权利的有意侵犯和对公共利益的无视行为，应在应急法制体系中建立与行使行政紧急权力相对应的责任制度，构造权力与责任对等的平衡机制。

（6）时效原则

在紧急状况下政府行使行政紧急权力会削减公民的权利，从保障公民权利的角度出发，应急法制体系应对政府行使行政紧急权力的期限作明确的规定。这样，可有效地防止政府利用行使行政紧急权力的便利滥用或超越职权给公民权利保护造成危害。

三、我国应急法制体系的完善

现阶段我国应急法制建设的基本任务主要有两项：一是加强和改善现有立法，健全和完善我国突发事件应急法律体系，使突发事件应急法的内容逐步完善、规范起来，以顺应宪政和应急法制的基本精神；二是从突发公共事件产生发展的各个阶段入手，制订详细全面的应对策略，健全和完善现有应急法的突发事件应对机制。

根据国外先进的公共应急法制体系的特点，结合我国公共应急法制体系的现状和问题，现阶段我国应急法制体系应从以下几个方面加以完善：

（1）在宪法中更明确地规定“应急状态制度”，系统阐明各类应急状态确认、宣布、期限、解除等环节的具体运作，确立政府在突发事件应对过程中享有的基本法律权限，将公共应急法制纳入宪法的调整范围，明确其在宪政体制和“依法治国”基本方略中的重要地位。

（2）制定统一的《应急状态法》，填补我国突发事件应急法体系中基本法律的空白，既要赋予突发事件管理部门必要的紧急权力，保证应急效率；又要规范政府对突发事件的管理行为，保证非常时期依法行政同样得到实现。为此，应当改变我国突发事件应急法各自为政、相互之间在立法精神和具体内容上都缺乏协调统一的现状，克服同属法律层次的各应急法、不同层次的应急规范彼此矛盾冲突、缺乏统一指导的弊端，破除部门和地方利益的局限性。还要注意从立法目的、基本法律原则（如法治、应急性、最低权利保障等根本原则；目的公益性、手段比例性、政府积极责任等具体原则）、政府紧急权力及职责、公民等社会主体基本权利及义务、紧急程序、突发事件应急体制、突发事件应急机制（包括在事前预防和准备、事中应对、事后恢复等三个阶段）、救济机制等方面，全面系统地为突发事件应对提供科学、权威、规范、统一的法律指导，改变现有应急法条文简单、内容原则抽象、可操作性差的状况，便于依法行政、公众守法和社会监督。

（3）在一些重要的领域抓紧制定新的法律，填补此类领域法律调整的空白，逐步扭转这些领域的无序、混乱局面，并完善我国的突发事件立法体系。此类亟待制定的法律包括《国防动员法》、《恐怖事件应急法》等。为健全灾害性突发事件应急法体系，应根据需要出台一些新的灾害防治法，如《台风防治法》、《沙尘暴防治法》等。

（4）根据法律规范效力等级的差异和一般法理，对现有突发事件应急法制体系进行全面和系统的清理工作，消除同一层次、不同层次应急法规之间广泛存在的矛盾和冲突，实现突发事件应急法体系内部的协调统一。对现有应急法律规范进行系统的清理包括修改法律、进行法律解释、废止法律或某些条文等等，从而消除立法矛盾和冲突，克服应急法律规范之间缺乏协调统一的弊端，破除部门利益和地方利益的局限性，实现应急法律规范体系的协调统一。

通过完善相应的法律规范，逐步健全与重大突发事件应对机制密切相关的法律制度，包括行政程序法制、行政强制法制、政府信息公开法制、行政指导法制、紧急刑事法制、纠纷解决法制等，我国的应急法制体系也将得到逐步完善。

第四章　公共安全应急管理体系

灾害其本身就构成一个系统，即灾害系统。应急是为了有效地防灾、抗灾、救灾，其目的是避免或阻止灾害发生，控制灾害蔓延，紧急救援，使灾害系统免受或少受损失，防止灾害进一步恶化，尽快恢复受灾系统的初步稳定和有序。所以应急系统是一个防灾、抗灾、救灾系统，公共安全应急管理体系必然是一种复杂庞大的巨系统。在面临各类公共安全问题时，该系统应满足预防预报、应急救援和灾后重建等全方位的需要。对于体系的结构问题，学术界存在不同视角。董华等认为城市公共安全系统由“实体”系统和“概念”系统构成，前者是指由物质实体要素构成的各类检测警报系统、防灾设施、生命线系统、抢险急救系统、组织机构等硬件系统；后者则是指以概念、原理、方法、制度、程序等非物质实体为构成要素的城市公共安全保障的软件系统，包括安全规划、安全设计、防灾责任制、防灾抢险方案、物资储备供应以及各项法律法规等。张成福从过程角度出发，认为体系应包括警示、隔离与移民、搜寻与援救、灾难评价、紧急救助、基本设施的提供、沟通与信息管理、安全保障等要素。李习彬从职能角度，将体系划分为决策与指挥系统、计划与评估系统、行动系统、信息与预警系统及咨询系统。

第一节　公共安全应急管理体系概述

建立公共安全应急管理体系的目的在于通过体系的运作、预防、控制和处理危及生存与发展的各类灾害与事故，提高应对和减轻损害的能力，改善公众的安全状况，提高其生存和可持续发展的安全性，使得社会与广大公众在突如其来的灾害面前尽可能做到“临危不乱”和“处变不惊”。基于以上目的，有必要对体系的系统特征进行分析和定义。

一、应急管理体系的含义和内容

1. 应急管理体系的含义

应急管理体系是指在政府的领导下，以法律、法规、制度、政策为准绳，全面整合社会各种资源，制定科学规范的应急机制，建立以政府为核心、社会共同参与的组织网络，预防、应对、化解和消除各种突发公共事件，提升城市的应急能力，保障公共利益以及公民生命、财产安全，保证城市正常运转和公共安全的工作系统。从某种意义上讲，应急管理体系本身就是通过组织、资源、行动等应急要素整合而形成的一体化系统。

2. 应急管理体系的内容

结合应急体系理论研究的成果以及国际上特别是发达国家应急体系建设的经验，公共安全的应急体系主要由应急指挥体系、应急资源体系、应急预案体系和紧急状态的法律体系组成。

(1) 应急指挥体系。应急指挥机构是统一指挥应急工作的领导机关，在应急工作中处于核心地位。在现代社会特别是城市化环境中，突发公共事件波及面广、危害性强，其影响往往超出某级政府或部门的管辖范围，客观上要求多级政府或多个部门相互配合、联合行动、共同应对。因此，应当在众多的行业性、专业性、部门化指挥机构的基础上，进行横向联动、纵向整合，以理顺职责、形成整体，实现各种应急队伍在组织上的统一性、行动上的协调性、资源上的共享性，从而保证在处置突发公共事件时能够做到迅速行动、相互协作、优势互补，在平时能够做到加强对应急物资的储备与管理、加强对应急队伍的管理与培训，促进整个应急体系的协调发展。

（2）应急资源体系。应急资源是有效应对突发公共事件的物质基础和人力保障，在整个应急体系中具有基础性作用。应急资源体系强调两个方面：一是应急物资和避难场所的优化配置，二是救灾抢险队伍的整合与提高。对于应急物资的准备和避难场所的建设，应做到统一规划、常备不懈、信息互通、资源共享；对于救灾抢险队伍建设，应注重不同专业技能人员的优化组合，建立健全组织体系和管理制度，开展经常性的培训、演练与考核，不断提升救灾抢险队伍的战斗力和综合应变能力。

（3）应急预案体系。应急预案最早始于军队，是将平时制定和执行决策的科学性、严谨性与战时的灵活性结合起来的一种有效形式。应急预案基于对潜在危险源可能导致的突发公共事件的预测，对应对的全过程进行全方位的合理规划，落实应对过程中预测、预警、报警、接警、处置、结束、善后和灾后重建等相关环节的责任部门和具体职责，是实现“反应及时、措施果断”的有效途径。由于应急预案在平时研制，时间上比较从容，因此可以采用科学的方法，并在较大的范围内征求意见、深入论证，从而提高其科学性、可行性、有效性。通过应急预案的制定，可以增强政府及有关部门的风险意识，加强对危险源的分析，研究和制定有针对性的防范措施；也有利于对应急资源的需求和现状进行系统评估与论证，提高应急资源的运用效率。更为重要的是，基于应急预案，应急指挥体系可以组织相关部门进行经常性的演练，从而全面提高整个应急体系的综合处置能力。

（4）紧急状态的法律体系。紧急状态法律体系是整个应急体系建设的制度保证。建立和完善紧急状态的法律体系，应克服法律效力层次不一、责任机构各自为政的弊端，进一步整合和完善消防、防汛、抗震、公共卫生事件等各专业性的法律法规，建立统一、协调的应对紧急事件的法律法规和制度体系，理顺政府、社会、企业、个人在突发事件应对过程中的权利义务关系。

二、应急管理体系的特征

应对突发公共事件，特别是城市重大突发公共事件，需要广泛动员城市的各种组织和力量参与，需要统一指挥、统一行动，需要各方面相互协作、快速联动，需要有技术、物资、资金、舆论的支持和保障，需要有法律和政策的支持。因此，应急体系有许多独有的特征。概括来讲，应急体系一般具有以下特征。

（1）政府主导、社会参与、多元运作

政府作为公共事务的管理者、公共秩序的维护者，肩负着保障公共安全的神圣职责，拥有其他任何社会组织不可比拟的各种资源优势，在应对突发公共事件中必然起着主导作用。但在面对各种各样的突发公共事件时，仅靠政府的力量和资源是远远不够的，是很难做到全面、快速、准确、高效的应急响应和事件处置，必须充分发挥社会上其他力量的作用，整合全社会的应急资源，实现全社会的共同参与。在城市公共安全应急体系中，不仅要包括非政府组织、新闻媒体、研究机构、企业和公众，而且要与周边地区、国际相关组织形成广泛的合作，共同应对突发公共事件。

（2）依法行事、责权明确、风险共担

应急法律法规体系是应急体系最重要的组成部分，也是应急管理体系构建的基石。在应对突发公共事件的过程中，每个组织和参与者都应有明确的分工和责权，必须在法律法规限定的范围内，行使自身的权力，履行规定的义务，共同承担突发公共事件所带来的风险，绝不可逾越法律的规定随意滥用职权，损害社会公共利益。

（3）统一指挥、分工协作、快速响应

在应急状况下，时间紧迫，必须分秒必争。任何时间的延误和行动的失误，都可能造成不可挽回的损失。因此，必须统一行动，统一步调，采取统一领导、统一指挥和统一部署的应急管理工作方式。各部门应分工明确，相互配合，协同作战，实现对突发公共事件的快速响应。

(4) 统筹规划、共享资源、共享信息

对应急体系涉及的应急力量、应急资源和响应行动实行统筹规划，制定长期、中期和短期的应急规划，既包括战略层面的规划，也包括战术层面的方案。将分散的力量、资源和信息通过有效的运行机制和先进的科学技术实现全面的整合，实现资源和信息的共享，实现各种资源的充分利用，提升整体的应急能力。

(5) 技术统一、设备先进、设施齐全

应急体系应制定统一的技术标准，保证信息的快速和有效沟通，确保通信网络的畅通；配备现代化的应急设备，实现对突发公共事件的快速响应和控制；配备先进的应急装备，保障应急工作的顺利进行；具备完整的应急设施，为应急处置提供保障。

(6) 透明管理、正确引导、信息公开

在突发公共事件的应急管理中，应实施透明化的管理，及时向社会通报应急管理工作的状态。特别是在突发公共事件响应期间，及时向社会披露事件的真相和各种活动的进展状况，正确引导媒体和舆论的走向，做到信息公开，杜绝小道信息和流言蜚语的传播，以利于民众的参与。

(7) 多种形式、增强意识、提高能力

通过大众媒体、教育系统和公益设施等形式，开展应急知识培训、宣传、教育，引导民众积极参与各项应急活动，不断增强公众的应急防范意识，提高社会整体的应急能力。

三、应急管理体系的发展趋势

“9·11”恐怖事件和SARS公共卫生事件的发生，给人们带来深刻反思和教训，应急管理体系发展已呈现系统化、专业化、信息化、社会化、法制化的趋势。

(1) 系统化：指强化应急机构多位一体化、统一指挥、资源综合集成，优化调度，分工协作，当发生突发事件时，应急管理机构实行半军事化或军事化。

(2) 专业化：根据灾种、事故类型，分别组织不同层次、不同专业的救援队伍，专业对口、技术对口地进行救援抢险工作，指挥统一，专业分工，各司其职，针对性强，效果理想。

(3) 信息化：采用综合减灾、科技减灾重要手段，以人为本，人机结合采取一切有效通讯技术，采集与灾害有关信息，通过计算机和网络系统，在决策支持系统下实现应急管理信息化。

(4) 社会化：动员全社会，提高危机意识和教育，通过媒体（报纸、电视、广播等）广泛宣传各种灾害防御知识和演练，建立社区灾难联防体系和捐募发放系统，通过社会化了解和把握公民、民心、民意和在灾害防、抗、救中的个人责任，树立国家政府在应急事件中的形象，扩大国家应急管理的社会基础。

(5) 法治化：是国家处置突发事件应急管理的基石。应急管理涉及公民权利和政府权力运用的法律问题，涉及处理行动合法性的规定和处理权利和职责，明确政府、社会团体和个人在减灾工作中的义务和责任，必须建立完善的减灾法规体系，规范人们的行为和活动，发挥法律的强制力和威慑作用，防止紧急情况下滥用权力。

四、应急体系的基本构架

应急体系是一个开放的体系结构，是国家公共安全管理的组成部分，指在国家应急法律和整体规划的框架内，依据各地区的实际情况，按照科学方法，组建相应的公共安全应急体系。

一个有效的应急管理体系包括从法律制度到政策引导，从机制的快速反应能力、组织协调能力、资源综合配置能力、装备能力和技术能力到灾前的预防、预测、预警，从灾时及时救援抢险到灾后的救助恢复，从社会力量的动员到资源配置和利用等诸多方面内容的综合集成，涵盖了法制体系、组织体系、指挥体系、装备保障体系、工作体系等多种要素的建设。

应急体系的基本架构可分为三层结构：第一层为决策指挥层，是应急体系建立的指导思想和基础；第二层为管理层，是应急活动开展的工作主体，并提供技术和信息管理支撑、装备保障，也是应急体系开展工作的支持环境；第三层为执行层，实施抗、救、援等具体应急管理工作的过程和内容。从纵向看，应急体系具有决策指挥层、管理层和执行层，形成一种由上到下的内在关系；从横向看，每层由相互关联的模块构成，这些模块又由具体的内容组成。

（1）决策指挥层组织制定对国家和地方紧急事务的指导性政策；负责应急事务快速反应机制，启动紧急指挥系统，行使决策、指挥、组织、协调救援行动；领导其办事机构的日常工作。它包括法律法规、政策方针和城市公共安全应急发展规划。应急法律法规是建立现代应急体系的基础，是开展应急活动的先决条件；政策方针是建立应急体系的指导思想，是开展应急工作的出发点；发展规划是建立应急体系的行动方案，是开展应急工作的落脚点。各地区公共安全应急政策方针和发展规划应与应急法律法规保持一致，同应急法律法规一起指导和保障应急活动的开展。

（2）管理层包括组织体系、运行机制、应急运作平台和开展应急活动所需的保障资源。组织体系是应急工作开展的主体，是由城市政府、其他社会组织和公众共同组成，构成以政府为核心、社会参与的应急网络；运行机制是应急体系的行动准则，是保障应急体系高效运转的动力传送带，其构造应与城市的管理水平、管理体系、现代化程度、公众应急意识水平和应急体系结构相结合；应急运作平台是应急体系开展工作的平台，是由监测预警、指挥调度、辅助决策、信息交流、现场应急、信息共享等系统组成，是应急体系现代化程度的集中体现；保障资源为应急体系正常运转提供保障，是反映应急体系现代化程度的重要标志。

（3）执行层可分为常态和非常态两类应急管理工作。常态管理是指应急事务的日常管理工作，包括应急规划制定、应急资源准备、突发公共事件监测、应急预案制定、应急培训及演练等一系列预防准备工作。另外，善后和改进也划入常态管理的范畴。非常态管理是指突发公共事件响应前、中、后的应急管理工作，包括突发公共事件预警、处置等一系列响应工作。

五、中国公共安全应急管理机构组成

为进一步加强应急管理工作，全面履行政府职能，2006 年 4 月国务院办公厅设置成立了国务院应急管理办公室（国务院总值班室），承担国务院应急管理的日常工作和国务院总值班工作，履行值守应急、信息汇总和综合协调职能，发挥运转枢纽作用。至此，中国公共安全管理体制基本形成，即“一办、四委”的全国公共安全应急管理体系。这四个委员会分别由一位国务院副总理或国务委员任主任，主要相关部门的部长或副部长任常务副主任或副主任，相应部门的副部长任委员。在地方政府水平上一般与中央有关公共安全管理的机构相对应，也相应组建了地方政府的应急管理办公室和分四类的公共安全管理委员会。由此可以认为，中国公共安全的管理体制是“以中央为主，中央各部门与地方政府相互配合，以地方管理为基础”的行政管理体系，国家公共安全管理战略则强调“以预防为主，防抗救相结合”，即在灾前关注监测与预警体系的建立和完善，制定各级各类的应急预案，提高应急物资储备能力，加强生态与环境改良，加快发展区域经济，降低灾害脆弱性；灾中提高应急响应能力，突出以人为本，尽可能降低灾害性事件造成的人员伤亡和财产损失，最大限度地保护自然资源与环境；灾后强化政府和社会的救助能力，特别是社区自救自助能力，在快速灾害损失评估基础上，以恢复生命线与生产线系统为核心，提高重建效率与效益。中央与地方政府的相关部门，在灾前、灾中与灾后分别承担相应的责任。图 4-1 给出了中国公共安全应急管理机构组成图。

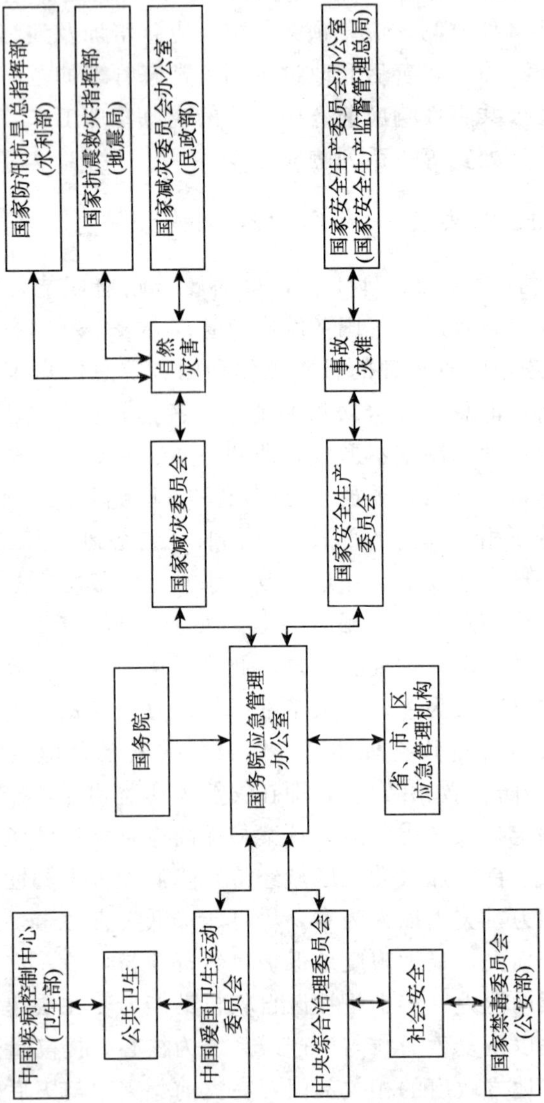

图 4-1　中国公共安全应急管理机构组成图

此外，为了加强对公共安全的应急管理工作，相关部委还相继成立了隶属有关部委管理的中心，如中国减灾中心（民政部）、中国疾病控制中心（卫生部）、中国安全生产监管中心（国家安全生产监管总局）等。由此可以看出，中国在传统的灾害管理、减灾防灾基础上，已启动了公共安全管理领域的工作，并已初步形成了分门别类的专业性或专门领域的公共安全管理框架。

第二节　公共安全应急管理机制

公共安全应急体系是一个庞大的系统，比一般的组织结构要复杂，要使其高效、灵活地运转起来，需要许多具体的运行管理机制作为支撑，这些管理机制内容繁杂，必须进行相应的分类，才能有效地指导具体的管理活动。公共安全应急管理机制是指按照公共安全应急体系的构成机理、应急管理的要求和科学的方法，为保证体系正常与高效运转，对体系内部要素以及要素之间的互动关系所规定的行为准则。这些准则通过制度、办法、规定、措施和程序等方式表达出来。

从各国的实践经验来看，建立一个高效的包含预警、处置和辅助机制在内的应急管理机制，已经成为或正在成为各国应急管理突发公共事件的必由之路。从客观上说，突发公共事件造成的危害对社会经济有很大的负面影响，会给人民生命财产造成巨大损失，对生态和人类生存环境产生破坏，对正常的社会秩序和经济发展形成不良影响，乃至引发社会和政治的不稳定。而且，随着城市化、全球化、科技运用、社会矛盾和环境气候等诸多因素的变化和影响，突发公共事件的种类、形式、发生概率和影响程度日益扩大，进而对政府和社会构成重大挑战。能否通过实施有效的应急管理来应对挑战、战胜挑战，需要政府和全社会予以高度重视，付出巨大努力。对各种突发公共事件实施有效的应急管理是政府的一项重要职能，也是政府的责任。

可以认为，应急管理机制应由体系的运行机制、预警机制、紧急处置机制、善后协调机制以及评估机制5大部分构成（如图4-2所示）。预警机制、紧急处置机制和善后协调机制有着时间上的前后顺序关系，而评估机制则贯穿于整个应急管理过程的始终，运行机制则为处理整个突发事件提供日常和应急状态下的保障。

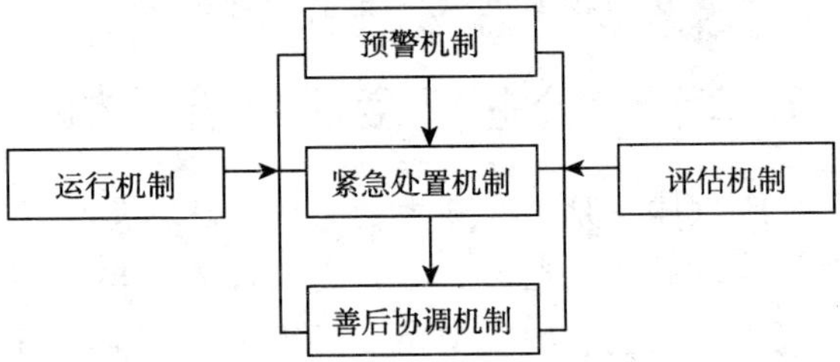

图4-2　公共安全应急管理机制关系

一、应急管理运行机制

（1）行政和业务管理

国家应急救援指挥中心在国务院安委会及国务院安委会办公室的领导下，负责综合监督管理全国应急救援工作；各地应急管理与协调指挥机构在当地政府的领导下负责综合监督管理本地应急救援工作；各专业应急管理与协调指挥机构在所属部门领导下负责监督管理本行业或领域的应急救援工作。各级、各专业应急管理与协调指挥机构在应急准备、预案制定、培训和演练等应急救援业务上接受上级应急管理与协调指挥机构的监督检查和指导，参加救援时服从上级应急管理与协调指挥机构的协调指挥。

各地、各专业应急管理与协调指挥机构、队伍的行政隶属关系和资产关系不变，行政业务由其设立部门（单位）负责管理。

（2）信息管理

为实现资源共享和监督管理及时有效，国家应急救援指挥中心建立全国应急救援通信、信息网络，统一信息标准和数据平台，各级应急管理与协调指挥机构以及救援队伍以规范的信息格式、内容、时间、渠道进行信息传递。

救援队伍的有关应急救援资源信息（人员、装备、预案、危险源监控情况以及地理信息等）要及时上报所属应急管理与协调指挥机构，发生变化要及时更新；下级应急管理与协调指挥机构掌握的有关应急救援资源信息要报上一级应急管理与协调指挥机构；国务院有关部门的专业应急管理与协调指挥和各省（区、市）应急救援指挥中心掌握的有关应急救援资源信息要报国家应急救援指挥中心；国家应急救援指挥中心、国务院有关部门的专业应急救援指挥中心和地方各级应急管理与协调指挥机构之间必须保证信息畅通，并保证各自所掌握的救援队伍、装备、物资、预案、专家、技术等信息要能够互相调阅，实现信息共享，为应急救援、监督检查和科学决策创造条件。

（3）预案管理

生产经营单位应当结合实际制定本单位的应急预案，各级人民政府及有关部门应针对本地、本部门的实际编制安全生产应急预案。生产经营单位的应急预案报当地的应急管理与协调指挥机构备案；各级政府所属部门制定的应急预案报同级政府应急管理与协调指挥机构，同时报上一级专业应急管理与协调指挥机构备案；各级地方政府的应急预案报上一级政府应急管理与协调指挥机构备案。各级、各专业应急管理与协调指挥机构对备案的应急预案进行审查，对预案的实施条件、可操作性、与相关预案的衔接、执行情况、维护和更新等情况进行监督检查。建立应急预案数据库，上级应急管理与协调指挥机构可以通过通信信息系统查阅。

各级应急管理与协调指挥机构负责按照有关应急预案组织实施应急救援。

（4）队伍管理

国家应急救援指挥中心和国务院有关部门的专业应急救援指挥

中心分行业或领域制定各类企业救援队伍配备标准，对危险行业或领域的专业救援队伍实行资质管理，确保应急救援有效的进行。有关企业应当依法按照标准建立救援队伍，按标准配备装备，并负责所属救援队伍的行政、业务管理，接受当地政府应急管理与协调指挥机构的检查和指导。省级救援骨干队伍接受省级政府应急管理与协调指挥机构的检查和指导。国家级区域应急救援基地接受国家应急救援指挥中心和国务院有关部门的专业应急管理与协调指挥机构的检查和指导。

各级、各专业应急管理与协调指挥机构平时有计划地组织所属救援队伍在所负责的区域进行预防性检查和针对性的训练，保证救援队伍熟悉所负责的区域的环境和条件，既体现预防为主又为突发公共事件抢救做好准备，提高救援队伍的战斗力，保证应急救援顺利有效进行。加强对企业的兼职救援队伍的培训，平时从事生产活动，在应急状态下能够及时有效地施救。

国家应急救援指挥中心、国家级专业应急救援指挥中心和省级应急救援指挥中心，根据应急准备检查和应急救援演习的情况，对各级、各类救援队伍的能力进行评估。

(5) 培训演练

国务院安委会办公室负责指导全国应急救援培训演练工作，有关部门负责组织，保证各级、各类救援队伍和人员及时更新知识、掌握实战技能，不断提高独立作战和协调配合能力。国家应急救援指挥中心和省级应急救援指挥中心每年至少组织一次联合演习；各专业应急管理与协调指挥机构应根据实际情况定期组织突发公共事件应急救援演习；有关生产经营单位应当根据自身特点，定期组织本单位的突发公共事件应急救援演习。演习结束后，组织演习的单位要向上一级应急管理与协调指挥机构提交书面总结。

二、预警机制

预警机制是在突发事件实际发生之前对事件的预报、预测及提供预先处理操作的重要机制，包括两个层次。一是制定应急计划。提前设想事件可能爆发的方式、规模，并且拟订出多套应急方案，事件一旦发生，可以立即根据实际情况选择适当的方案。二是建立社会预警机制。社会预警机制，是对社会运行状况发出信号，显示社会已经或即将发生无序现象的临界状态，以期引起社会管理者和社会群众的注意，及时采取对策，使社会运行状况不再继续恶化的一套制度和方法。建立预警机制，首要目标就是要不断把分散的信息集中到一起，并向相关决策部门提供决策的方案，以应对随时发生的突发公共事件。应急管理及救援中心是突发公共事件的“神经中枢”，必须具备通讯，预警，灾情评估和监视，确定行动重点地带，协调及分配防灾、救灾力量、群众信息与新闻媒介等多方面的功能，同时必须要求各级管理者及群众熟悉应急预案的内容。对现代城市应急来讲，最重要的是城市人口应急疏散。统计表明，有没有应急预案及疏散避难对策，突发公共事件中人员伤亡可相差40％左右。城市紧急救灾行动计划又叫救灾预案，是政府、有关部门、专业救灾抢险队伍在发生突发公共事件时应采取的一整套技术措施、管理办法和行动的指导性方案。主要包括：本地区灾情预测、紧急救灾指挥系统的机构设置、职能和运作方式，以及各类救灾队伍的数量、配置和调用方案等；还应包括军队和武警队伍的调动与任务分配、救灾物资的储藏和紧急调用等方面。各单位应根据本单位的情况制定更具体的应急预案，所有预案都应公之于众，同时，组织开展针对性应急训练，提高群众应急反应能力。

预警机制主要包括以下的内容：

（1）对预警范围的确定。需要严格规定监控的时间范围、空间范围以及监控对象范围。

（2）预警级别的设定及表达方法的规定。例如，美国核安全管理委员会对突发事件制定了5种警戒级别，按照从轻微到严重的顺序，分别以5种颜色表示。香港对暴雨的预警也分成了多个以不同颜色表示的级别。

（3）紧急通报的次序、范围和方式。一旦发生了突发事件，第一时间以及之后应该顺序通知哪些机构、人，以何种方式通知。

（4）突发事件范畴与领域预判。对突发事件涉及的范畴和领域的预判，初步对突发事件给出一个类别和级别，以匹配应对预案。

三、应急处置机制

为达到及时遏制事态发展的目的，应急管理部门首先要在极端紧迫的情况下为决策者提供真实准确的信息，决策者再根据这些信息迅速找到应对事件的根本和要害，及时采取措施；其次管理者要注意隔离事件，避免其发展态势进一步升级。隔离事件的一种有效途径就是通过迅速有效的反应机制，防止事件扩张，即在事件发生时，要有指挥机构，统一负责应急管理；要有监测中心，及时跟踪掌握事态发展的新情况；要有动员体系，把潜在应对能力迅速变为现实能力。另一种途径则是加强媒体管理，在防止不利于应急管理的谣言流传的同时，向受事件冲击者和参与者及时发送出准确而权威的信息。进行应急处置的时候，主要应该遵循以下的原则。

（1）分类分级原则。包括对突发事件的分类分级以及对相应的保障机构的分类分级，并依据分类分级的结果进行处置。

（2）预案核心原则。需要根据以往制定的预案来决定采取哪类应对措施。

（3）生命优先原则。在突发事件处理过程中，应该始终坚持“以人为本”的基本原则，人的生存权为应急处理过程中第一需要考虑的事情。

（4）战时协同及授权辅助规定。这个原则希望能够避免各机构之间的合作效率低下、在应急状态下出现调动无力等情况。

(5) 特定处理原则。当所要处理的突发事件涉及国家安全等特定的问题时，还需要有另外的处理逻辑和原则。

四、善后处理机制

善后处理是所有突发事件中必须面临的一个问题。突发事件得以控制，进入持续阶段，就应该着手突发事件的善后与恢复工作。善后处理机制应该做到以下方面。

(1) 资源补偿。资源的使用，不管是系统内部还是系统外部，都应该有一个相应的对资源的配给与补偿原则，建立一个责任义务相对明确的补偿机制。

(2) 灾区的重建。一旦一个地区发生灾难性的突发事件，就应该有相应的重建措施，而重建资金的筹措和使用也需要一个原则性方案，以指导灾区用最快的速度恢复活力。

(3) 事件的报告和总结。什么类别的事件应该向什么部门报告，由哪一级部门和人员进行总结，也需要体现在善后的处理过程中，以便明确责任，实施奖惩。

(4) 对相关人员和机构的奖励与问责等。在一个负责任的政府领导下，突发事件的善后处理应该充分体现对相关责任人员和机构的奖惩，以形成一个公正公平的问责与奖励机制来推动突发事件应急管理的系统化、体制化、长期化、法制化。

五、评估机制

应急管理评估应贯穿于应急管理的全过程，应急管理评估，有利于改进社会突发事件的预警系统，提高员工突发事件发生的危机意识，提高社会突发事件的预防能力，改进突发事件管理的组织结构设置等等。一个完善的评估机制还应包括：

(1) 应急管理机制有效性的评估；

(2) 预案及预案管理的有效性评估；
(3) 对体系整体和各机构应对能力的评估；
(4) 处置效果的动态评估等。

第三节　公共安全应急管理体系的运行

一、公共安全应急管理运作平台

在公共安全应急管理活动中，如果缺乏现代化的工作环境，没有先进的应急运作平台作为强有力的后盾支撑，想达到快速、准确、高效的突发公共事件应急响应谈何容易，只能是纸上谈兵，无法实现有效预防、统一指挥、科学决策、协同作战、资源共享、及时响应的应急管理要求。

应急管理运作平台也就是应急运行工作平台，可以比作日常所说的工作条件和环境。它融合了通信、网络、数据、仿真、智能等多种技术，目的是实现快速的信息分析和传递。应急运作平台是公共安全应急体系的重要组成部分之一，是保证应急管理活动高效和顺利开展的工作支撑环境，是由监测监控、应急响应、资源共享、决策支持、系统评价和安全保障等组成的信息交互系统，是常态与非常态应急活动有效进行的必备条件。

应急管理运作平台具有三个方面的特征。一是综合性。体现在技术的综合、信息的综合、资源的综合，以及管理的综合，实现对突发公共事件的常态、非常态以及未来预测的管理。二是先进性。应急运作平台是公共安全应急体系现代化程度的技术标志，涉及计算机系统、网络与通信、传感器件、软件工程、人工智能、优化设计、虚拟现实等现代科学，利用了群集调度、信息共享、风险评估、动态决策、数据集成、地理信息、视频传输、通信网络等先进技术系统，实现了各种技术的有效融合。三是共享性。应急管理运作平台是一个开放的庞大系统，是众多部门共同协作工作的平台，通过开放的系统接口，可实现地区之间、国家与城市之间、国际之间信息、资源和应用系统的共享和借用。

应急运作平台并不是简单的技术堆积和系统集成，而是通过技术的应用，实现了工作内容、方法和流程的有机整合，其作用不仅仅是工作手段的进步，而是由于工作手段的进步引起的管理方式的进步。应急管理运作平台的基本内容由信息、响应、资源、决策和评价五部分组成。信息包括数据、文件、语音、图像、视频等信息的采集、汇总、传输、显示、发送和存储，信息的共享、交互、交流等；响应包括各种由人和系统对突发公共事件所实施的应急管理、应急行动、应急活动等措施；资源包括人员、物资、信息、技术和设施等的供给、储备和分布，资源的优化和配置等；决策包括在常态和非常态下所做出与应对突发公共事件有关的决定和措施等；评价包括风险、状态、人员、工作、结果和体系等评价。

二、应急管理技术支持保障系统

国家安全监管总局设立的国家安全生产科学技术委员会内设应急救援专家委员会，各级地方安全生产监督管理部门、煤矿安全监察机构及各级、各专业应急管理与协调指挥机构设立相应的应急救援专家组，为突发公共事件应急救援提供技术咨询和决策支持。

以国家安全生产技术支持保障体系和矿山、化学、消防、交通、民航、铁路、核工业等行业或领域以及部队的有关科研院所、高校等为依托，建立各专业应急救援技术支持系统，针对应急救援工作具体需求，开展对应急救援重大装备和关键技术的研究与开发。

应急管理运作的技术支持保障系统由五横两纵的技术内容构成，见图 4-3。五横包括综合保障系统、网络通信系统、信息资源系统、应用支持系统和运作支持环境，两纵包括安全体系（或安全保护体系）和技术规范。

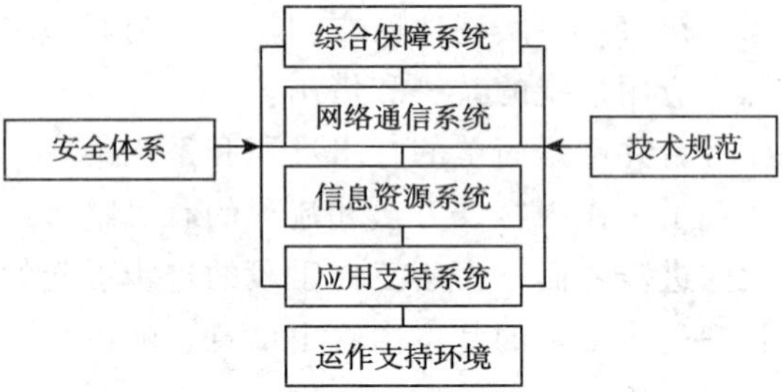

图 4-3　应急管理运作的技术支持保障系统

综合保障系统是保证应急运作平台稳定运行的基础设施，包括机房环境、电源供给、运载工具、设备备份、集中监控、消防报警、维护管理、运行环境等设备、设施和系统。网络通信系统是语音、数据、图像、视频传输的通道，包括集群指挥调度网、公众电话网、移动电话网、无线宽带数据网、卫星通信网、微波通信网、计算机网络等。信息资源系统是应急运作平台信息载体的生成、接收和存储地，包括法人数据、人口数据、危险源数据、应急预案、空间地理信息、专业信息数据等。应用支持系统包括信息收集和处理系统、分析评价系统、监控报警系统、视频监控系统、指挥调度系统、现场指挥系统、辅助决策系统、处置实施系统、视频会议系统、信息共享系统、信息服务系统、资源支持系统、业务咨询系统、信息咨询系统、信息发布系统、安全保障系统、维护管理系统、应急事务管理系统等。运作支持环境包括常态事务管理门户、应急事务管理门户、信息发布门户等。安全保护体系包括物理安全、网络与系统安全、信息安全、安全管理等。技术规范包括技术标准、设备标准、维护要求等。

第四节　应急管理体系建设

应急管理体系建设是一项庞大的系统工程，需要全社会的共同参与，从规划、组织、设计到实施一般要经历较长的一段时间。指挥层、管理层和执行层的建设工作可以齐头并进，并随时根据其他层的情况进行相应的调整，保证应急体系的协调性、一致性和连贯性。在应急体系初步建成之后，需要依据外部环境的变化进行不断的调整和完善，保证应急体系与外部环境的动态匹配。

一、应急管理体系建设的基本原则

（1）完整性原则

应急管理体系应是一个相对独立的运行体系，尽管体系内的许多要素分散在不同的政府部门和社会组织，但在应急管理的过程中必须按照一定的管理程序进行管理。在应急管理体系建设中，要完成组织、行动、资源、信息的全面整合，形成在时空绝对分散和相对集中的运行实体。

（2）层次性原则

应急管理体系是针对突发公共事件的作战体系，时间的重要性是不言而喻的。为达到对突发公共事件及时、快速、准确、高效响应的目的，有效、合理、充分利用各种资源的目的，需要对应急体系中的各种要素进行分层分级。比如组织体系分层、突发公共事件分级、应急资源分类等。只有这样，一旦遇有突发公共事件发生，才能迅速组织队伍，调动资源，进行及时处置。

（3）适度性原则

每个地区、城市的地理位置、环境条件、经济发展、人口状态、城市规模、管理方式、应急能力各不相同，应该根据各自的具体情况，在满足城市公共安全要求和适应城市整体发展的基础上，建立应急体系。过度的投入会带来人力、物力、财力等资源的浪费，加重城市的费用开销，影响城市的正常发展。

（4）开放性原则

城市公共安全应急体系是国家公共安全应急体系组成的一部

分，是一个开放性的体系。一方面要能与国家公共安全应急体系要素实现有机的整合，在城市突发公共事件处置中，充分利用国家的应急力量和应急资源，在出现国家级突发公共事件时，为国家提供应急力量和应急资源；另一方面要能与其他城市和周边地区公共安全应急体系要素实现有机的整合，实现城市之间、城市与地区之间的合作互助，携手应对突发公共事件。

（5）发展性原则

随着应急管理研究的不断深入、科学技术的不断进步以及城市规模的不断壮大，为适应新的情况，应急体系也应得到不断补充、完善和发展。在建设应急体系时，要充分考虑今后的发展，在承载能力、技术体制、管理机制等方面要能适应发展的要求。

（6）结构性原则

应急体系必须能够应对各种形式、不同级别的突发公共事件。对于特定的突发公共事件，其响应组织、调用资源、处置措施等都不尽相同。因此，应急体系内的要素应采用结构化的设计思想，能够根据具体情况，实现组织、行动、资源、信息的快速整合，实现对突发公共事件的迅速响应。

二、应急体系建设的步骤

应急体系分为决策指挥层、管理层、执行层三个层次，形成一个有机的整体。从理论上讲，应该按照从上到下按顺序建设才符合逻辑，但是，由于每个地区尤其是不同城市的具体情况不同，在操作时也各不相同。

（1）制定公共安全应急战略和规划。由有关政府部门负责，起草公共安全应急体系的基本要求和内容，将其纳入国民经济和社会可持续发展战略之中，成为本地区未来的一项主要工作内容。在此基础上，组织政府部门、科研机构、企业和专家对本地现有状况进行详细调查和研究，对整体宏观状况开展分析，对可能出现的突发公共事件进行聚合归类和案例分析，对现有应急能力和应急资源状况进行梳理。然后制定突发公共事件分类分级、应急能力分级和应急资源分类评价指标体系，对突发公共事件、应急能力、应急资源状况进行评估，找出公共安全面临的威胁和存在的问题，以及未来的应急需求。最后，根据上述信息制定公共安全应急体系的详细、具体、可行的战略，制定出具体的行动规划。

（2）建立公共安全应急组织体系。首先成立由本地区或城市最高政府直接领导的常设应急管理机构，根据公共安全应急的战略和具体行动计划，组织政府部门、科研机构、企业和专家制定专项规划，包括组织规划、运行机制、运作平台、资源规划等。根据组织规划内容，确定各地公共安全应急组织体系结构，明确复合体、单元体、部门和岗位的职责和权力，确定相互之间的协调方式，形成具有常态应急管理和非常态应急管理、贯穿统一指挥原则的应急组织体系。

（3）建立公共安全应急体系运行机制。在公共安全应急组织体系建设的同时，常设应急管理机构应着手组织政府部门、科研机构、企业和专家开始制定公共安全应急体系的运行机制。运行机制包括事件管理机制、过程管理机制、资源管理机制、监控管理机制和合作参与机制五大基本类。事件管理机制有事件分类分级机制、事件升级与降级机制和信息披露机制等；过程管理机制有预防机制、预警机制、指挥控制机制、恢复处理机制和信息沟通机制等；资源管理机制有人、财、物、技术、信息和特殊资源管理机制等；监控管理机制有监督审查机制、考核奖励机制和体系评估机制等；合作参与机制有合作互助机制、国际合作机制和社会参与机制等。这些机制的建立，使组织具备高速运行的条件，一旦注入相应的资源，就可运转起来。实际中，组织是在一边运行，一边建立相应的机制，是一个互动的、不断完善的过程。

（4）构建公共安全应急保障资源系统。应急保障资源包括人力保障资源、资金保障资源、物资保障资源、设施保障资源、技术保障资源、信息保障资源和特殊保障资源等。应急保障资源系统对资源的配置、储备、布局、优化、调用等方面形成具体的规划、措施和办法，成为应急体系的动力源。

（5）建设公共安全应急运作平台。公共安全应急运作平台要适应公共安全应急体系的需要，应满足应对突发公共事件的应对要求。它由综合保障系统、网络通信系统、信息资源系统、应用支持系统、运行支持环境（五横）和安全体系、技术规范（两纵）构成。综合保障系统包括电力供给系统、集中监控系统、消防报警系统、维护管理系统、运行环境条件等；网络通信系统包括调度网络、话音网络、数据网络等；信息资源系统包括专业信息数据系统、基础信息数据系统、共享信息数据系统等；应用支持系统包括信息数据采集监控报警系统、分析评价系统、指挥调度系统、辅助决策系统、信息共享系统、资源支持系统、业务咨询系统等；运行支持环境包括常态事务管理门户、非常态事务管理门户、信息发布门户等；安全体系包括设备安全、网络安全、应用安全、信息安全等；技术规范包括技术标准、设备标准、维护要求等。公共安全应急运作平台包括的内容很多，很难做到一步到位，应采取分阶段、分步骤、分系统、分批投入逐步建设的方式，由小到大逐步完善。

（6）制定常态和非常态管理工作内容和程序。依据应急管理工作的内容和要求，将应急管理工作分成常态应急管理工作和非常态应急管理工作，并制定相应的工作内容和程序。由于突发公共事件有着极强的时间序列性，因此将应急管理工作按照突发公共事件生命周期理论来划分似乎更好理解。应急管理工作过程可分为预防、准备、响应、恢复四个阶段的管理工作，其中预防、准备、恢复属于常态应急管理工作的范畴，响应属于非常态应急管理工作的范畴，这些应急管理工作阶段会出现重叠交叉的现象。预防包括应急法律、法规、标准和制度建立，公共安全应急规划制定，应急宣传教育，日常安全监测监察等；准备包括应急预案编制、应急培训、应急演练、资源储备、互助合作等；响应包括报警与通告、指挥与控制、资源调动、信息发布等；恢复包括基本正常生活条件的恢复、基本社会环境设施的恢复、基本商业活动的恢复、环境污染的处理、保险业务的开展、社会心理的调整以及总结、建议、评议、改进措施等。

第五节　国外公共安全应急管理体系

20 世纪 70 年代以来，随着英国弗利克斯巴勒爆炸突发公共事件、墨西哥城天然气泄漏爆炸突发公共事件、印度博帕尔毒物泄漏等突发公共事件的相继发生，突发公共事件应急管理与应急救援体系受到国际社会的普遍重视，许多工业化国家和国际组织纷纷制定或完善了有关突发公共事件应急管理的法规和政策，建立起适应本国需求的突发公共事件应急救援体系。

一系列突发公共事件的发生，给人类的生命、健康及环境带来了极大的破坏，特别是 1984 年印度发生博帕尔毒物泄漏突发公共事件后，震惊世界，各国纷纷采取了一系列措施，果断地修改法律法规，完善突发公共事件应急救援体系，投入资金，加强培训。

英国是最早系统地研究突发公共事件的国家。1974 年 6 月，弗利克斯巴勒爆炸突发公共事件发生后，英国卫生与安全委员会成立重大危险咨询委员会（ACMH），负责研究重大危险源的辨识、评价技术和控制措施，为预防发生与危险物品有关的突发公共事件，该委员会首次提出应该制定应急预案。在 ACMH 和其他机构推动下，欧共体于 1982 年颁布了《工业活动中突发公共事件危险法令》（ECC Directive 82/501，即《塞韦索法令》），法令中包含了应急计划制定、演练和实施等一系列的详细规定，同时对应急救援的基本原则和应急管理的方式方法作了明确的规定。

由于各国科学技术与工业发展不平衡，有关突发公共事件应急救援的组织机构及模式不尽相同，名称各异，但相互之间存在一些共同点。

（1）用法律手段处理与突发性公共事件有关的紧急事务是世界各国普遍采取的措施和对策。

通过应对突发公共事件或突发公共事件的法律法规，规定政府在危机管理中的职权和职责，确定依法对抗紧急事务的法治原则，不仅有利于增强政府处理危机事件的能力，使得政府对突发公共事件事先有一个充分的估计，做好应急准备，也有利于最大限度地维护政府在公共应急状态时期的合法性和权威性。

（2）为确保相关法规的实施和突发公共事件应急救援过程中的各级政府职能部门、应急救援力量之间高效协同应对，各国都设有专门的、可发挥重要协调作用的核心协调决策机构。如美国的联邦紧急事务管理局、加拿大应急准备办公室、新西兰民防和应急管理部、澳大利亚应急管理署、瑞士国家应急管理中心、俄罗斯特别情况部、日本内阁危机管理监等。美国联邦紧急事务管理局作为政府处置紧急事务的最高管理机构，集成了从中央到地方的救援体系，建立了一个集军、警、消防、医疗、民间救难组织等单位的一体化指挥、调度体系。作为包括突发公共事件危机管理的核心协调决策机构，为确保突发公共事件应急响应的速度，联邦紧急事务管理局可以在没有总统授权的情况下，凭有限的权力动用初始应急资源和应急小组，发布重要的命令和实施控制，根据危机事态的发展，它还可以向国防部要求调用其资源。需要说明的是，各国应急协调机构在应对突发公共事件过程中，一般借助于国家、地方、私营机构、自愿性组织等成立的应急支持力量。如美国的化学品运输急救中心、芝加哥城1953年建立的中毒控制中心、英国的国家化学救援中心、法国的国家应答中心、日本的内阁危机管理中心等。

由于各国社会制度不同，自然、地理条件各异，以及科学技术和工业技术的发展发展水平的不平衡，各国建立的突发公共事件应急救援体系的应对重点有所差异，有的国家（如美国、英国、俄罗斯等）成立了综合性的危机管理协调机制，各自建立以某种类型突发公共事件或突发公共事件为应急对象的协调机制。

一、美国突发公共事件应急管理体系

（1）美国公共安全应急管理机制

美国现行的公共安全应急管理机制主要有四个方面：第一，国家安全危机管理机制；第二，社会危机管理机制；第三，经济危机管理机制；第四，道德危机管理机制。“9·11”事件后，美国对整个公共安全应急管理机制进行大幅度的调整，成立了“总统紧急应变行动中心”，对中情局、联调局、移民局等部门进行改组，成立本土安全办公室，并于2003年3月进一步提升为美国国土安全部。

在突发公共事件应急方面，美国是一个法规很完备的国家，在其法规体系中，有各种便于实施的规定和十分详细的计划，而且明确规定了各减灾管理机构和各突发公共事件管理部门的职能、责任和合作事项，而且注意及时修正有关的法规，使其逐步走向完善。另外，美国各州也都有各自的突发公共事件应急计划，使得美国一旦发生突发公共事件，便可以依据其法律迅速作出有效反应。

（2）应急管理机构与职责

联邦政府设立联邦紧急事务管理局（FEMA）。联邦紧急事务管理局成立于1974年4月，它是一个直接向总统报告的专门负责突发公共事件应急的独立机构，融合了许多分散的与突发公共事件有关的职责，吸收合并了联邦保险办公室、国家防火办公室、国家气象服务计划、联邦救灾办公室等机构，并且民防工作也从国防部的民防署转到了FEMA。其主要职责是制定政策，领导协调联邦应急救援，指导州和地方政府提出、审查、评估及检查预案和实施预案的能力。

根据安全审计调查助理（SARA）第三条规定，联邦和州都设应急反应委员会，联邦应急反应委员会（FERA）和州的应急反应委员会分别下设应急反应队伍。日常办事机构设在EPA。

国家应急队是由16个对环境、运输、应急管理、劳工安全和公共卫生等领域负重要责任的联邦机构组成的国家实体，负责协调石油和危险物质泄漏等突发公共事件联邦应急计划、应急准备和应急响应。

国家应急队的成员机构有：美国环保署（主席）、运输部（美国海岸警卫队）（副主席）、商业部（国家海洋和大气局）、内政部、农业部、国防部、国务院、司法部、运输部（研究和专项规划局）、卫生与公共事务部、联邦应急管理局、能源部、劳动部、原子能管理委员会、总务管理局和财政部。

1986年的《应急计划与社区知情权法》规定，国家应急队（NRT）负责编制和实施危险物质应急计划有关指南文件的出版工作，主要职责是协调与油品和危险物有关的突发公共事件应急计划、准备、响应行动，提出准备和实施突发公共事件应急预案的指导性文件。

联邦政府和州政府应急管理的日常办事机构设在美国环保署（EPA），主要负责突发公共事件的应急管理、热线咨询和突发公共事件的处理。15年来，美国环保署（EPA）一直拥有一个关于处理有毒物质向空气泄漏问题的应急计划编制的综合机构——化学紧急突发公共事件准备和预防办公室（CEPPO），主要职责是编制各种材料，包括技术指南、紧急突发公共事件处理的计算机辅助管理（CAMEO）软件、危险化学品清单以及风险管理计划信息，帮助各社区确定和分析危险。

美国环保署（EPA）负责确认危险废弃物，编制废弃物的产生及运输过程的管理标准和规程，包括废弃物装船的载货清单；负责编制处理、存储和处置废弃物的标准。

地方应急预案委员会（LEPC）每年评审应急计划并对制定、

实施预案所需资源进行评估和推荐。每个应急计划都必须包括设施及特殊危险品的运输路线，应急响应程序，地方应急人员和医疗救护人员，社区名称和应急协调员姓名，向政府和群众通知的程序，突发公共事件监测与风险区域确定方法，社区和企业拥有的应急设备与设施，疏散与避难场所，应急培训、训练和演习计划等。完整的应急计划应由州应急响应委员会（SERC）进行审查，当地方应急计划编制委员会（LEPC）要求时，也可以由联邦区域应急队（RRT）进行审核。

在区域级别上，应急计划的编制和协调由常设的区域应急队（RRT）完成。区域应急队（RRT）由联邦机构的代表和联邦区域内每个州的代表组成。按照国家突发公共事件应急计划（NCP）的要求，区域应急队（RRT）负责编制和维护区域突发公共事件应急计划（RCP），作为国家应急系统（NRS）的一部分。区域意外突发公共事件应急计划（RCP）的目的是要保证在突发公共事件发生之前明确联邦、州、地方政府和其他应急人员在突发公共事件现场的作用和职责。在尽可能的情况下，区域意外突发公共事件应急计划（RCP）都必须采用国家意外突发公共事件应急计划（NCP）的格式，而且必须和州应急计划、地区应急计划（ACP）以及地方应急计划相协调。

在石油污染法案（OPA）中，地区委员会负责与州和地方官员一起来促进应急计划编制并为联合应急响应做好前期策划。与区域应急队（RRT）编制区域意外突发公共事件应急计划（RCP）一样，按照国家意外突发公共事件应急计划（NCP）的要求，地区委员会编制地区意外突发公共事件应急计划（ACP）。该计划阐明了发生石油或危险物质泄漏突发公共事件时，联邦、州和地方政府协调应急的策略。在地区意外突发公共事件应急计划（ACP）的整个编制过程中，负责该地区的现场协调员（OSC）进行监督，并与常设的区域应急队（RRT）以及指定的州、地方、印第安部落的代表合作。

(3) 应急处理过程

联邦政府的应急响应可以通过向国家应急中心报告来启动，并由美国海岸警卫队执行。联邦《水污染控制法》、《清洁水资源法》、《环境应急响应、赔偿和责任法》等联邦法律的条款规定，突发公共事件发生后，责任人应立即通知国家应急中心。国家应急中心值班官员在接到通知后，根据突发公共事件发生的地点，立即将报告转给相应的美国海岸警卫队或美国环保署的现场协调员。根据初始报告和其他能够获得的信息，现场协调员对是否需要启动联邦应急响应进行初步评估。

二、俄罗斯突发公共事件应急管理体系

(1) 俄罗斯应急管理法律制度

20 世纪 90 年代初，俄罗斯联邦颁布了一系列相关法律，不断完善公共安全应急管理的法律体系。普京总统执政后签署了《俄罗斯联邦战时状态法》。俄罗斯现行的公共安全应急管理是以总统为核心，以联邦安全会议为决策的中枢系统，政府各部门之间分工协作，化解和处理国家发生的各种突发公共安全事件。随着法律法规多元化的发展，应急处理和应急管理的整合行动，已成为俄制定法律法规的特别分支，且逐渐地变成政府立法的特性，而这些整合性法律法规明确指出俄罗斯政府与地区立法方向。另一方面，在国际法律法规和基本原则的基础下，俄应急管理行动也包含了此原则的一致性和统一性的特性法律法规。不同于其他已实行紧急危机处理政策多年的西方国家，俄除遵循既有的应急管理政策特例外，也不断开展新的活动，例如增加突发公共事件应急多元性及整合性，以加强联邦政府化和中央化；并且俄提出应急管理责任分享制，让国家和地方共同担负责任，当然这也根据地方社会经济政策有所差别。

（2）应急管理的管理机构和组织体系

1986 年发生切尔诺贝利核电站事故后，前苏联在民防政策上做出了的重大调整。1989 年，前苏联政府成立了“国家紧急事务委员会”。之后，这个委员会被移交到俄罗斯政府部门，并改名为“俄联邦民防、应急与减灾部”（Ministry of Russian Federation for Civil Defense，Emergencies and Elimination of Consequences of Natural Disasters，EMERCOM）。就应急管理来讲，俄罗斯的“紧急情况部”和前苏联的是不一样的。也有学者认为是特别情况部（Ministry of Extraordinary Situation）。联邦共同体和地方区域的应急管理策略作为国家安全政策中的一部分实际上由俄罗斯的总统及其顾问团（安全委员会）制定和执行。

1994 年，俄罗斯联邦立法机关通过了联邦共同体应急管理法案，建立了俄罗斯联邦应急状态预防和响应统一国家体系（Unified Emergency Situations Prevention and Response State System，简称 UEPRSS），以抵御联邦共同体领土范围内发生的自然突发公共事件和技术性突发公共事件。“紧急情况部”转变为俄罗斯联邦政府直属部门，具有民防性，对突发公共事件和自然突发公共事件有应急管理的职责。

从俄罗斯突发公共事件处理组织形成过程来看，可发现其突发公共事件处理组织分设有以政府总理为首的政府层级单位 UEPRSS（根据俄罗斯法律，总理是民防的领导，日常的例行公事由总理底下的单位负责）；另一个为民防危机处理负责单位 EMERCOM，主要任务是负责火警、医疗、公共秩序维持，其单位包括内政部、卫生局、交通局和通信局等，而 UEPRSS 的大区域层级则分由 EMERCOM 的 7 个区域中心代表组成。

如果突发公共事件发生在联邦政府管辖的范围，像是发电厂和化学厂，就由联邦政府负责，而以上提到的各层级都有类似的组成组织。

UEPRSS的职责包括调解机构负责应急及预防的策略和计划，这牵涉到联邦和区域政府的危机处理计划，同时提供计划执行式的管理，在1995至2000年间，很多政府和区域的计划都已经在不同阶段的发展或执行，每个不同层级都有负责永久执行控制的单位，而每日执行控制的单位则提供监督和资料支持给负责的单位。

EMERCOM总部是重要的紧急应急处理中心，集中了主要的物力、财力。主要的救援小组是交由EMERCOM区域中心和当地管理机构来管理的，但由于这些小组被分散安置在俄境内，且必须独立提供支持并缺乏法定的协助，所以他们的力量仍很单薄，再加上UEPRSS的次体系不完整，地区缺乏训练有素的急救人员和资源，而使得问题越来越复杂。

(3) 俄罗斯突发公共事件应急管理机制

突发公共事件处理政策出台以来，已成为俄政府国家安全的首要政策。在立法机关方面，包括工业所带来的突发公共事件，例如有毒物质的产生，也导致相应法律法规的制定。且相关整合性立法系统所形成的系统法，更增加了特殊合并项目的法律法规和国家突发公共事件处理法。此外，紧急突发公共事件处理法和国家安全法也都十分受到重视；同时，一些对于突发公共事件处理方案现有的法规仍属于特殊法律法规。

俄突发公共事件处理政策主要的方向不外乎是加强俄罗斯联邦应急状态预防和响应统一国家体系（UEPRSS）和俄联邦民防、应急与减灾部（EMERCOM）的发展整合，主要在作为突发公共事件的最高总指挥。尤其1970年至1980年间，某些严重威胁国际安全的事件，例如社会冲突、恐怖分子袭击公共事件采取“没有人受伤，就不是危险”的政策，这成为苏联政府面临重大突发公共事件发生时所采取的唯一政策。

1986年4月26日，世界上最严重的核事故在前苏联切尔诺贝利核电站发生，前苏联政府对经济及政府机构作出重新调整，这使得前苏联政府国家政策上有崭新转变。俄罗斯之所以如此重视突发公共事件处理，有三点原因。首先，世界各国均把突发公共事件管理视为民防的首要问题，俄当然不例外。第二，处理具有高度危险性物质是一项特别政策，必须深入了解政府及政策的处理程序。最后，突发公共事件处理在各国间，尤其在西方国家已经面临到矛盾的局面，因为这些国家实际上制造的危险物质远比想象的多。

俄罗斯应急管理部门的使命与美国联邦应急管理署（FEMA）和美国国民警卫队的应急管理使命十分相似，且在1994年8月以来，俄紧急情况部也与美国加强了合作。例如时任俄紧急情况部部长谢尔盖·绍伊古曾会见美国大使托马斯·皮克林，讨论了两国地区防灾减灾的合作问题，并于1994年6月签订成立俄美防止工业事故和自然突发公共事件联合委员会（这其中包含讨论美国参加国际营救演习事宜）。此外，北约的和平伙伴也计划提出与俄罗斯紧急情况部建立直接联系。

三、日本突发公共事件应急管理体系

（1）突发公共事件应急管理的法律制度体系

日本现今的公共安全应急管理组织体系以法律为依托，以首相为最高指挥官，内阁官房负责整体协调和联络，通过中央防灾会议、安全保障会议、金融危机对策会议等决策机构制定危机对策，由国土厅、气象厅、防卫厅和消防厅等部门根据具体情况进行配合实施。

通过对日本突发公共事件发生状况及防灾减灾相关法律制定过程的了解，可以清楚地知道，日本很多突发公共事件的相关法律法规的颁布，大多是以某个时候发生的突发公共事件为契机的，即政府防灾部门或专业人员在防灾减灾实施过程中，通过对突发公共事件经验教训的分析，当发现用已有的防灾法规不能很好地解决现有突发公共事件中的问题时，常常通过颁布新的相关法律法规来解决突发公共事件中出现的各种问题。分析和比较突发公共事件相关法律法规与突发公共事件史的关系可以发现，一些特大突发公共事件直接导致相关的防灾法律法规的产生或修改。

按照法律的内容和性质，可以将日本的突发公共事件对策相关法律按基本法类、突发公共事件预防和防灾规划相关法类、突发公共事件紧急应对相关法类、灾后重建和恢复法类、突发公共事件管理组织法类等分成五类。

在突发公共事件基本法方面，主要颁布了突发公共事件基本法、大规模地震特别措施法、原子能突发公共事件对策特别措施法、石油基地等突发公共事件防止法、海洋污染及海上突发公共事件防止的相关法律、建筑标准法等。

突发公共事件预防和救灾方面的法律法规包括了河流法、海岸法、滑坡等防止法，陡壁崩塌等突发公共事件防止等相关法，森林法、特殊土壤地带突发公共事件防止以及振兴临时措施法，地质突发公共事件警戒区地质突发公共事件防止的推进等相关法律，活火山对策特别措施法，大雪地带对策特别措施法，地震防灾对策特别措施法，台风易发地带突发公共事件防止等相关特别措施法，促进建筑物抗震加固等相关法，在密集地区建立防灾街区的促进相关法，气象业务法等。

突发公共事件应急方面的法律法规主要包括消防法、防洪法、警察官职务执行法、突发公共事件救援法、传染病预防法、水难救护法、道路法、航空法、电波法、广播电视法、有线电器通信法、国际紧急援助队派遣相关法等。

灾后重建和恢复方面主要颁布如下法律法规：特大突发公共事件时特别财政援助等相关法律、因防灾需要集体迁移等有关的国家财政上的特别措施等相关法、公共土木设施灾后修复事业费国库负担法、农林水产业设施灾后修复事业费国库补助的暂定措施相关法、公立学校设施灾后修复事业费国库补助的暂定措施相关法、公营住宅法、对受自然突发公共事件影响的农林渔业经营者资金贷款有关的暂定措施法、地震防灾对策强化地区地震对策紧急建设事业相关的国家财政上的特别措施法、铁路轨道建设法、机场建设法、灾区城镇复兴特别措施法、灾区分类建筑物重建等相关的特别措施法、灾民生活重建支援法、农林渔业金融公库法、农业突发公共事件补偿法、森林国营保险法、渔业突发公共事件补偿法、渔船损害等补偿法、中小企业信用保险法、住宅金融公库法、地震保险相关法、突发公共事件慰问金的相关法等。

突发公共事件管理机构和组织方面涉及的法律有以下六种：消防组织法、警察法、海上保安厅法、自卫队法、水害预防组织法、日本红十字会法等。这给建立一个良好的突发公共事件管理组织和机构提供了法律保障和依据。

(2) 突发公共事件应急管理的应对体系

20 世纪中期，日本的公共安全管理一直以应对自然灾害为中心，直到 20 世纪 70 年代，才转向多灾种的综合防灾管理体系。20 世纪 90 年代以后，日本的内阁确定了公共安全的管理内容包括自然灾害、事故灾害和安全事件三个范畴的综合管理。

日本的突发公共事件体制是在通过建立与防灾减灾相关的法律制度的基础上逐渐形成的。由于防灾制度体系的建立需要政策的持续性和财政预算的保障，与此同时，政府又通过对防灾对策的实施过程中出现的新问题进行重新认识，在不断总结经验和教训的基础上，对原有法律制度中不能有效实施防灾减灾的法律条文和内容进行必要的修改，及时地制定新的法律和法规，以确保防灾减灾事业的进行。

日本的应急管理是一个以法律、制度、功能为依托，以首相为最高指挥官，内阁官房（负责各省厅间的协调）负责整体协调和联络，通过安全保障会议、中央防灾会议、金融危机对策会议等决策机构制定危机对策，由国土厅、气象厅、防卫厅和消防厅等部门根据具体情况进行配合实施的组织体系。这一体系还包括日本各都道府县专设的应急管理机构（地方政府的行政“一把手”是应急管理的最高负责人）。

日本内阁官房是负责应急管理指挥的中枢机构。内阁官房作为首相的辅佐机构，在应急管理体制中的主要职能是尽早获取情报，将其向相关部门传达、召集各省厅建立相应的应对机制，并对各省厅制定的政策进行综合调整，同时负责向外界发布危机进展状况、政府对策等信息。内阁官房设立了由首相任命的内阁危机管理总监（内阁危机管理总监一般由警察厅的高级官员出任），专门负责处理内阁官房中有关应急管理（除国防外）的事务。在总监下设副内阁官房长官助理（负责安全保障、应急管理），直接对首相、官房长官及内阁危机管理总监负责。这种由内阁应急管理总监统一归口管理的方式，不但有利于整合人、财、物等资源，而且彻底改变了过去各省厅在危机处理中各自为政、相互保留所获情报、纵向分割行政的局面。此外，为了提升国家整体的应急管理能力，日本政府还设立了一系列与应急管理有关的审议会，如安全保障会议、中央防灾会议等。安全保障会议由首相任议长，成员包括总务大臣、外务大臣、财政大臣、经济产业大臣、国土交通大臣、内阁官房长官、国家公安委员会委员长、防卫厅长官。安全保障会议下设“事态对策专门委员会”，为决策提供相关建议；委员会由内阁官房长官任委员长，委员由内阁首相任命，从内阁官房及相关行政机构中选出。安全保障会议的日常事务由内阁危机管理室副内阁官房长官助理负责处理。中央防灾会议，其主要职责为日本内阁制定防灾基本计划和审议有关防灾等重要事项。首相为会长，成员由防灾担当（主管）大臣及全体阁僚、指定公共机关的代表和学界专家组成。

日本政府应对不同类型危机，启动的应急管理部门也不尽相同。但在突发公共事件突发公共事件发生的最初时期，均按照事先规定的程序进行运作，概括起来可分为三个阶段：

（1）确认情报。危机发生后，内阁官房的有关省厅迅速在第一时间将危机的情报向设在内阁情报调查室的内阁情报集约中心报告；内阁官房根据情报内容，研究如何采取对策，并将更为详细的内容和对策方案以传真的方式，由内阁情报集约中心同时向官邸的负责人和内阁官房的干部通报。

（2）官邸确立对策体制。内阁危机管理总监接到关于危机的第一报告后，根据事态的程度判断是否设立官邸对策室或官邸联络室。如需要，将在官邸分管的危机管理中心内设置以内阁危机管理总监为室长的官邸对策室。官邸对策室的任务是：把握事态的状况、收集相关情报、综合协调相关省厅的初期措施、处理特别事项以及向首相报告等。

（3）国家确立对策体制。如果通过官邸对策室的协调和应对，危机事态趋于平缓，可以继续维持这一级别的运作体制，直到危机消除；若危机事态逐渐扩大，则必须建立日本政府的应对体制。具体措施为：①根据《突发公共事件对策基本法》在内阁府设立“非常（紧急）突发公共事件对策本部”。自然突发公共事件发生时，“非常突发公共事件对策本部”的本部长通常是根据不同突发公共事件突发公共事件（如航空突发公共事件由运输大臣担任；核突发公共事件由科学技术厅长官或通商产业大臣担任）由国土厅以及各相关省厅的长官担任。而首相作为内阁府的最高行政首长，统一指挥和监督各大臣的工作。当首相担任“紧急突发公共事件对策本部”本部长时，全体阁僚（大臣）均为对策本部的成员。②自然突发公共事件以外的危机事件可根据内阁会议的决定，在内阁府设立“对策本部（事件和极为特殊的事态）”，也可以根据首相本人的判断，无需经内阁会议批准成立“对策本部”。对于恐怖事件等特殊事态，首相或内阁官房长官将担任对策本部的本部长，并在内阁府设立“政府对策本部”。

四、澳大利亚突发公共事件应急管理体系

（1）澳大利亚突发公共事件管理的原则和组织机构

澳大利亚的宪法规定，州与地区具有防护人民生命与财产安全的直接责任，州与地区必须维持一定的紧急事故处理能力以履行其责任。联邦政府居于国家突发公共事件管理的领导地位，通过发展政策来完成其责任，联邦政府必须支持州与地区政府发展其维持突发公共事件管理的能力，并在突发公共事件的应急与灾后的恢复阶段提供协助，为特别的危险提供警告与监控服务，协助完成国家的训练、群众意识、教育、信息管理与研究活动，联邦政府同时也提供其他突发公共事件管理的处置。

澳大利亚应急管理署（EMA）是负责联邦政府突发公共事件管理活动的机构，与澳大利亚国际发展机构结合，协调澳大利亚突发公共事件应急与减灾，并给其他国家提供帮助。

（2）突发公共事件管理的法律制度

1974 年 2 月，澳大利亚联邦政府通过了自然突发公共事件组织机构的设立，政府当时决定将该组织与民防理事会合并，协调联邦政府对州与地区在自然突发公共事件过程中提供物质上的帮助，并且帮助其改善突发公共事件管理能力，此一新组织对国防部负责，它在 1993 年 1 月 1 日改名为“澳大利亚应急管理署”（Emergency Management Australia，简称 EMA）。

澳大利亚具有三级责任制的联邦政府系统，联邦政府在重要的突发公共事件发生时，提供州与地区物质与经济上的协助。6 个州与 2 个地区具有防护生命、财产、环境的主要责任，它们通过立法、委员会的架构如警察、消防、救护车、紧急服务机构来完成上述目标。

国防部通过 EMA 执行联邦政府应急管理的责任，应急管理是以联邦政府与州、地区间的合作关系为基础的。EMA 的任务是减少澳大利亚的突发公共事件与突发公共事件冲击的区域。EMA 角

色是发展、支持有效的国家应急管理机制，并向联邦政府、州与地区、企业以及国际社会提供建议，代表澳大利亚国际发展机构协调澳大利亚区域应急管理。

在澳大利亚，防护生命与财产安全是州与地区政府的主要责任，联邦政府是真诚协助州与地区发展它们的应急管理能力，防护所有公民财产。EMA是国防部的一个机构，在联邦的层级直接向联邦国防部负责突发公共事件应急的协调。

如果州与地区政府或是商业的资源无法处理意外事故时，州与地区会提出正式请求，EMA的首席主管在获得国防部的认可后可以调集所有联邦政府机构的资源，包含澳的防御兵力，提供州与地区协助。EMA管理的供应品，则由其在堪培拉办公室的国家应急管理协调中心（National Emergency Management Coordination Center，NEMCC）负责。

由于每个州都有各自立法的权利，导致其法律法规的不同，每个州针对不同突发公共事件或特定功能，所对应、负责的主管机关名称也有不同，但整体看来，功能是类似的。

（3）突发公共事件管理机构

澳大利亚的公共安全应急管理设置了三个层次的关键性机构：第一，在中央设置的应急任务组（CCDTF），主席由总理和内阁任命，委员为各部门和机构的代表；第二，应急管理署（EMA），具体领导和协调全国的抗灾工作，提高全国的抗灾能力，减少灾难的损失，及时准确预警；第三，在国家应急管理协调中心（NEMCC）设应急管理联络官（EMM），为政府各部门的联络员，专门负责协调应急管理署下达的跨部门任务。

国家应急管理委员会（National Emergency Management Committee，简称NEMC）是最高的国家应急管理政策机构，主席为EMA最高指挥官，成员由各州与地区的最高突发公共事件管理组织所组成，主要功能是促进国家突发公共事件管理能力的发展。国家应急管理委员会由澳大利亚应急管理局局长担任主席，每个州的州应急管理委员会的主席和执行官任其成员。该委员会每年召开会议，为协调和促进联邦和州在应急管理制度和程序上的利益提出建议和方向。在冲突发生时期，这种会议的召开将更频繁，确保民防事务能够列在澳大利亚最高层次的国家应急管理咨询小组考虑范围之内。

在澳大利亚政府层级中，对突发公共事件管理的是国防部。国防部长通过 EMA 执行这个责任。然而负责提供政策建议与监督、并对州与地区提供重建协助的高级机构则是联邦政府应急管理专业组。联邦政府应急管理专业组是一个高级部门间的委员会，由总理和内阁部门主持，并与联邦政府部门结合，在突发公共事件减轻和重建上扮演重要角色。该机构向国防部负责，它在发展联邦相关机构政策和对民防的支持上起着领导作用。依据 EMA 最高指挥者建议，主席应该在突发公共事件应急和重建阶段期间，召集 CCDTF 展开 EMA 的活动。

1993 年 1 月 1 日，澳大利亚成立了应急管理署（EMA），为国防部附属机构，主要是联邦政府突发公共事件应急的领导机关。在突发公共事件的预防、准备、响应和恢复方面，EMA 是通过一系列的州和地区在训练、响应、计划、装备、志愿人员等援助计划来实现的。其主要职能包括：建立可以提升能力与有效性的应急管理策略；促使安全机关及其他国家计划更容易达成；提供各级政府、工业和社区等所有层级的突发公共事件管理信息与建议；促进合作与突发公共事件管理研究；减少社区突发公共事件；在澳大利亚，协助澳大利亚政府提供州与地区物质与技术上的支持；提供社会大众突发公共事件管理的咨询；建立减少脆弱性的政策与策略；改进澳大利亚突发公共事件管理的能力与意识；提供突发公共事件管理的训练，并发展国家区域性支持；向国家提供信息建议与适当的技术协助。

国家应急管理协调中心的人员是由突发公共事件联络官从联邦政府部门中提名的，这些 EMA 人员提供咨询服务，使部门的应急反应能在 EMA 的联系下而更为容易。在灾后，由国家应急管理协调中心的最高指挥者与州和地区政府沟通，NEMCC 对最高指挥者的责任是州与地区政府层级间支持请求的协调。在事件早期，支持请求可通过电话传递，目的在节约州应急时间，确定的书面资料则随后送达。

为了使澳大利亚灾情调查的反应更容易完成，协助被突发公共事件影响的海外人民，EMA 发起以电脑为基础的国家突发公共事件受害者注册和调查系统；这个系统可以在地区或是全国性的地区启动，当国家注册与调查系统（National Registration and Inquiry System，简称 NRIS）进行全国性的启动时，受突发公共事件影响的州以及地区的受害者信息便开始进入国家数据库，由联邦卫生与老人照料部门管理。

民防是国家内部安全的一部分，联邦政府具有民防政策协调与支持的责任，这一部分目前通过 EMA 来执行，提供的支持包含民防训练的协助，而民防功能有保护老百姓对抗危险、帮助群众从突发公共事件影响中恢复、提供群众的生存必要等内容。

第六节　应急管理体系评价

应急体系评价是公共安全应急管理工作的一项重要内容，不仅包括体系的整体评价，还包括与体系相关的规划、方案、项目和工作等内容的评价。它既是一个评价的过程，贯穿于应急体系设计、建设、运行的整个过程；同时，它本身又是一个系统，是由专家、资源和评价技术等要素构成的一个统一体。

一、应急评价体系的意义和作用

1. 意义

制定突发公共事件应急评价体系的意义体现在：便于持续改

进应急管理工作，确保应急管理工作的有效性；可以帮助提高应急救援组织的专业化水平；便于评估国家和地方各级人民政府应急管理工作的一体化程度和正确认识构成应急管理底线的应急管理能力及其发展趋势；便于在危险来临之前，审查应急准备工作。

突发公共事件应急过程中可能需要在短时间内动员较多的部门、单位和救援队伍参与救援行动，这些部门、单位和救援队伍涉及多个专业领域，如何使它们开展有效合作是城市应急管理能力和准备状态的体现。

中共中央总书记胡锦涛把应对突发事件和复杂局面的能力提到“党的执政能力的重要方面”的高度，要求我们居安思危，做好思想准备、机制准备、预案准备和工作准备，为我们切实加强政府灾害应急管理能力建设、构筑我国灾害应急管理体系提供了难得的机遇。开展突发公共事件应急能力评估为今后应急能力建设指明了方向，为贯彻落实总体预案，建立健全突发公共事件应急机制、体制和法制，进一步提高预防和处置突发公共事件的能力提供了保证。

2. 应急体系评价的作用

通过应急体系的评价，可以确保各项工作内容与应急体系的目标和任务紧密结合起来，保证应急体系满足公共安全应急活动的要求，更有效地实现公共安全应急管理的目标。通过运行评价，及时发现应急体系运行中存在的薄弱环节，使应急体系的各项内容不断完善，提升整体的应急能力；通过资源评价，合理配置各种应急资源，防止出现应急资源短缺和过剩的现象；通过风险评价，掌握突发公共事件的潜在危害程度和城市面临的风险程度，制定各种有效的应对措施；通过项目评价，选择最佳的工作形式，利用有限的投入，实现社会效益的最大化；通过工作评价，找出体系今后的发展方向，为规划工作提供依据等。

二、应急体系评价系统

应急体系评价系统主要是由评价内容、评价因子、评价方法和评价人员等要素组成。由于评价对象的选择不同，在具体的评价方面会有很大的差异。

（1）评价内容

根据不同的评价对象，选择相应的评价内容。比如，应急体系运行评价和建设方案评价可选择社会、经济、系统三方面的内容，对应急体系满足社会需求的适时性和适应性进行社会评价，对应急体系投入资源的经济效益进行经济评价，对应急体系的先进性、综合型、完整性进行系统评价。

（2）评价因子

由于不同的评价对象，其评价的内容不同，衡量评价内容的评价因子也就不同。比如，对于应急体系运行评价和建设方案评价可用有效性、效益性和完整性因子进行衡量。有效性因子是指应急体系对直接目标产生的效果。由于应急体系的建立和运行，使突发公共事件发生数量减少；由于采取了相应的应对措施，使突发公共事件造成的损失减少等。效益性因子是指系统运行后对间接目标产出的效果。由于应急体系的建立和运行，使突发公共事件发生的数量减少和危害程度降低，社会秩序稳定，人们安居乐业，推动城市经济发展，减少环境污染，减少资源消耗，带来间接的社会效益。完整性因子是指系统要素、结构、状态、功能是否能够满足实际运行要求。应急体系由法规、规划、组织、机制、运作、资源等要素组成，其结构层次分明，每个层次体现不同的作用，与其他外部系统具有开放的接口，体系通过元素结合，可处于各种运行状态，发挥其预防、准备、响应、恢复功能。

（3）评价方法

应急体系评价应根据不同的评价对象、评价目的和评价内容选择适当的评价方法。评价方法主要有决策论评价法、经济论评价法、运筹学评价法和综合性评价法等几种类型。各种评价方法都有各自的特点，其主要特征反映在最佳判断标准、制约条件和推测因素等方面。

评价方法也可按照是否定量分为三类：第一类，定量分析方法，主要适用于结构性问题；第二类，定性分析方法，用于非结构性问题；第三类，半定量方法，用于弱结构性问题。

可用于应急体系评价的具体方法有：头脑风暴法、专家评价法、结构模型解析法、模拟法、脚本法、清单法、关联树法、交叉影响分析法、敏感性分析法、决策分析法、概率分析法、形态分析法、层次分析法、综合分析法等。

三、应急能力评价体系的内容

建立突发公共事件应急能力评估体系，除考虑组织体制、运作机制、法制基础外，还应该结合城市应急救援预案的编制情况以及应急保障系统，如包括信息通讯、物资装备、人力资源和财务经费等。由此，突发公共事件应急评价体系内容应包括 18 类（一级指标）67 项（二级指标），分别如下。

（1）法制基础包括的属性主要有：相关法律法规的执行情况，地方法规和规章中有关应急管理的规定，地方法规、规章及文件中有关政府应急管理工作延续性的规定。

（2）管理机构包括的属性主要有：应急领导机构、应急管理机构、应急有关部门。

（3）指挥中心包括的属性主要有：应急中心设施、应急中心运行和组织、备用应急中心。

（4）专业队伍包括的属性主要有：专业队伍信息清单、专业队伍建设。

（5）专职队伍与志愿者包括的属性主要有：专职队伍、志愿者、社会资源。

（6）危险分析包括的属性主要有：危险辨识、重要防护目标脆弱性分析、风险评价、风险控制。

（7）监测与预警工作包括的属性主要有：信息监测、监测信息通报、预警。

（8）指挥与协调包括的属性主要有：现场指挥系统、现场指挥与场外指挥的协调、部门协调机制、信息发布的协调、与社会资源的协调、与当地驻军和武警的协调、与上级部门的协调、与周边相邻地区的协调。

（9）防灾减灾包括的属性主要有：防灾、事故调查与后果评估、减灾。

（10）后期处置包括的属性主要有：善后处置、社会救助、保险、灾后恢复。

（11）通信与信息保障包括的属性主要有：通信保障方案、应急中心通信系统、信息保障方案、警报系统、应急联动系统。

（12）决策支持包括的属性主要有：辅助决策支持系统、应急技术储备与保障、专家组。

（13）装备和设施包括的属性主要有：资源协调、资源清单、互助协议、后勤保障。

（14）资金支持包括的属性主要有：经费保障、补偿、赔偿、奖励和抚恤。

（15）培训包括的属性主要有：培训需求、培训计划、应急救援人员的培训。

（16）演习包括的属性主要有：演习计划、演习实施、演习评估和改进措施。

（17）宣传教育包括的属性主要有：公众教育、国际沟通与协作、新闻报道、社会动员、群众安全防护措施的宣传和教育。

（18）预案编制包括的属性主要有：编制过程、预案的内容、预案的编排、预案的管理、预案的实施、地方人民政府预案体系。

为了开展城市突发公共事件应急能力评估，67 项属性被细化为 405 项三级指标（称为特征），以便于实际评估时对相应的指标进行调查和赋值。

四、应急能力评价体系的方法

评估人员分别对以上全部 18 类的所有特征按照 0、1、2、3 的等级进行评分。

由评估人员按照突发公共事件应急能力评估体系 18 类的所有特征逐项评分，评分等级为：每项特征按从 0、1、2、3 进行评分，具体赋分规则见表 4-1。

表 4-1　城市突发公共事件应急评价指标赋分规则

等级	能力评估	备注
3	完全有能力	已完全具备本项目的能力要求，所需要的只是保持
2	有一定能力	已具备最低能力要求，但还需较大努力才可完全具备本项目的能力要求
1	有一点能力	已取得某种进展，但还需要相当大的努力才可完全具备本项的能力要求
0	不适用	本地区不需要培养这方面的能力

利用突发公共事件应急评价体系开展城市突发公共事件应急能力评估，具体步骤和要点是：

（1）应急管理相关机构或部门派出代表组成应急能力评估小组。

（2）应急能力评估小组通过集体讨论方式，逐条交流各成员对评估类别、属性和特征的理解与认识。

（3）应急能力评估小组成员分别对特征进行评分。

（4）应急能力评估小组汇总成员评分结果后，利用求和的方式确定最终分值。

（5）应急能力评估小组确定评估结论。

（6）编写评估报告。

五、国外灾害救援能力评价方面的工作

美国联邦紧急事务管理局曾于 2006 年刊出了一份名为《Safe Capability Assessment for Readiness（CARP)》的报告，对国家层次的灾害准备能力作出了详细的评价。这个灾害准备能力评价的概念在一定程度上与我们所定义的灾害救援能力有许多相似之处。它把列出的总共 13 个紧急事务管理职能进行了评价，这十三项分别是法律、危险识别和评估、风险管理、物资管理、计划、指挥控制协调、通信和预警、行动程序、后勤装备、训练、演习、公众教育信息、资金管理等方面。每个紧急事务管理职能分成若干个属性、每个属性又细分为若干个特征。各州可以在属性的层次上评价自己，也可以细化到特征的层次，有利于为以后的分析提供更详细的数据。

属性的评分标准：每个属性或特征的分数有三个等级：

3 表示“始终能够满足属性或特征”；

2 表示“通常情况下能满足属性或特征”：

1 表示“需要继续努力才能满足属性或特征”；

“N/A”表示“不适用于该州的实际情况和应急管理机构或程序”。

所有属性和特征的权重都是相等的。因此，每个属性的得分就是下一级所有特征的平均值。

数据分析：CAR 各属性的得分如果为 2.5～3.0，表示该州的应急管理机构始终能够满足这个属性；得分为 1.5～2.5 表示基本满足；得分为 1.4～1.5 表示需要继续努力才能满足。

联邦紧急事务管理局通过分析每一个属性来判断全国哪些方面要改进，哪些方面基本具备能力，哪些方面实力强大。除去那些选择“N/A”项的州，分别计算选择1级（分数为≤1.5）、2级（分数为1.5～2.5）、3级（分数≥2.5）的州的比例，如果50%以上的州都选择了3级，则认为在这一方面国内整体水平颇具实力；如果50%以上的州选择了1级，则认为仍需改进。

第五章　突发事件应急管理

我国现阶段正处于改革发展的关键时期，经济成分、经济利益、经营方式、用工形式和生活方式日趋多样化；利益重新分配，新旧观念相互碰撞，社会结构剧烈变动；我国城镇化和城市现代化进程加快；国际上政治、经济、社会等不稳定、不确定、不安全因素增加且相互交织，地缘、宗教和文化冲突与政治经济矛盾相互作用，公共安全还面临着诸多新的严峻挑战。为尽可能地减小公共安全事件造成的社会经济损失及其不良影响，我国政府进一步加强了中央和地方各级政府的公共安全管理工作，出台了各类公共安全管理应急预案，针对一些主要的公共安全因素，制定了一系列法律、法规和决定。这对于目前仍处在起步阶段的中国公共安全综合管理有着重要意义，既能提高应急管理的能力和效率，健全完善中国的应急管理体系，直接起到防灾减灾效果，也是政府全面履行职能，进一步提高执政能力的重要举措；既是树立和落实科学发展观的重要体现，也是构建社会主义和谐社会的一项重要内容。如何全面落实国家突发公共事件总体应急预案，加强和完善公共安全应急管理能力与体制建设，提高综合预防和应对突发公共事件的能力，构建防灾减灾安全保障体系，已成为新时期建设和谐社会和可持续发展的重要研究内容。

第一节　应急管理的模式

国内外专家对公共安全应急管理模式均进行了深入的研讨，日本京都大学防灾所冈田教授提出了“塔模式”，强调协调形成公共安全的各要素关系，从整体上控制风险水平，提高系统的控制能力。史培军教授依据灾害系统的结构和功能体系，提出了综合灾害风险管理的“三维模式”与整合“政府、企业和社区三位一体”的综合减灾模式。在此基础上，针对公共安全管理的复杂性，提出如图 5-1 所示的区域综合公共安全管理模式，这一模式强调在减灾科学的指导下，针对灾害形成过程（灾前、灾中、灾后）的动力学和

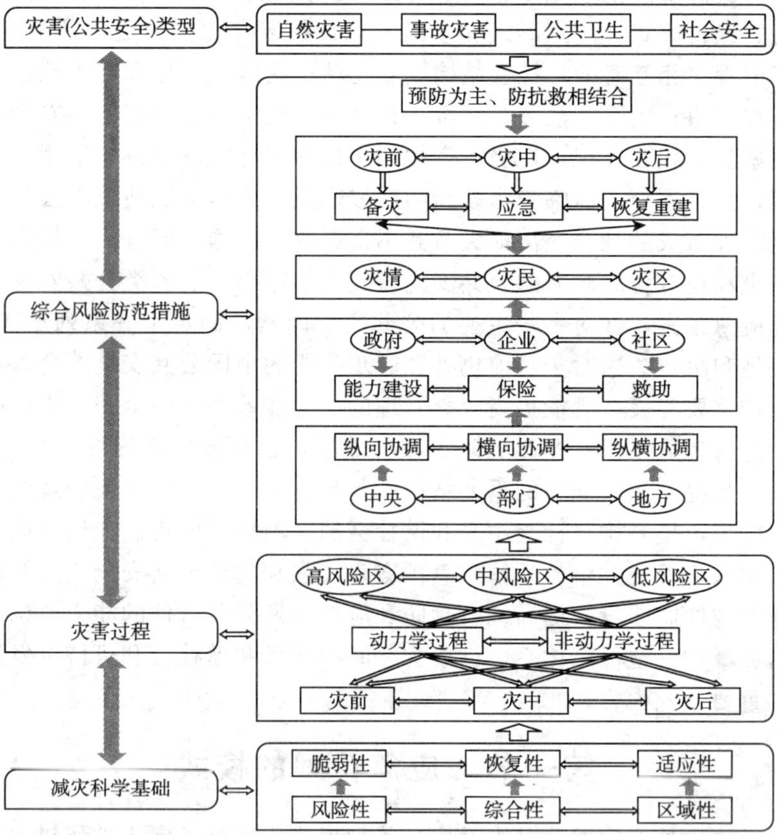

图 5-1　区域综合公共安全管理模式图

非动力学行为，建立综合风险防范的体制、机制和法制，贯彻“预防为主，防抗救相结合”的减灾方针，使灾区政府、企业、社区在灾前备灾、灾中应急、灾后恢复与重建的减灾全过程中，形成一个有机的整体，进而实现“横向到边，不留死角；纵向到底，不留空白”的综合公共安全应急管理目标。

第二节　应急管理的分类分级

不同类型突发公共事件发生的原因、导致危急状态的影响程度和范围、产生社会危害的严重程度都有很大差异，从而使得政府应对的措施和手段也有所不同。此外，相同类型突发公共事件的不同阶段对政府应急管理措施的要求也都不同。然而，国家应急管理体系很难为各种可能出现的突发公共事件制定出一一对应的管理方案并提供相应的物质和人力储备。因此，完善的应急管理体制要求我们必须对各种表现形式不同的突发事件进行深入分析，抓住其本质特征，从而对不同公共突发事件进行分类、分级与分期，在此基础上建立相应的应急管理体系和应急预案。

应急管理中的分类是为了更好地应对突发事件救援工作，在发生突发事件后便于及时提出相应的应急预案。分级则是针对解决问题的重要程度对突发事件进行级别上的确认。例如，一起塌方事故中，被困人员已死亡或还有生存机会，前者的严重性明显比后者大，但是就应急管理工作而言，后者的级别要比前者大得多。

在应急管理中，分类分级的对象有两个，一个是突发事件，一个是应急机构。对事件的分类分级已在前面阐述，这里不再赘述。对机构的分类主要是根据该机构所处置的突发事件类型来决定的，可以分为两种。一种是对机构保障能力的分级，就是在分类的基础上，明确各类救助资源的数量和状态，评估现有资源的保障度，了解应急资源所在机构的现实保障能力。评估结果是建立指挥调度系统的基础，主要目的是在事前对各机构的保障能力有较为清晰的认识，以便加强或改善力量薄弱的地方，起到事前评估的目的。这种分级的过程没有考虑机构面对的突发事件的级别，得出的评价结果不能很好地反映真实的机构保障能力。所以，另一种机构分级就是要考虑机构与事件之间的挂钩问题，也就是把突发事件作为评估机构的一个评估指标。

应急管理中分类分级的过程可以用图 5-2 来表示。由图 5-2 中可以看到，首先要收集丰富的信息资料（包括历史资料、模拟演练资料和专家知识等），然后借鉴这些实际的历史资料和经验，系统分析突发事件的起因、性质、影响和危害程度等特征，研究其内在运行机理，提取事件分类分级的评价因素；分析救援机构应对突发事件的处置机理和流程，建立起处置机构资源和突发事件的关系，提取机构分类分级的评价因素。运用定性和定量相结合的方法建立评价模型，寻找这些因素与事件分类分级结果之间的关系。

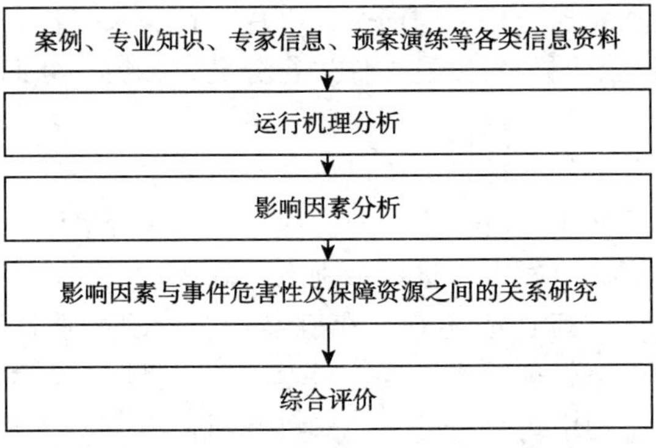

图 5-2　应急管理分类分级过程

根据分类分级的思想，对机构的分级不仅要看其资源的多少，从而分出“三六九等”，还要把资源和机构所面对的突发事件结合起来，共同来评估。

首先要对事件进行分类分级评价。在应急管理中，如何有效地对突发事件进行评级是一个重要的问题，这不仅是最后形成预案的基础，也是机构资源评价的基础，事件分类分级结果对机构的评价和管理都有重要影响。

然后对机构资源状况进行评价，包括两个方面的内容。①对机构资源静态保障能力进行评价：资源静态保障能力就是指对机构资源的数量和质量以及管理能力的综合评估，如果拥有资源数量多，质量好，则该机构的静态保障能力就强，反之则弱。例如，一个消防支队拥有先进灭火设备的数量多，则可以认为该支队的静态保障能力强。②机构的静态保障能力是从资源拥有量的角度出发，将各个机构进行横向比较后得出的结论。由于对机构的分级的最终目的是要评估机构将来面对突发事件时的处置能力，在平时找到机构处置能力的“软肋”，加以弥补。但是这种仅就设施装备的评估显然有其局限性，例如，如果一个县城的消防队面对的火灾绝大多数是民房着火，那么它并不需要十分精良的设施和装备；但是如果单从资源衡量的话，其级别会很低，对于这种级别低的机构是否需要加强投入呢？如果把资源状况和机构所面对的突发事件联系到一起来考察时，这种机构就不是重点改善的对象了。相反，那些面对突发事件的级别高而静态保障能力相对较低的机构需要较大投入。

综上所述，对机构的评价不能仅停留在静态保障能力上，而是要进一步考虑事件分类分级对机构保障能力的影响，把事件分类分级与机构资源状况评价紧密联系起来，考虑机构对事件的处置能力，对机构保障能力进行综合评价。只有两种评价相结合，才能对机构有一个客观的分类分级，为编写预案设定机构职责提供依据。

第三节 突发事件的预防

“凡事预则立，不预则废”，良好的预防机制可以防患于未然，将突发公共事件解决在萌芽之中。预防属于事先治理机制，通过一定的措施和办法，阻止突发公共事件的产生和增强抵御突发公共事件产生的能力，达到降低突发公共事件发生的可能性。在某种程度上，突发公共事件的预防比突发公共事件发生后的处置更有意义，可以避免社会财富的浪费，节省人力、物力、财力，更有效地保障社会秩序的稳定。

一、预防的含义和内容

预防是指在认识突发公共事件产生规律和发生特性的基础上，利用管理、技术等手段，通过增强抵御突发公共事件产生的能力，从源头上消除其生成的环境条件，为制止其发生而制定的应急活动。

《突发事件应对法》规定，突发事件预防与应急准备工作主要包括：建立健全突发事件应急预案体系，建设城乡应急基础设施和应急避难场所，排查和治理突发事件风险隐患，组建培训专兼职应急队伍，建立应急物资储备保障制度，开展应急知识科普宣教等方面内容。

二、建立有效的应急预防机制

1. 健全法律机制

从世界范围来看，在应对突发性灾难的时候，国家立法起着很重要的作用。一方面，立法保障了公共管理机构或社会组织在应急状态时期行使紧急权力，使紧急权力有法可依；另一方面，国家立法制定了相应的具体法律措施来应对各种突发性灾难。

（1）制定统一应对突发事件的法律。有的国家（如土耳其、加拿大等国）制定了统一应对各种突发事件的《应急状态法》。《应急状态法》作为应对突发事件的基本行动纲领，统一规定了公共管理机构在突发事件管理中的职权和职责，确定了依法对抗突发事件的法治原则。这不仅有利于增强处理突发事件的能力，对突发事件能事先有一个充分的估计，做好应急准备，采取最佳应对策略，防止事到临头惊惶失措；而且，它还有利于最大限度地维护公共管理机构组织在突发事件发生时期的合法性和权威性。

（2）通过立法确立综合协调部门的法律地位。为进一步提高防范突发事件的能力和城市管理水平，深化和规范社会服务联合行动工作，应建立全国统一的常设性突发事件管理综合协调部门，用法制化方式明确机构的性质、职能、权限、运作流程以及资金来源等。要在国家层面上尽快建立具有决策功能的综合体系和常设性的突发事件管理的综合协调部门，协同各方专家，对各类事件进行划分总结；要从国家安全的高度制定长期的反突发事件战略和应急计划，在地方各级层面上也应设立相关部门；在响应机制中，对于发生的突发事件，要设立第三方性质的独立调查制度，公正甄别事件诱因，同时要保持适度的新闻自由，建立有效的突发事件沟通机制；要改革各级公共管理机构、信访机构职能，实现一定程度的纵向设置，切实发挥其社会稳定安全阀的作用。

2. 建立心理干预机制

心理恐慌会对突发事件的控制、处理产生较大的负面影响，因此，在突发事件的防范机制中，应重视和发展针对心理恐慌的突发事件干预机制。

心理干预首先是要通过宣传和教育，让公众对可能发生的或已经发生的突发事件形成一个正确的认识。以往一些组织管理者由于担心负面消息造成社会震荡，片面强调正面报道。殊不知，越是不报道负面新闻，公众对负面事件就越是缺乏心理承受能力。一旦负面事件溢出有关部门的掌握之外，就会造成更大的心理恐慌。正确的做法应该是及时主动地发布信息，并跟踪舆论，适时进行引导。不能消极地期待“公众的眼睛是雪亮的”，也不能消极地等待“流言止于智者”，而应加大宣传教育等干预力度，防止一旦出现突发事件而导致大规模的社会恐慌。

心理干预的另一方面，是对公众进行心理疏导，缓解心理压力，增强必胜信心。从小的方面说，各级管理者要做好细致的思想政治工作，宣传政策知识，耐心解决群众实际困难，并可以考虑请专业的社会工作人员和心理治疗人员介入。从大的方面讲，公共管理机构必须加强突发事件公关技巧才有利于克服社会恐慌。所谓“突发事件公关”是指为了保持秩序和稳定而采取的各种必要的心理干预策略，不能简单地理解为“作秀”、“玩花样”。

3. 建立突发事件日常防范机制

防范在突发事件管理中至关重要，它直接影响防、控、治等三个阶段。因此，必须建立起一整套科学的、行之有效的日常防范体系。

突发事件防范指的是如何预防突发事件的发生。在日常管理中，要加强突发事件的意识和处理手段，要做好各类防范措施，比如：在工作地点的设置、人员的选择等方面，要充分考虑各种安全因素，如发生天灾人祸的可能性、战争的可能性等；要设立主副团队，分散工作地点，做好资金、人力和物资的各种储备；要建立畅通的信息网络，为虚拟办公、异地沟通等提供工具；要经常向员工进行风险意识和突发事件意识的宣传等。

4. 建立突发事件群防机制

突发事件不仅是对公共管理机构能力的挑战，更是对社会整体能力的综合考验。在通常情况下，社会公众是突发事件直接威胁的对象，也可以称他们为直接的“受灾体”。仅仅依靠公共管理机构组织的力量是很难做到突发事件应对的高效、快速、协调、灵活的，而各类非公共管理机构组织及公众自身的突发事件意识、突发事件预防能力和突发事件应对水平便成为决定公共管理机构组织突发事件管理质量的重要因素。因此，在强调公共管理机构突发事件管理的快速反应性、责任性、透明性和合法性等原则的同时，也必须强调公共管理机构突发事件管理系统当中参与主体的多元性，最大可能地吸纳各种社会力量、调动各种社会资源共同应对突发事件，形成社会整体的突发事件应对网络，建立起全社会的突发事件群防机制。

5．建立突发事件合作机制

进入现代社会，无论是国家还是地区的管理，不应再是自上到下的控制体系，而应以参与和合作的方式来进行管理；不是发号施令，而是保证信息透明，使大家都参与其中，来共同应对出现的问题。国际组织以及非公共管理机构组织都是解决突发事件的有效行为体，在全球化、区域化日益发展的今天，许多突发事件所产生的影响不仅仅局限于一个国家，诸如环境问题、气候灾变、疫病、国际恐怖主义等引发的突发事件的全球性风险日益增加。因此，在应对突发事件的过程中，加强国际间的人员合作和科技交流，就显得日益重要。通过国际合作，充分利用各种资源，有助于突发事件的解决。

在突发事件的应对过程中，通过全球合作，可收到明显效果：一方面，各国间可以获得更多的谅解，有效地消除突发事件，恢复社会秩序；另一方面，通过各国协同努力可以提高各国突发事件救治效率、降低救治成本。

三、突发事件预防的工作程序

预防工作可分为选择预防对象、制定预防措施、落实预防工作、检查预防工作和总结问题五个工作步骤，如图 5-3 所示。

（1）选择预防对象。预防工作的第一步是选择预防的对象。根据实际情况，组织专业人士、管理专家、管理部门和咨询机构对可能产生的突发公共事件进行风险评估，筛选出需要重点防范的突发公共事件。

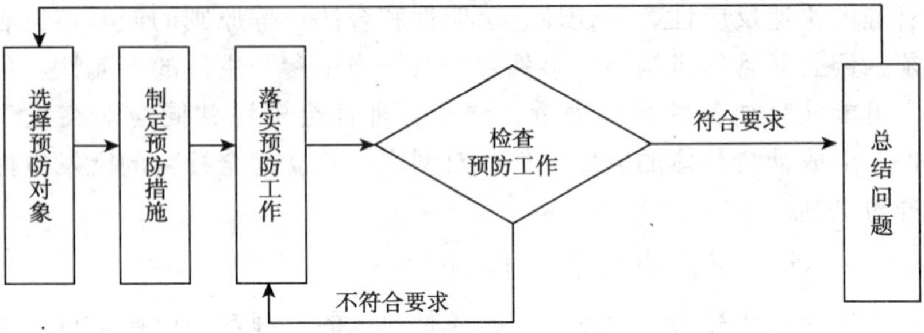

图 5-3　突发事件预防的工作程序

（2）制定预防措施。针对需要重点防范的每类突发公共事件，组织专业人士、管理专家、管理部门和咨询机构，根据每类突发公共事件的产生规律和生成环境条件，在组织、资源、资金、技术和信息等许可范围内，制订出切实可行的预防措施与办法，并对预防工作提出具体明确的要求，以确保预防工作能够得到有效的贯彻和落实，达到良好的预期效果。

（3）落实预防工作。在完成突发公共事件预防措施制定之后，要进行宣传贯彻、资源配置和任务部署。首先，预防工作必须得到组织和成员的认可；其次，预防工作的落实要安排相应的资源配置，在人力、物力、技术和资金方面给予保障；再次，预防工作要有具体的工作计划和任务安排，每项任务应以责任制的方式落实到承载对象上。

（4）检查预防工作。预防工作需要经过大量的宣传、教育、培训工作，以及意识理念的提升，才能改变长期以来形成的生活、工作习惯；绝大多数预防工作需要追加一定的人力、物力、财力和时间投入，但看不到明显的经济效益。种种原因可能使预防工作不能落实到位，需要通过检查监督确保预防工作得到有效的贯彻落实，对无视、忽视、轻视、不履行职责的组织和个体，要有相应的惩罚措施。

（5）总结问题。在突发公共事件预防过程中，会出现许多新问题，会遇到许多新的挑战，会发现解决问题的新方法，给预防工作以新的启示。因此，需要不断地进行总结，及时调整工作方式，不断改进预防工作的内容，使预防工作更有效。

第四节　突发事件应急预案

应急预案是在历史经验和科学知识的指导下，在对潜在危险源可能导致突发公共事件的预测基础上，对事件发生后的全过程进行全方位的科学合理规划，落实应对过程中预测、预警、报警、接警、处置、结束、善后和灾后重建等相关环节的责任部门和具体职责，经过认真的科学审定后发布实施的，是实现“反应及时、措施果断”的有效途径及开展高效应急管理的重要基础。

一、突发事件应急预案的类型

（1）依据应急对象划分。参照《国家突发公共事件总体应急预案》的分类标准，依据应急的对象，可以将突发事件预案分为以下四大类：

①自然灾害类应急预案，包括自然灾害应急救助预案、防汛抗旱应急预案、地震应急预案、地质灾害应急预案、森林（草原）火灾应急预案等等。

②事故灾难类应急预案，包括城市停电应急预案、通信应急预案、海难应急预案、铁路行车事故应急预案等等。

③公共卫生类应急预案，包括公共卫生事件应急预案、重大动物疫情应急预案、重大食品事故应急预案等等。

④社会安全类应急预案，包括大规模群体性突发事件应急预案、旅游突发事件应急预案、金融突发事件应急预案、公共活动场所突发事件应急预案等等。

（2）依据预案编制与执行主体划分。依据应急预案编制与执行主体级别的差异，将应急预案划分为以下四类：

①国家应急预案。国家预案是一种宏观管理，以场外应急指挥为主的综合性预案，包括出现涉及全国或性质特别严重的重大事故灾难的危急处置情况。例如，我国在2006年出台的《国家突发公共事件总体应急预案》、《国家专项应急预案》、《国务院部门应急预案》等。

②省级应急预案。省级预案同国家预案大体相似，即省级人民政府的突发公共事件总体应急预案、专项应急预案和部门应急预案，在省级人民政府的领导下，按照分类管理、分级负责的原则，由地方人民政府及其有关部门分别制定，但其涉及的问题更有地区上的针对性。目前，我国所有省、市、自治区都已经形成了各自的应急预案。

③市级应急预案。市级预案应既有场外应急指挥，也有场内应急救援指挥，还包括应急响应程序和标准化操作程序，内容更加清晰、准确。如我国目前已经建立起的比较成熟的城市应急预案，有北京模式、广州模式、上海模式以及南宁模式。

④组织应急预案。组织预案大多是一种现场预案，以场内应急指挥为主，更强调预案的可操作性。由不同性质的组织根据自身特征制定完成，如企业应急预案、学校应急预案、医院应急预案等等。

（3）依据预案的功能与目标划分。包括以下三类：

①综合预案。是总体、全面的预案，以场外指挥与集中指挥为主，侧重于应急活动的组织协调。

②专项预案。主要针对某种特殊和具体的事故，如地震、重大交通事故等，采取综合性与专业性的减灾、防火、救灾和灾后恢复行动。

③现场预案。是以现场设施或活动为具体目标而制定和实施的应急预案，如针对某一重大工业危险源，特大工程项目的施工现场或拟组织的一项大规模公众聚集活动等。

二、应急预案的要素和基本内容

应急预案的“八要素”包括：①应急组织机构与职责；②监测与预警；③信息的收集、分析、报告和通报；④应急处置技术和监测机构及其任务；⑤应急处置的工作方案，包括指挥协调、人员撤离、紧急避难场所、医疗救治、疫病控制、新闻发布等；⑥应急设施、设备、通信、交通、技术、医疗、治安、资金和社会动员保障等；⑦应急处置专业队伍的建设和培训，包括演练等；⑧善后恢复，科学评估。

应急预案的基本内容主要包括总则、组织机构与职责、预测预警、应急处置、后期处置、保障措施及预案管理等七个部分。

（1）总则。应急预案总则主要是对预案的编制目的、编制依据、工作原则、预案的适用范围、应急预案的体系等内容的说明。如《国家突发公共事件总体应急预案》在总则部分便提出了工作的原则：以人为本，减少危害；居安思危，预防为主；统一领导，分级负责；依法规范，加强管理；快速反应，协同应对；依靠科技，提高素质。

（2）组织机构与职责。这一部分详细描述突发事件应对组织的体系框架，以突发事件应对全过程为主线，明确各类突发事件预测、预警、报警、接警、处置、结束、善后和灾后重建等环节的主管部门、协作部门、参与单位及其职责。如《国家突发公共事件总体应急预案》中对组织体系做了相关说明，分为领导机构、办事机构、工作机构、地方机构、专家组等，并对各自的职责做了详细规定。

（3）预测、预警。预测、预警就是对突发事件及其后果的预测、辨识、评估，分析结果作为启动应急预案的条件。这一部分内容要遵循早发现、早报告、早处置的原则，建立常规数据监测、风险分析与分级等制度，要明确突发事件信息报送的渠道、时限、程序等要求，明确预警的方式、方法、渠道和落实情况的监督措施，同时要构建起预测预警支持系统，建立相关技术支持平台。

（4）应急处置。这一部分要构建突发事件基本的响应程序。需要明确应急预案启动的等级及条件，明确应急机构的工作程序，明确各有关部门的职责及相互关系，明确专家咨询和辅助决策机制，保证畅通的信息沟通渠道等。

（5）后期处置。这一部分是对应急结束后的工作的安排。要明确受灾人员的安置、物资和劳务的征用补偿、灾后重建、社会救助、法律援助、心理干预等工作内容。同时，要对特别重大突发公共事件的起因、性质、影响、责任、经验教训和恢复重建等问题进行调查评估，对相关人员进行相应的奖惩等。

（6）保障措施。它是对预案的实施所需资源的说明。如《国家突发公共事件总体应急预案》提出如下所需的保障措施：人力资源、财力保障、物资保障、基本生活保障、医疗卫生保障、交通运输保障、治安维护、人员防护、通信保障、公共设施、科技支撑等。

（7）预案管理。在预案最后一部分要提出对于预案本身的管理方式。如预案的演练、评估、保管、更新等等。

三、应急预案的编制

2003 年 12 月成立了国务院办公厅应急预案工作小组，国务院将应急预案的编制工作列为国务院 2004 年工作重点任务之一。制定应急预案应当根据法律、法规的规定，认真分析突发事件的性质、规律、特点和可能造成的社会危害，对突发事件应急处置的组织指挥体系、预防与预警机制、处置程序、应急保障措施及恢复重建等作出具体规定。应急预案的编制过程有以下步骤。

（1）成立预案编制小组。突发事件预案编制小组水平的高低直接决定着应急预案编制的质量，所以在预案编写小组的组建上一定要慎之又慎。突发事件的应对涉及来自不同部门、不同专业领域的应急各方，需要应急各方的密切配合和相互协调。因此，应急预案的成功编制需要各相关部门的积极参与，并达成一致意见。在预案编制小组的组建上要注意以下几点：①编制小组应由最高管理部门牵头组建，并负责各部门关系的协调；②编制小组的成员应该涵盖突发事件所涉及的各个部门；③要实现各部门利益的均衡；④各部门的分工要具体、明确；⑤必须制定具体的预案编制计划。

（2）风险评估及应急能力评估。风险评估可以说是制定预案的基础。风险评估的结果不仅有助于确定需要重点考虑的威胁，提供划分突发事件预案编制的优先级别的依据，同时也为应急预案的编制、应急准备和应急响应提供必要的信息和资料。

依据风险评估的结果，还应该对现有的应急资源和应急能力进行评估，应急资源包括应急人员、应急设施（备）、装备和物资等；应急能力包括人员的技术、经验和接受的培训等。应急资源和能力将直接影响应急行动的有效性。应急预案制定时，应当在评价与潜在危险相适应的应急资源和能力的基础上，选择最现实、最有效的应急策略。

（3）分类分级。为了使应急预案更有针对性，必须对突发事件进行分类分级，而要做到准确分析事故发生的可能性是不太现实的。一般不必过多地将精力集中到对事故或灾害发生的可能性进行精确的定量分析上，可以用相对性的词汇（如低、中、高）来描述发生事故或灾害的可能性，关键是要在充分利用现有数据和技术的基础上进行合理的评估。

（4）应急措施的制订。针对不同突发事件的不同级别，要制订出相应的应急措施。应急措施要尽可能具体，要具有可操作性。同时，在制订应急措施的时候，一定要考虑到组织的实际情况，包括应急资源以及应急能力等。

（5）评审与发布。为确保应急预案的科学性、合理性，预案编制单位或管理部门应依据我国有关应急的方针、政策、法律、法规等指导性文件与评审检查标准，开展预案评审工作，以取得政府有关部门和应急机构的认可。应急预案的评审包括内部评审和外部评审两类：①内部评审。内部评审是指编制小组成员内部实施的评审，以保证预案语言简洁通畅、内容完整。②外部评审。外部评审的主要作用是确保预案被各相关组织所接受。根据评审人员的不同，又可分为同级评审、上级评审、社区评议和政府评审。经过内、外部对预案的评审之后，应急预案便可向外发布了。同时，应将应急预案报送上级有关部门和应急机构备案。

(6) 演练预案。应急预案需要逐步的完善，而预案的演练正是发现问题的过程。通过应急预案的演练，可以及时发现应急预案、工作程序和应急资源准备中的缺陷与不足，明确相关机构和人员的职责，改善不同机构和人员之间的协调问题，检验应急人员对应急预案、程序的了解程度和操作技能，评估应急培训效果。

四、我国应急预案体系建设情况

我国国家突发事件应急预案体系包括国务院突发事件应急预案体系和地方各级人民政府突发事件应急预案体系两个层次。国务院突发事件应急预案体系包括国家突发事件总体应急预案、专项应急预案和部门应急预案三个部分。地方各级人民政府和县级以上地方各级人民政府有关部门要根据相关法律、法规、规章，结合本地区实际，衔接上级人民政府及其有关部门的应急预案，制定本级突发事件应急预案体系，编制各类应急预案，并根据实际需要和情势变化，适时修订应急预案。

国务院要求学校、企业等单位和村居两委会等基层自治组织都要从本单位、本区域安全情况出发，根据突发事件风险隐患排查情况，制定完善本单位、本区域应急预案，治理、消除安全隐患，落实安全防范措施，有效防止和及时制止突发事件。

1. 我国应急预案工作成就

2005年3月14日，第十届人大三次会议审议通过的温家宝总理的《政府工作报告》明确提出："我们组织制定了国家突发公共事件总体应急预案，以及应对自然灾害、事故灾难、公共卫生和社会安全等方面105个专项和部门应急预案，各省（区、市）也完成了省级总体应急预案的编制工作。建设法制政府，全面履行政府职能，取得突破性进展。"如图5-4a所示。

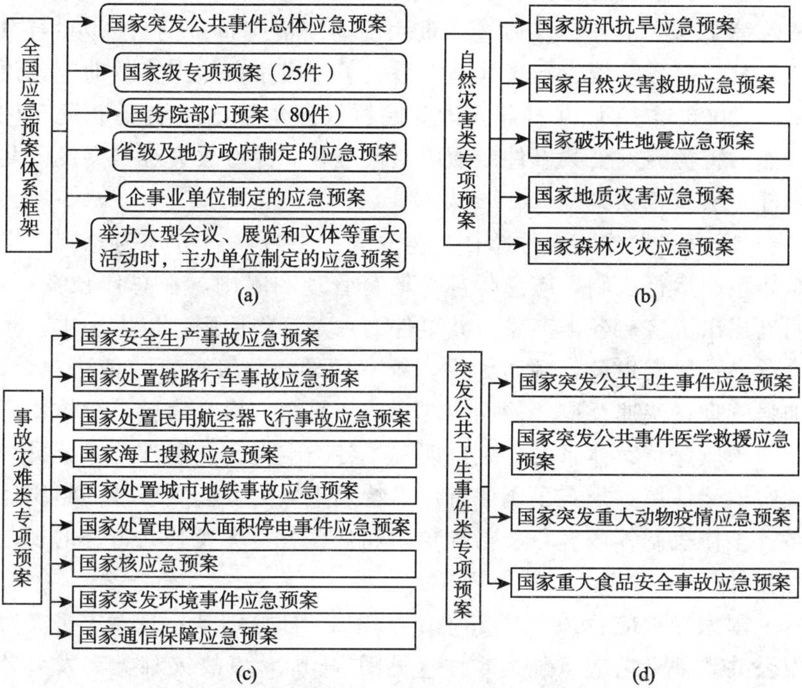

图5-4 国家应急预案体系

2005年1月26日，《国家突发公共事件总体应急预案》经国务院第79次常务会议讨论通过；2005年2月，中央政治局常委会听取并原则同意国务院关于国家突发公共事件应急预案编制工作的报告；当月底，国务院向全国人大常委会报告突发公共事件应急预案编制工作情况；2005 年 4 月，国务院作出关于实施国家突发公共事件总体应急预案的决定；同年 5 至 6 月，国务院印发四大类 25 件专项应急预案，80 件部门预案和省级总体应急预案也相继发布；同年 7 月下旬，国务院召开全国应急管理工作会议，温家宝总理在会上强调：加强全国应急体系建设和应急管理工作，必须做好健全组织体系、运行机制、保障制度等工作；同年 11 月 16 日，国务院第 113 次常务会议通过《重大动物疫情应急条例》；2006 年 1 月 6 日，国务院授权新华社全文播发了《国家自然灾害救助应急预案》；2006 年 1 月 10 日起，国务院授权新华社陆续摘要播发 5 件自然灾害类突发公共事件专项应急预案和 9 件事故灾难类突发公共事件专项应急预案。

《国家突发公共事件总体应急预案》共 6 章，分别为总则、组织体系、运行机制、应急保障、监督管理和附则。在总体预案中，明确提出了应对各类突发公共事件的六条工作原则：以人为本，减少危害；居安思危，预防为主；统一领导，分级负责；依法规范，加强管理；快速反应，协同应对；依靠科技，提高素质。总体预案是全国应急预案体系的总纲，明确了各类突发公共事件分级分类和预案框架体系，规定了国务院应对特别重大突发公共事件的组织体系、工作机制等内容，是指导预防和处置各类突发公共事件的规范性文件。

国家专项应急预案共 25 件，其中 21 件分别是：自然灾害类突发公共事件专项应急预案 5 件（见图 5-4b），事故灾难类突发公共事件专项应急预案 9 件（见图 5-4c），公共卫生类突发公共事件专项应急预案 4 件（见图 5-4d），社会安全类突发公共事件专项应急预案 3 件，分别是：国家粮食应急预案、国家金融突发事件应急预案、国家涉外突发事件应急预案。

国务院部门应急预案共80件，分别是：建设系统破坏性地震应急预案，铁路防洪应急预案，铁路破坏性地震应急预案，铁路地质灾害应急预案，农业重大自然灾害突发事件应急预案，草原火灾应急预案，农业重大有害生物及外来生物入侵突发事件应急预案，农业转基因生物安全突发事件应急预案，重大沙尘暴灾害应急预案，重大外来林业有害生物应急预案，重大气象灾害预警应急预案，风暴潮、海啸、海冰灾害应急预案，赤潮灾害应急预案，三峡葛洲坝梯级枢纽破坏性地震应急预案，中国红十字总会自然灾害等突发公共事件应急预案，国防科技工业重特大生产安全事故应急预案，建设工程重大质量安全事故应急预案，城市供气系统重大事故应急预案，城市供水系统重大事故应急预案，城市桥梁重大事故应急预案，铁路交通伤亡事故应急预案，铁路火灾事故应急预案，铁路危险化学品运输事故应急预案，铁路网络与信息安全事故应急预案，水路交通突发公共事件应急预案，公路交通突发公共事件应急预案，互联网网络安全应急预案，渔业船舶水上安全突发事件应急预案，农业环境污染突发事件应急预案，特种设备特大事故应急预案，重大林业生态破坏事故应急预案，矿山事故灾难应急预案，危险化学品事故灾难应急预案，陆上石油天然气开采事故灾难应急预案，陆上石油天然气储运事故灾难应急预案，海洋石油天然气作业事故灾难应急预案，海洋石油勘探开发溢油事故应急预案，国家医药储备应急预案，铁路突发公共卫生事件应急预案，水生动物疫病应急预案，进出境重大动物疫情应急处置预案，突发公共卫生事件民用航空器应急控制预案，药品和医疗器械突发性群体不良事件应急预案，国家发展改革委综合应急预案，煤电油运综合协调应急预案，国家物资储备应急预案，教育系统突发公共事件应急预案，司法行政系统突发事件应急预案，生活必需品市场供应突发事件应急预案，公共文化场所和文化活动突发事件应急预案，海关系统突发公共事件应急预案，工商行政管理系统市场监管应急预案，大型体育赛事及群众体育活动突发公共事件应急预案，旅游突发公共事件应急预案，新华社突发公共事件新闻报道应急预案，外汇管理突发事件应急预案，人感染高致病性禽流感应急预案。

此外，北京市、天津市、河北省、山西省、内蒙古自治区、辽宁省、吉林省、黑龙江省、上海市、江苏省、浙江省、安徽省、福建省、江西省、山东省、河南省、湖北省、湖南省、广东省、广西壮族自治区、海南省、重庆市、四川省、贵州省、云南省、西藏自治区、陕西省、甘肃省、青海省、宁夏回族自治区、新疆维吾尔自治区都分别制定了本地区地方（省级）总体应急预案。

总之，应急预案体系建设取得重大进展，制定、修订应急预案和启动应急预案的越来越多，并在应对突发公共事件中发挥了重要作用（提高应急处置效率）；应急体制、机制和法制建设越来越得到了重视和加强，我们党的执政能力得到提高。“一案”与“三制”相互促进，初步形成应急预案体系；基本建立应急管理机构；应急保障能力建设加强（专业应急救援队伍壮大，应急物资储备增加）；应急重点项目建设力度加大；应急机制进一步完善（监测网络、预警及信息发布、应急响应速度）；推进了应急管理法制建设；开展了应急管理宣传教育。

2. 应急预案体系存在问题

目前，我国应急预案工作还存在许多薄弱环节，与国外发达国家相比还存在很大差距。

（1）有些应该制定应急预案的尚未完成预案的制定工作。各地、各部门、各单位的应急预案制定和实施工作也很不平衡。总体上看，出过事的地方、单位与没出过事的地方和单位不一样；高风险的、与国际接轨的行业、企业（如石化、核电、海事、民航等）与其他行业、企业不一样，前者完成得较好。

（2）应急预案进社区、进农村、进企事业单位的差距大。

（3）一些中央驻各省（区、市）单位的应急预案向地方政府报备工作有差距，与地方政府共同协作开展必要的安全培训、宣传教育和演练差距大。

（4）许多应急预案操作性不强，“上下预案一般粗”、“套话多”、“千篇一律”。应急工作流程、岗位职责、处置方法等不够明确具体，有的定位不准，执行主体不准，有的预案内容与实际工作脱节等。

（5）不少预案制定了，上报了就完事大吉，缺少必要的培训和演练；有的虽然进行了演练，但缺乏实战性，更谈不上根据培训和演练发现问题及时对预案修改和完善。

3．切实加强应急预案体系建设

构建比较完善的应急预案体系，全面增强应急管理能力，真正实现对危机的主动管理和有备应对，我们仍然任重道远。①必须树立强烈的忧患意识。进一步增强责任感、使命感和忧患意识，务必抓紧建立健全突发公共事件的“一案三制”工作。②必须做好风险分析工作。制定修订应急预案，必须与风险分析相结合，查找突发公共事件的危险源，掌握重大隐患及可能造成的不利影响，并加强监控，这样才能提高预案的质量。③必须做好应急资源的普查和整合。各地、各部门、各单位要结合实际对各类应急资源，包括人力、财力、物力等情况进行普查，摸清家底，建立人力资源、财力保障、物资保障、基本生活保障、医疗卫生保障、交通运输保障、治安维护、人员防护、通信保障、公共设施、科技支撑等数据库和调用（协调）方案。④必须明确回答突发事件事前、事发、事中、事后，谁来做，怎样做，做什么，何时做，用什么资源做。应急管理工作要坚持预防为主，做好预防与应急的结合，但预案要重在应急处置，而且职责要明确，措施要明确，程序要明确，越具体越好。⑤必须建立健全应急预案和应急能力的科学评价体系。应急预案一定要有针对性、操作性、实用性、科学性、完整性和经济性。⑥必须加强培训和演练。加强培训教育和演练，强化全民的危机意识，普及灾害中自救和互救常识，做好预防工作是减少突发公共事件的发生概率、减少突发公共事件造成的损失的最有效、最经济、最安全的办法。

第五节　突发事件的预警

预警是指对即将发生的突发事件进行紧急指示。重大公共安全事件预警管理是采用现代信息科学技术、计算机技术、安全科学、管理科学等，对潜在公共突发事件进行监测、预测、警报、早期干预，对事件爆发后进行应急反应、联动救援的系统管理活动。按照《突发事件应对法》，突发事件监测与预警工作主要包括建立突发事件监测制度、突发事件信息系统、突发事件预警制度等三个方面内容。

完善的预警机制应具有良好的突发公共事件信息监测、信息处理分析、风险评估和有效的预警发布系统作为支撑，确保能够及时准确地对突发公共事件信息实施监测，对获得的监测信息能够科学合理地处理与分析，准确地判定未来的风险程度和把握事态的变化轨迹，及时地发布预警信息，保证公共安全应急体系和社会公众做好应对突发公共事件的准备，增强应对突发公共事件的能力，减少突发公共事件可能造成的危害，以保护人民的生命安全和社会经济生产的正常运行。

一、预警的原则、等级划分

1. 预警的原则

做好突发公共事件预警机制工作，需要遵循以下具体原则。

（1）层次性原则。根据突发公共事件有可能发生的类别和级别，结合突发公共事件应急能力，建立分级制的预警机制。高于事件应对级别的预警，会造成大量的资源浪费，引起其他社会负面效应，影响人们的正常生活、工作秩序；低于事件应对级别的预警，会在事件发生时，造成应急能力不足，使事态不能得到及时控制，导致损失扩大。

（2）及时性原则。在预测突发公共事件极有可能发生时，要及时发布预警信息，使各方在规定的时间内充分做好应急准备工作，使社会公众有充分的思想和心理准备。这样，在突发公共事件发生时，能够从容应对，不致手忙脚乱。同时，及时性还涉及预报的时机选择和方式选择，以保证预警信息能够及时、迅速地告知所有相关部门和人员。

（3）公开性原则。突发公共事件预警信息应公开化，让社会、应急组织、媒体甚至国际组织等了解事态的发展情况。不能借助种种理由，隐瞒不报，或只公开其中部分内容，或降低事态的严重程度。这样，只能损害政府、公民的利益，造成不必要的损失，极有可能带来更大的危害。

（4）畅通性原则。鉴于突发公共事件的不确定性和巨大的危害性，应充分利用科学的方法，采用先进的技术手段，减少繁琐的信息处理、分析、传输和决策环节，保证信息全面、快速、准确地传递。在突发公共事件的应对中时间因素尤为重要，如果能在时间上早一步，就可能争取到事态控制的主动权，便可极大地降低突发公共事件造成的危害，甚至将突发公共事件消除在萌芽之中。

（5）顺序性原则。预警过程是由一系列相互关联、先后有序的工作过程组成，这些工作的排列是按照科学的方法进行安排的，也是人们长期以来总结出的经验。每一次信息处理、分析、预测、评估、决策、预报都必须按部就班地进行，不可省略任何一步工作过程，以确保预警信息的正确性。

2. 预警的等级划分

当前，西方发达国家政府预警系统一般都强调对突发公共事件分级预警管理，对程度不同的突发公共事件实行不同级别的认定并采取相应的对策。如“9·11”恐怖袭击事件发生后，美国建立了一套五级国家威胁预警系统，用绿、蓝、黄、橙、红五种颜色分别代表从低到高的五种危险程度（见表 5-1）。

表 5-1 美国五级国家威胁预警系统

颜色	威胁程度	采取的行动
红	严重	动员紧急救护队，并布置工作人员评估紧急需要
橙	很高	地方、州和联邦机构开展协调工作，加强在公众实践中的安全工作
黄	较高	加强对重要地方的监视活动及对威胁的评估工作
蓝	警戒	检查紧急程序，通知公民所要采取的必要措施
绿	低	保持安全培训和准备状态

我国根据《国家突发公共事件总体应急预案》，按照各类突发公共事件的性质、严重程度、可控性和影响范围等因素，总体预案将突发公共事件分为四级，即Ⅰ级（特别重大）、Ⅱ级（重大）、Ⅲ级（较大）和Ⅳ级（一般）。依据突发公共事件可能造成的危害程度、紧急程度和发展态势，把预警级别分为四级：依次用红色、橙色、黄色和蓝色进行预警和分级管理（见表 5-2）。

表 5-2 我国突发事件预警分级

颜色	威胁程度	级别
红	特别严重	Ⅰ级
橙	严重	Ⅱ级
黄	较重	Ⅲ级
蓝	一般	Ⅳ级

二、建立突发事件预警系统

突发事件预警系统通过对预警对象和范围、预警指标、预警信息进行分析和研究，及时发现和识别潜在的或现实的危机因素，评估即将发生的突发事件的严重程度并决定是否发出危机警报，以便及时地采取相应预防措施减少突发事件发生的突然性和破坏性，从而实现防患于未然的目的。突发事件预警是基于日常风险管理，着眼战略全局，全面、系统地预报和控制危机的一整套管理机制。从国内外理论和发展来看，突发事件的预警系统包括突发事件监测、突发事件评估识别和突发事件预报3个子系统。

(1) 突发事件监测子系统

突发事件监测是应用一系列预测技术对事件发生的可能性及其危害程度的估计。这种估计是通过对危机先兆和起因的严密观察，并对所获信息进行处理、评价而取得的。预警监测机制作为突发事件管理前期工作，如果存在严重错误，就会错过防治的最佳时机。因此，要对突发事件进行有效的监测，首先要对各种风险进行初步分析，同时对与各种风险相关的信息进行系统的扫描，收集其中的危险信息，分析其对突发事件的潜在影响，进而对可能引发突发事件的因素进行防范和引导，把突发事件消灭在萌芽状态。

(2) 突发事件评估识别子系统

突发事件评估识别子系统是将检测中收到的信息进行分类、整理和评估，根据评估指标体系，将整理过的信息与各个评估指标进行分析、比较，对未来可能发生的突发事件类型、性质及危害程度做出恰当的估计。由于几乎所有的突发事件发生前都会有不同程度的前兆，所以应当及时捕捉到这些征兆的信号，及早进行必要的防范，努力确保薄弱环节不会转变为危机，并对其可能造成的危害进行评估。

(3) 突发事件预报子系统

危机预报子系统的职能在于：根据危机评估的结果，对危害程度较大的潜在危机向各利益相关者发出警报，提醒注意并提前采取预控措施。发布突发事件预报必须注意几个问题：①为了确保突发事件预报子系统的有效性，必须根据突发事件反应者和潜在受害者的特点选择警报，并且确保突发事件的反应者及潜在受害者及时准确的收到警报。警报范围依突发事件反应者和潜在受害者的分布情况而定，局部警报针对的是突发事件反应者和潜在受害者相对集中的情况，以免造成不必要的恐慌；但如果危机反应者和潜在受害者相对分散，则应选择覆盖面广的警报（如通过电视、广播等向人们发出警报），使警报尽可能到达预定的受众，否则，就达不到预期的效果。②警报内容的选择上，应充分考虑突发事件反应者和潜在受害者的受教育水平和心理特点，确保警报内容能被他们充分理解，并根据警报内容采取相应的行动。③在平时需要根据警报内容，对突发事件反应者和潜在受害者进行培训，让他们了解、熟悉警报的内容（如区分警车、消防车和救护车的声音），以提高突发事件来临时的反应速度。

三、预警的实施程序

预警一般要经过潜在突发公共事件信息收集、分析与预测、风险评估、应急决策、预警实施五个工作过程。

(1) 潜在突发公共事件信息收集。通过各种手段和工具，实时收集各种潜在突发公共事件信息：明确监控突发公共事件的对象范围；信息的收集时间要求；信息的空间范围要求；信息的收集方式要求；信息的收集过程要求等。

预警信息包括突发公共事件的类别、预警级别、起始时间、可能影响范围、警示事项、应采取的措施和发布机关等。总体预案强调，突发公共事件的信息发布应当及时、准确、客观、全面。要在事件发生的第一时间向社会发布简要信息，随后发布初步核实情况、政府应对措施和公众防范措施等，并根据事件处置情况做好后续发布工作。要做好受灾群众基本生活保障工作。迟报、谎报、瞒报和漏报要追究责任。发生Ⅰ级或Ⅱ级突发公共事件应在4小时内报告国务院。Ⅲ级、Ⅳ级预警信息发布工作，由各有关地级以上市、县（市、区）人民政府应急管理办事机构根据本级人民政府授权，统一负责相应预警级别的信息发布工作。

（2）分析与预测。在信息收集之后，通过各种手段，对原始信息进行分析。一方面要去伪存真，防止虚假信息，以免造成后续工作的判断失真；另一方面要透过现象看本质，进行深度性、关联性分析，以防关键信息的遗漏。在分析的基础上，通过各种技术工具，对突发公共事件的潜在风险开展预测工作，及时识别、发现和判定危害的存在。

（3）风险评估。预测有潜在危害存在后，要将特定的突发公共事件信息输入风险评估系统，确定突发公共事件可能带来的风险级别和产生危害的程度。风险评估要做好以下方面工作：确定突发公共事件的性质；确定与突发公共事件相应的评估方法；不要因拖泥带水、犹豫不决而贻误战机。

（4）应急决策。在确定突发公共事件发生的可能性和风险程度之后，按照应急决策的步骤确定预警级别、发布时间、发布范围、发布对象、发布方式、警示事项和发布机构等内容。

（5）预警实施。预警实施一是要对市民告知，做到公开事态实情，做好心理等方面的准备；二是采用内部通信系统和办公系统迅速通告应急部门，启动各项应急准备工作，进入战前的工作状态。

预警信息应包括发布机关、发布时间、可能发生的突发事件的类别、起始时间、可能影响范围、预警级别、警示事项、事态发展、相关措施、咨询电话等。预警信息的发布、调整和解除可通过广播、电视、报刊、通信、网络、短信群发、公用显示系统、警报器、宣传车或组织人员逐户通知等方法，对老、幼、病、残、孕等特殊人群以及学校等特殊场所和警报盲区应当采取有针对性的公告方式。

可以预警的突发事件即将发生或发生概率较大时，县级以上地方各级人民政府应当根据权限和程度，发布相应级别的警报，决定并宣布有关地区进入预警期，同时向上一级人民政府报告。发布三级、四级警报，宣布进入预警期后，县级以上地方各级人民政府应当根据情况采取相应措施：一是启动应急预案；二是加强有关突发事件监测、预报和信息收集、报告工作；三是组织有关方面对突发事件信息进行分析评估，预测其发生概率、影响范围与强度；四是定时向社会发布与公众有关的突发事件预测信息和评估情况；五是向社会发布咨询电话和相关警示，宣传相关防灾、避灾常识。

发布一级、二级警报，宣布进入预警期后，县级以上地方各级人民政府除采取以上措施外，还可根据情况采取以下相应措施：一是责令应急救援队伍及相关人员进入待命状态，做好应急救援和处置准备；二是调集应急救援、处置所需物资，准备应急设施和避难场所；三是加强对重点单位、重要部位和重要基础设施的安全保卫，维护社会治安秩序；四是采取必要措施，确保城市交通、通信等生命线工程安全和正常运行；五是及时发布防灾、避灾的警示、劝告；六是转移、疏散危险地区人员和重要财产；七是关闭易受突发事件危害的场所，控制或限制公共场所活动。

第六节　突发事件的应急救援

突发事件应急救援是政府在自然灾害、人为灾害、技术灾害发生以及敌对方使用大规模杀伤性武器后，以抢救幸存者为主要目的的行为，是政府保护人民生命财产的安全，消除和减轻其后果的重要职责。

一、突发事件应急救援基本原则和任务

突发事件应急救援工作是在预防为主的前提下，贯彻统一指挥、分级负责、区域为主、单位自救和社会救援相结合的原则。其中预防工作是事故应急救援工作的基础，除了平时做好事故的预防工作，避免或减少事故的发生外，落实好救援工作的各项准备措施，做到预先准备，一旦发生事故就能及时实施救援。重大事故所具有的发生突然、扩散迅速、危害范围广的特点，也决定了救援行

动必须迅速、准确和有效，因此，救援工作只能实行统一指挥下的分级负责制，以区域为主，并根据事故的发展情况，采取单位自救和社会救援相结合的形式，充分发挥事故单位及地区的优势和作用。

1. 应急救援的基本原则

突发事件应急救援是一项涉及面广、专业性很强的工作，靠某一个部门是很难完成的，必须把各方面的力量组织起来，形成统一的救援指挥部。在指挥部的统一指挥下，安全、救护、公安、消防、环保、卫生、质检等部门密切配合，协同作战，迅速、有效地组织和实施应急救援，尽可能地避免和减少损失。应急救援应坚持的基本原则：

①员工和应急救援人员的安全优先；

②防止事故扩展优先；

③保护环境优先。

以火灾为例：首先，要建立疏散和营救遇险者及探测者可以进入的安全区域；其次，选择一个防御性的计划来阻止火势蔓延。在实施防御措施中，事故指挥者一定不要忘了第一优先是人员的安全。要努力保护环境使其免受燃烧流体、烟雾和危险气体的污染，例如，应急者临时构筑防堤，防止燃烧流体与附近化学物质发生反应。应急人员进入事故区域灭火并设法减少损失。

2. 应急救援的基本任务

应急救援的基本任务有以下几个方面：

（1）立即组织营救受害人员，组织撤离或者采取其他措施保护危险区域内的其他人员。抢救受害人员是应急救援的首要任务，在应急救援行动中，快速、有序、有效地实施现场急救与安全转送伤员是降低伤亡率、减少事故损失的关键。由于重大事故发生突然、扩散迅速、涉及范围广、危害大，应及时指导和组织群众采取各种措施进行自身防护，并迅速撤离出危险区或可能受到危害的区域。在撤离过程中，应积极组织群众开展自救和互救工作。

（2）迅速控制危险源，并对事故造成的危害进行检验、监测，测定事故的危害区域、危害性质及危害程度。及时控制造成事故的危险源是应急救援工作的重要任务，只有及时控制住危险源，防止事故的继续扩展，才能及时有效地进行救援。特别对发生在城市或人口稠密地区的化学事故，应尽快组织工程抢险队与事故单位技术人员一起及时控制事故继续扩展。

（3）做好现场清洁，消除危害后果。针对事故对人体、动植物、土壤、水源、空气造成的现实危害和可能的危害，迅速采取封闭、隔离、洗消等措施。对事故外溢的有毒有害物质和可能对人和环境继续造成危害的物质，应及时组织人员予以清除，消除危害后果，防止对人的继续危害和对环境的污染。对危险化学品事故造成的危害进行监测、处置，直至符合国家环境保护标准。

（4）查清事故原因，评估危害程度。事故发生后应及时调查事故的发生原因和事故性质，评估出事故的危害范围和危险程度，查明人员伤亡情况，做好事故调查。

二、应急救援的组织机构和组织建设

1. 应急救援的组织机构

全国应急救援体系主要由国家应急救援指挥中心、矿山、危险化学品、消防、铁路、民航、核工业、海上救援、电力、旅游、特种设备等10个行业或领域的应急救援体系，全国应急救援医疗救护体系，以及31个省（区、市）的应急救援体系构成。按照统一领导、分级管理的原则，全国应急救援领导决策层由国务院安委会及其办公室、国务院有关部门、地方各级人民政府组成。

（1）领导机构

国务院是突发公共事件应急管理工作的最高行政领导机构。在国务院总理领导下，通过国务院常务会议和国家相关突发公共事件应急指挥机构，负责突发公共事件的应急管理工作；必要时，派出国务院工作组指导有关工作。国务院安委会统一领导全国应急救援工作，负责研究部署、指导协调全国应急救援工作；研究提出全国应急救援工作的重大方针政策；负责对应急救援重大事项的决策，对涉及多个部门或领域、跨多个地区的影响特别恶劣突发公共事件的应急救援实施协调指挥；必要时协调总参谋部和武警总部调集部队参加突发公共事件应急救援；建立与协调同自然突发公共事件、公共卫生和社会安全突发公共事件应急救援机构之间的联系，并相互配合。

（2）办事机构

国务院办公厅设国务院应急管理办公室，履行值守应急、信息汇总和综合协调等职责，发挥运转枢纽作用。国务院安委会办公室作为国务院安委会的办事机构，负责研究提出应急管理和应急救援工作的重大方针政策和措施；负责全国应急管理工作，统一规划全国应急救援体系建设，监督检查、指导、协调国务院有关部门和各省（区、市）人民政府应急管理和应急救援工作，协调指挥突发公共事件应急救援；督促、检查安委会决定事项的贯彻落实情况。

（3）工作机构

国务院有关部门依据有关法律、行政法规和各自职责，负责相关类别突发公共事件的应急管理工作；具体负责相关类别的突发公共事件专项和部门应急预案的起草与实施，贯彻落实国务院有关决定事项。

（4）有关部门

国务院有关部门在各自的职责范围内领导有关行业或领域的应急管理和应急救援工作；监督检查、指导、协调有关行业或领域的应急救援工作；负责本部门所属的应急管理与协调指挥机构、救援队伍的行政和业务管理；协调指挥本行业或领域救援队伍和资源参加重特大突发公共事件应急救援。

(5) 地方机构

地方各级人民政府是本行政区域突发公共事件应急管理工作的行政领导机构，负责本行政区域各类突发公共事件的应对工作。地方各级人民政府统一领导本地应急救援工作，按照分级管理的原则统一指挥本地突发公共事件应急救援。

(6) 专家组

国务院和各应急管理机构建立各类专业人才库，可以根据实际需要聘请有关专家组成专家组，为应急管理提供决策建议，必要时参加突发公共事件的应急处置工作。

2. 应急救援的组织保障建设

应急救援的组织保障建设从以下五个方面进行：

(1) 建立全国统一的指挥和调度救援力量机构。救援组织体系是保证各救援力量互相配合、协调一致地发挥其最大能力、高效有序地完成救援行动的保障。我们应建立全国范围内统一指挥和调度救援力量的机构，加强灾害紧急救援力量的指挥与管理，强化国家灾害紧急救援组织的能力，建立掌握先进救援技术和装备的国家灾害紧急救援机构。救援组织体系的建设应当突出重点，以保证有效地利用资源。在全国不同地区建立区域性的救援组织，在大城市建立和完善救援力量，充分发挥社区自主防灾和救援的作用，除满足大城市本身的救援需求外，还可发挥大城市对周边地区的辐射和支援作用。

(2) 建立救援合作机制和统一管理、协调的组织体系。灾害的紧急救援需要各个方面的支援与合作，强化各个救援力量之间的支援与合作机制，建立各专业救援组织如地震、消防、石油、化工、核工、煤矿、军队等救援组织之间的相互支援与合作的机制是救援组织体系的重要组成部分。另外，由于现代社会对突发事件的影响极为敏感，而突发事件的紧急救援与处置需要有统一的管理与协调机构，建立具有相当权限的、统一的、独立的机构，是处置突发事件并及时进行救援的组织保障。

（3）建立救援装备和技术组织体系。随着社会的发展，救援任务趋于多样化和复杂化，不断开发新的救援装备与技术是保障救援力量适应不断变化的形势、提高救援能力的重要措施。建立救援装备与技术的研究、开发和评价组织体系，是保证救援力量使用最先进的技术和装备，以更低的风险、更低的成本拯救生命的重要保障措施。

（4）建立救援教育与训练的组织体系。救援组织的职业化是提高并保持救援能力的重要措施，将兼职、半专业和分散的救援力量转变为专业，进而转变为职业救援力量，有利于救援经验的积累，提高并保持救援组织的能力。无论是专业化还是职业化都需要建立多层次教育与培训组织，以满足其需求。

（5）建立救援志愿者组织体系。救援任务的多样化和复杂化，需要得到各方面的支持，应当充分发挥民间救援组织在其优势专业方面的作用，鼓励其参与救援行动，充分发挥其积极性，使其成为救援组织体系的重要组成部分。

（6）参与应急救援应当享受的保障。《突发事件应对法》规定，国务院有关部门、县级以上地方各级人民政府及其有关部门、有关单位应当为专业应急救援人员购买人身意外伤害保险，配备必要的防护装备和器材，减少应急救援人员的人身风险。公民参加应急救援工作或者协助维护社会秩序期间，其在本单位的工资待遇和福利不变；表现突出、成绩显著的，由县级以上人民政府给予表彰或者奖励。县级以上人民政府对在应急救援工作中伤亡的人员依法给予抚恤。

三、应急救援资源

有效应对突发事件需要充分整合现有的各种人力、物力、财力资源。2004 年 5 月 22 日，国务院办公厅印发的《省（区、市）人民政府突发公共事件总体应急预案框架指南》中，明确指出应急预案的制定要遵循“资源整合”的工作原则。应对突发事件的资源整合就是要将突发事件应急所需的各种要素条件，整合成统一的社会力量，形成综合应急管理体系，实现资源配置的规模化和效益最大化。具体来说，就是要对已有的各种应急资源，如组织资源、物资储备、救援队伍、应急信息系统、各种社会力量等，进行资源整合，合理调配，实现规模效应，提高政府应急管理的职能和效能。

事故与灾害的应急救援资源包括人力保障资源、资金保障资源、物资保障资源、设施保障资源、技术保障资源、信息保障资源和特殊保障资源等七个方面。

1. 人力保障资源

人力保障资源可分为核心应急人员和辅助应急人员两大类。核心应急人员包括应急管理人员、相关应急专家和专职应急队伍，辅助应急人员包括志愿者队伍、社会应急组织、国家军队和国际组织。

应急管理人员指在城市公共安全应急体系中开展突发公共事件预防、准备、响应、善后和改进管理工作的专职人员；相关应急专家指在各领域有独特能力的专业人士，包括技术、管理、金融、法律等方面的专家学者，专为有效开展城市公共安全应急活动提供各种建议和咨询；专职应急队伍指从事突发公共事件应急响应处置工作的专业应急队伍，包括消防、公安、急救、医疗等；志愿者队伍指以城市社区为依托，通过培训组成具有一定自救、互救知识和技能的社区应急队伍；社会应急组织指非政府性质的应急组织，有些是非营利组织，有些是营利组织，包括红十字会、999 急救等。

2. 资金保障资源

资金保障资源分为政府专项应急资金、捐赠资金和商业保险基金。政府专项应急资金用于城市公共安全应急体系日常应急管理，应急研究，应急保障资源建设、维护、更新，应急项目建设以及应急准备资金；捐赠资金包括社会捐助和国际援助；商业保险基金是一种利用市场机制扩大资金供给的方式，可弥补应急资金的不足，包括财产、人寿保险等基金。日常应急管理费用主要用于保障应急机构日常应急业务的顺利进行，如应急管理人员待遇、日常活动支出、计划制定、宣传培训等；应急研究费用用于支持科研机构、大专院校和咨询机构的应急理论研究，提高城市公共安全的整体应急能力；应急项目建设资金用于与应急运行工作平台相关项目的开发建设、应急设施的建设、应急活动项目的开展，支持大专院校培养造就应急方面的专业人才；应急准备资金用于紧急情况下应急队伍启动、应急物资装备采购和进口、应急物资调运所必需的费用，对征用非政府物资资产的补偿和赔偿，对受灾居民伤病治疗、生活救济补助等。

3. 物资保障资源

物资保障资源涉及的内容最为广泛，按用途可分为防护救助、食宿消毒、应急交通、动力照明、通信广播、设备工具和一般工程材料七大物资类别，并将设备与装备包括在内。

(1) 防护救助物资又可划分为两类。①为避免、减少人员伤亡以及次生危害的发生，用于突发公共事件发生时的防护物资，包括人身防护和其他防护物资。如卫生防疫用的防护衣、防护口罩、消毒液、防火服、防火头盔、防火面具、潜水衣、水下呼吸器、防爆服等。另外，还包括突发公共事件发生时对一些要害部位进行的防护，如防止地震使家居倾倒可能造成的伤害而使用的墙挂钩、保险柜使用的钢套石棉板、有毒有害容器使用的型钢加固支架等。②用于突发公共事件发生后的紧急救助。如止血带、骨折固定架、止血药、消毒药、救捞船、救生圈、救生衣、救生艇、救生索、保护气垫、充气滑梯、绳索、云梯、红外线探测仪、生命探测仪、呼吸器、高压氧舱、担架、呼吸面具、输液设备、输氧设备、急救药品、防疫药品，还有心脏起搏器等。

(2) 食宿消毒类物资主要用于突发公共事件造成大量建筑物和居民住宅的倒塌使水、电、气供应中断时，解决受危害人群温饱问题和环境污染问题，以免造成社会混乱。在平时除政府做相应的食品储备外，应要求以家庭为单位储备一定数量的食品和水，以备突发公共事件发生后初期的需要，如饼干、罐头、压缩食品、真空包装食品、供水车、水箱、沉淀器、水桶等。住宿可利用城市公用设施，安置受危害群体，不足部分用宿营车、简易组合房、临时帐篷、防空设施等安置，辅之以棉被、毛毯、棉衣等，并配置急需的卫生设备，如简易厕所、简易淋浴、垃圾处理设备、消毒粉等。防疫物资设备有消毒车（机、船）、喷雾器、消毒剂等；清理垃圾用的物资设备有垃圾车船、垃圾袋、垃圾焚烧炉等；处理病毒细菌用的物资设备有紫外线灯、消毒杀菌药品及凝油剂、吸油毯等。

(3) 应急交通物资包括运载型物资设备和交通疏通物资设备两大类。运载型物资设备包括救护车、救生直升机、救生船、医疗救生船、运输机、运输车、陆地用的载重汽车、沙漠汽车、各类小车、拖拉机、摩托车、火车、雪橇、舰艇、登陆艇、气垫船、汽车轮渡和其他可用于救援的运载工具，用于人员和物资设备的运输。交通疏通物资设备，包括舟桥、浮桥、推土机、挖土机、装载机、平土机、压路机、汽车塔吊、轮胎式吊车、履带式吊车、叉车、牵引车、拖车、拖船等，用于保证交通运输线的畅通。

(4) 应急活动使用的动力照明物资包括自备发电机、柴油机组、蓄电池、干电池、不间断电源、空气压缩机、乙炔发生器、液化气、工业氧气瓶及汽油、柴油、天然气、白炽灯、荧光灯、探照灯、碘钨灯、矿灯、气灯、潜水灯、手电筒等。

(5) 通信和广播是应急活动的重要传送信息手段，应急机构通过有线无线广播和电视台等媒介，在预警期间告知公众事件动态，发出警报，引导公众正确面对现实，做好各种准备工作。在事件处置期间，真实报道事件的处置过程，引导公众，配合政府，使应急活动顺利进行。通信广播类物资包括移动电话网设备、集群通信网设备、计算机网络设备、指挥调度台、海事卫星电话、手机、广播器材、广播车、扩音器、电视转播车、电话机等。

（6）应急活动涉及的各种设备工具种类繁多，包括岩土设备，如推土机、挖土机、装载机、平土机、压路机、破碎机、冲击式钻机、振动式钻机、旋转式钻机等；水工设备，如离心式水泵、轴流式水泵、混流式水泵、潜水泵、污泥泵、深井泵、排水设备等；通风设备，如离心通风机、轴流通风机、混流通风机、轴流通风扇、引风机、鼓风机等；重型设备，如汽车塔吊、轮胎式吊车、履带式吊车、叉车等；牵引设备，如牵引车、拖车、拖拉机、拖船等；消防用的消防车、消防船、灭火飞机等，以及应急所需的工具、器具和各种材料等。

4. 设施保障资源

设施保障资源可分为避难设施、交通设施、医疗设施和废物清理设施。

当发生地震、洪水等大规模破坏性突发公共事件时，会造成大量的建筑物、住宅被毁，需要大量满足受灾公众临时避难的场所。这些设施可设置在现有的体育馆、礼堂、学校等公共建筑，以及城市公园、广场等开阔地点，同时为这些设施追加应急避难功能，比如在水、电、卫生、取暖、通风等基础条件方面如果留有余地，预埋必要的饮用水、照明电力、卫生、排污等基础设施。

交通设施分两部分考虑。一是在道路规划时要考虑应急通行的需要。一般要设计紧急行车带，在桥涵附近应考虑应急排水设施。在城市小区建设、高层建筑物布局方面，均应考虑到城市发生突发公共事件时，附近道路应满足应急情况下的各种要求。二是在突发公共事件响应过程中，要保证交通畅通。有的突发公共事件可能造成房屋倒塌、造成局部道路堵塞，可启用推土机、挖掘机、起重机进行疏通，另外可在绿化带开辟临时道路。桥梁损坏时，可启用临时浮桥、舟桥、吊桥等设施。

在医疗机构建设时要考虑应急情况下的医疗能力，当需求量超过饱和容量时应有能接纳需紧急医疗救助病人的安置场所，除利用现有医疗机构设计能力外，一般还需要建立简易医疗救急场地，如构建轻钢结构、预制结构、钢板拱形结构等临时建筑或搭建帐篷，并具有临时紧急扩充医疗的能力。

有些突发公共事件会带来大量的废弃物资，包括废墟、垃圾、污染物等，需要及时进行处理。因此，在城市废物清理设施建设时，应考虑预留应急情况下的处理能力。

5. 技术保障资源

技术保障资源包括科学研究、技术开发、应用建设、技术维护以及专家队伍。通过政策、资金等方面的支持，发展城市公共安全应急领域的科学研究，不断将新的知识融入城市公共安全应急体系之中，提升城市的整体应急能力。同时加大公共安全监测、预测、预警、预防和应急处置技术研发的投入，引导和扶持科研机构、企业对应急技术的开发，不断推出新的应用系统和应急产品，改进整个体系的技术装备，建立健全城市公共安全应急运作平台。通过自建、联合、委托等方式，建设一支强有力的技术保障队伍，完成城市公共安全应急设备、设施的技术管理和维护。

6. 信息保障资源

信息保障资源可分为事态信息、环境信息、资源信息和应急知识。事态信息包括危险源监测数据、突发公共事件状况、应急响应情况等与事件和应急活动有关的信息；环境信息包括社会公众动态、地理环境变动、外界异常动向等背景情况信息；资源信息包括人员保障资源、资金保障资源、物资保障资源、设施保障资源、技术保障资源等状态信息；应急知识包括应急案例、应急措施、自救互救等知识。

7. 特殊保障资源

特殊保障资源是指那些有限的、不可消耗的资源，比如频率资源、号码资源、IP 地址等。因为这些资源是有限的，需要优先为各种应急设备和系统配置此类资源，或预留一定的此类资源以保证应急活动的顺利开展。

四、应急救援技术

随着信息技术特别是空间信息技术的迅猛发展，目前应急救援系统功能更加强大，技术更加先进，突发事件应急救援的能力由此在不断提升，下面就几项主要的新技术作简要描述。

1. 地理空间信息技术

突发事件的发生、演变，以及造成危害引发的各种各样的问题有其内在的原因和自身的规律，它们之间存在着错综复杂的逻辑关系。要想在有限的时间内做到有效地应对，将损失降到最低，就必须在信息系统的基础上建立相应的应急管理决策辅助系统。地理信息系统（GIS）应急决策辅助系统是应急决策支持系统中的基础组成部分，为整个应急救援过程提供方法支持和决策建议。

“空间信息技术，我们往往又称为地理空间信息技术，从技术层面上看，它是遥感、地理信息系统、全球卫星定位系统与通讯技术、网络技术的综合集成，将空间对地观测信息的获取、处理、分析、应用结为一体的信息技术体系；从目标层面看，整个空间信息技术的主要目标是研究并支持社会可持续发展，并为经济发展提供决策依据。”在谈到空间信息技术时，童庆禧院士首先解释了它的概念。

GIS 辅助决策系统的底层是以信息的采集设备、通信设备、计算机网络设备为核心的硬件支持层，它是实现信息交流的物理通路；其次是基础信息层，它包括地理信息、资源信息、专业信息、专家信息、案例库、培训教程和其他综合信息等基础信息；在基础信息层之上的是决策辅助层，该层提供面向各种决策问题辅助决策模块，如预警分析、分类分级、预案管理、预案选择、预案评估（措施效果评估、措施组合效果评估）、事件评估、机构评估、预案在实施中的动态调整、资源的优化配置和布局、资源的优化调度、应急项目管理等等；用户界面是针对不同类型的用户设计的，如公安、消防、救护等，而对每一类用户都是围绕平时、战时、战后的信息管理和辅助决策设计的。

地理信息系统的主要用途在于将多种数据来源汇集，通过交互分析，能够支持突发公共事件应急的事态评估。例如：地理信息系统的地图分析中心在台风着陆之前就执行了危害评估，评定了损害级别，辅助决策所需应对的范围；台风着陆后，中心通过整合遥感数据进行毁坏情况评估，协助应对的部署；中心再将具体的突发公共事件、应用数据与遥感数据重合起来，进行更全面和复杂的突发公共事件影响评估。

地图分析中心通过内部网，可提供给用户可视化的动态地图和数据。例如：将地理信息系统地图与建筑物位置信息，与风速和风向传感器的数据相结合，在放射性或有毒气体等泄漏时，提供准确的逃生路线。整合的地理信息系统编码数据，能够提供事件所在地的车辆、船只、人员、救灾供给等，便于地方制订撤离方案，作出应对和进行灾后的重建。目前由于各子系统应用的软件种类比较多，地理信息系统存在数据格式不统一的问题，需要转换成统一的地理信息系统的数据，争取向高质量数据格式的方向发展。

现在，我国的遥感部门通过遥感信息技术不断地对中国的国土资源、自然灾害进行调查和分析，并将调查数据通过专门的网络直接发送到国务院等领导部门，成为国家领导高层决策的重要信息来源。

2. 搜救和营救系统

搜救和营救系统（COSPAS-SARSAT）是一项由美国、俄罗斯、法国和加拿大等国参加的国际性搜索救援计划。目的是为船舶和飞机失事人员提供营救和援助。该系统由空间段、地面段及紧急无线电信标构成。地面段包括当地用户终端（LUT）和任务控制中心（MCC）．其中MCC可设在世界的任何地方。目前共有22个COSPAS-SARSAT当地用户终端在工作，该系统实际上覆盖了整个北半球和50％以上的南半球。

据COSPAS-SARSAT秘书处估计，在1982年9月至1991年6月期间，该系统已经执行了762次搜索营救行动，帮助挽救了2 030人的生命，其中446次行动是飞机事故的救援（营救1 009人）；281次行动是海上事故的救援（营救911人）；35次行动是陆地灾难救援（营救110人）。美国有2颗静止轨道气象卫星装有搜索营救转发器；俄罗斯有2颗极轨卫星装有搜索营救转发器，用于配合全球营救任务：日本从静止气象卫星GMS-5开始装备了用于搜索营救的转发器：印度在其多用途卫星Insat-2系列卫星上也装备了这类转发器，加入了这一国际合作系统，参与国际营救和救援服务。随着合作范围的扩大，很有可能在不远的将来，该系统将成为船只、飞机和其他运输系统失事后紧急救援的有力支持手段。它还将用在那些缺乏现代通信设施的偏远地区的紧急情况中。

2004年11月16日，大连海运公司所属客滚船“辽海”轮在驶往大连港途中失火，船上340名旅客船员的生命受到严重威胁。交通部中国海上搜救中心接到报告后，立即启动海上应急预案，一方面组织协调有关船舶参与援救，另一方面运用中国海事电视监控系统、海事卫星系统等高科技手段，有效实施应急预案，组织指挥现场救助工作，不仅及时撤离了遇险船上的所有旅客、船员，而且还采取封舱、喷射泡沫等措施灭火，保住了船舶，避免了沉船事故的发生。

3. 全球卫星定位（GPS）技术

GPS是"Global Positioning System"即"全球定位系统"的简称。该系统原是美国国防部为其星球大战计划投资100多亿美元而建立的，其作用是为美军方在全球的舰船、飞机导航并指挥陆军作战。在海湾战争中，涌现了大量高科技装备，而GPS全球卫星定位系统则是使用最广泛的一种。人们普遍认为是GPS技术在整个海湾战争中充分显示了威力，起了至关重要的作用，从而赢得了战争的胜利。

GPS全球定位系统是一项工程浩繁、耗资巨大的工程，被称为继阿波罗飞船登月、航天飞机之后的第三大空间工程。海湾战争期间，GPS系统尚未完全建成，初步使用已显神威。随着1993年GPS太空卫星网的完全建成，其应用领域不断扩大。而且美国1994年宣布在10年内向全世界免费提供GPS全球定位系统的使用权，使世界各国都在争相利用这一系统。

前苏联早在1982年就开始建立自己的全球卫星定位系统。后来，俄罗斯继续执行这一系统工程计划，到1995年已完全建成。目前这套全球卫星导航系统只由俄罗斯控制使用，未向全世界提供服务。欧洲联盟考虑到全球卫星定位导航系统的应用前景，也打算建立他们自己的全球卫星定位导航系统。

目前德俄已联合生产了可以同时接收美国GPS和俄国GLONASS信号的卫星定位接收器。当前世界各国对全球卫星定位导航这一高新技术都非常重视，认为其对导航定位和大地勘测技术是一场革命，其民用潜力相当巨大，经济效益相当可观。

GPS是美国国防部发射的24颗卫星组成的全球定位、导航及授时系统。这24颗卫星分布在高度为2万km的6个轨道上绕地球飞行。每条轨道上拥有4颗卫星，在地球上任何一点，任何时刻都可以同时接收到来自4颗卫星的信号。也就是说GPS的卫星所发射的空间轨道信息覆盖着整个地球表面。

GPS卫星定位系统由地面控制站、GPS卫星网和GPS接收机三部分组成。地面主控站实施对GPS卫星的轨道控制及参数修正。GPS卫星网向地面发射两个频率的定位导航信息，其中包括两个定位码信号：即C/A码（供世界范围内的民用）及P码（只供美国军方使用）。GPS接收机接收GPS卫星信号进行解算，即可确定GPS接收机的位置。

GPS之所以能够定位导航，是因为每台GPS接收机无论在任何时刻、在地球上任何位置都可以同时接收到最少4颗GPS卫星发送的空间轨道信息。接收机通过对接收到的每颗卫星的定位信息的解算，便可确定该接收机的位置，从而提供高精度的三维（经度、纬度、高度）定位导航系统。而且和以前各种定位系统大不一样的是，GPS接收机简单，小型的只有香烟盒大小，重量约500 g，价格仅几百美元。任何人拿着这种接收机，都可以准确地知道自己在地球上的哪一点。GPS接收机是被动式全天候系统，只收不发信号，故不受卫星系统和地面控制系统的控制，用户数量也不受限制。GPS接收机的性能因机种不同而有差异。接收机根据用户不同的使用需要又可分为大地型GPS接收机和导航型GPS接收机两类。但接收机都具有国际通用的标准仪器接口，可以和自动驾驶仪、电台、话音通道及计算机等仪器对接，以便迅速地将导航定位信息传送到交联的相应系统。

GPS的定位方式有两种，即单点定位方式和相对定位方式。

单点定位方式就是用一台GPS接收机接收三颗或四颗卫星的信号，来确定接收点的位置。单点定位方式测定的位置其误差较大。在移动性一次观测定位中，其误差在使用P码时约10～25 m，使用C/A码时约100 m。若固定点定位测量时，两种码的相应误差分别为1 m和5 m。

相对定位方式就是在两个地点同时进行定位测量，并且求出两点间的相对位置关系。相对定位方式测定的位置误差较小，若采用差分技术进行修正，则可大大提高定位精度。

随着GPS接收机的广泛应用，GPS载体（即用户）已不只局限于单一独立的运动载体，而是发展成为一个GPS载体的相关群体。群体管理部门需要及时了解各个载体的运动情况，载体之间也需要知道彼此的运动状态。这就需要建立一个GPS载体的信息管理系统。

GPS载体信息管理系统就是对数个运动着的GPS载体用户进行导航定位联网的一种现代化管理方法。它可以使数个GPS载体形成一个相互关联的群体，可集导航、定位、通讯、报警、防盗等功能于一体，是20世纪90年代导航、电子计算机及电子技术领域高新技术的结晶。它的应用使现代导航、定位、通讯指挥由常规进入了一个崭新的空间领域。

GPS载体信息管理系统基本上由三大部分组成：即数个GPS接收机及其载体；载体上配置的通信链（电台）；数码处理及显示的基地指挥中心。对于导航定位精度要求高的用户，还需要配备一个差分基准站。

GPS载体信息管理系统的组合相当灵活，根据需要，可大可小。基地指挥中心监控台可以是一个，也可以是多个组网；可以是移动的，也可以是固定的，甚至还可以由固定和移动的指挥中心监控台混合组网。

在通常情况下，一个基地指挥中心管理系统可以管理几百个运动的GPS接收机载体。其管理范围视通讯设备能力而定，可达50～500 km。全球卫星定位系统在公安工作中有着广泛的应用前景，它对指挥疏导交通，预防、打击犯罪和维护社会治安具有重大作用。它可以将跟踪定位、报警、监控、指挥调度系统融为一体，形成现代化、动态化的公安通信指挥系统，提高公安部门快速反应和协同作战能力，提高公安队伍的战斗力。目前我国个别省市公安部门已采用GPS技术装备了定位追踪报警指挥系统和部分巡逻警车，建立了警用移动目标卫星定位指挥系统，初步显示了GPS技术的先进性和作用。在金融保卫部门，大都建立了运钞车等运动目标和金库等固定目标的卫星定位跟踪监控系统，提高了处理突发事件的快速反应能力。有些车辆经营管理部门也采用 GPS 技术定位导航、监控、指挥、调度车辆，有效地提高了防劫防盗能力和运营效率。

目前，小范围局部性的 GPS 定位报警系统还难以充分发挥 GPS 技术的威力和效益，应当建立一个实用、有效、大范围的集跟踪定位、监控、报警、调度、指挥于一体的网络系统，才能充分发挥全球卫星定位导航系统的潜在作用。这样的网络系统是一个技术复杂、投资巨大、涉及面广，又需要统一规划、协调、指挥和管理维护的系统工程。

4. 动态博弈网络技术

所谓动态博弈网络技术，就是根据事件发展过程的状态变化，以及相应的信息补充，基于网络计划的方法，采用不完全信息动态博弈的数学模型调整网络结构而最终得到最为有效的实施方案的方法。动态博弈网络技术是研究在进展过程中，项目内容动态变化下的网络技术，包括在动态网络下阶段状态的评估定级、关键链的管理、资源优化配置与调度等主要问题。

不同于传统的网络技术，这里项目内容动态变化指的是，项目的内容将随着项目进展的阶段结果和所处环境的阶段状态而变化。项目内容的变化将会引起项目的处理过程，即对项目的管理过程发生变化，因此网络的结构也将随之发生变化。这种变化实质上是项目在进展过程中为了应对阶段结果和所处环境的阶段状态变化所采取的策略性调整。它是一个博弈的过程。它的动态性与随机网络的动态性不同，随机网络的动态性考虑的是根据项目进展的阶段结果，来决定后面的项目内容和网络结构，通常是事先根据可能出现的各种情况，预先设计各种预案，即预先给定在不同情况下的网络结构；而动态博弈网络技术的动态性不仅要考虑项目进展的阶段结果，而且还要考虑所处环境在不同阶段下的状态，项目内容和网络结构的变化是根据上述两方面的因素所提出的应对策略而变化，有些情况可以给出较为详细的预案，有些情况则无法预先给出较为详细的预案，只能视当时的情况而定，它比随机网络中网络结构的变化更为复杂。

应急管理的动态博弈问题有3个主要特征：一是突发事件是动态演变的；二是关于事件发展的信息是从模糊到清晰、从不完全到完全；三是在不完全信息下所制订的方案要能够便于在信息完全时刻下的及时调整。

动态博弈网络技术在突发事件应急管理中的应用过程如下。①由对突发事件的预警分析和预警监控，得到突发事件的先兆特征；在突发事件刚刚爆发时，要通过机理分析初步掌握其发展规律和事件的变化趋势。②根据突发事件暴露出来的特征和阶段性状态，采用分类分级技术判断其类别和级别。③以前两步为依据，搜索预案库、案例库和资源布局信息，选择合理的预案或调整重新制订方案，这样形成的处置预案用网络技术来表示，一个初始的方案网络就构建起来了。④运用项目管理的网络技术和优化的资源调度模型来指导各类应急资源的调度，对突发事件的处置进行管理。⑤当一个阶段完成后，继续采用分类分级技术及时对此方案实施的效果以及事件的发展状态进行评估；如果处置有效，则继续原来的方案，如果效果没有达到期望则转到第六步。⑥根据未来事态发展的可能性，设计新的应对措施，形成相应的方案，并采用动态博弈调整模型优选应对方案，对计划网络进行调整。就这样，整个过程中要不断进行阶段性的效果评估，同时进行方案和网络的调整，直至突发事件消失为止。

在具体的应用上，针对突发事件的应急管理，非常有必要预先针对不同性质的事件和事件的发展状态，来构建虚拟组织机构、运行机制、处理过程等；另外也要预先设计有效的信息流机制，包括建立计算机网络、代码共享、管理制度等等。所有这些工作都是为了一旦需要，就能迅速地将分散在各地的全社会资源进行有机的组合，形成能够统一调动的有序资源；同时，能够有力地保障信息渠道的畅通，使得各种措施得到顺利的实施，达到预期的目标，取得最大的效果。这也为解决实际的“动态博弈网络技术”问题提供了可行的应对措施（预案）。图 5-5 便是一个虚拟应对管理机制建立方法的框架。突发事件的应急管理系统涉及面广、工作量大，必须在各级政府的统一领导下，动员全社会的力量逐步地建立和完善。

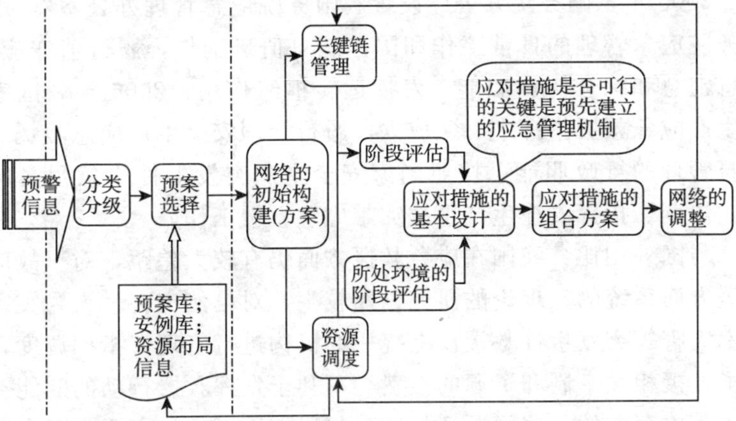

图 5-5　动态博弈网络技术的应用流程

五、我国应急救援

1. 我国应急救援现状及存在的问题

近年，我国应急救援工作加快了发展步伐，取得了一定的成绩。1997 年，原化工部发出了《关于实施化学事故应急救援预案加强重大化学危险源管理的通知》；2002 年，国家颁布了《安全生产法》要求“生产单位的主要负责人员有组织制定并实施本单位的生产安全事故应急救援预案的职责”；2004 年发布了《危险化学品事故应急救援预案编制导则（单位版）》；2006 年，国务院发布《国家突发公共事件总体应急预案》，总体预案是全国应急预案体系的总纲，明确了各类突发公共事件分级分类和预案框架体系，规定了国务院应对特别重大突发公共事件的组织体系、工作机制等内容，是指导预防和处置各类突发公共事件的规范性文件。在有关方面的共同努力下，我国安全生产应急管理法制建设有较大程度进展，相关的法规、条例正在加紧制定和出台当中，地方性应急救援法规建设也在进一步加强。

2005年，国务院办公厅设置“国务院应急管理办公室”，承担国务院应急管理的日常工作和国务院总值班工作，履行值守应急、信息汇总和综合协调职能，发挥运转枢纽作用；2006年“国家安全生产应急救援指挥中心”成立，履行全国安全生产应急救援综合监督管理的行政职能，按照国家安全生产突发事件应急预案的规定，协调、指挥安全生产事故灾难应急救援工作。

与国外相比，我国在应急救援方面仍有较大差距，对事故应急救援方面系统的、理论的研究仍然较少，对自然灾害、人为灾害和技术灾害等突发事件救援没有统一的机构进行管理和指挥调度，导致了救援相互牵制和资源的浪费，不利于发挥救援行动的效能。因此，其中存在的一些问题还是应引起我们重视的，主要表现在以下几方面：

(1) 以单项灾种的职能部门减灾应急管理为主，缺乏综合减灾管理的理念。应急救援力量分散于多个部门，各部门根据自身特点建立了相对独立的应急体系，没有完全建立相互协调与统一指挥的工作机制，当发生重大灾害时，需临时组织应急救援力量，往往存在职责不明、机制不全、针对性不强等问题，难以协同作战、发挥整体救援能力。管理模式是属于原因型，很少考虑应急管理的超前预见、社会经济效益和循环总结不断提高应急能力。只是出现某种公共危机事件之后，才成立具有初级联动方式的单项危机综合应急指挥部。

(2) 应急装备数量不足且落后，救援能力差。我国的应急救援装备普遍存在数量不足、技术落后和层次重复建设等问题，一旦发生重大灾害事故，工程抢险手段原始、落后，很难有效地发挥应有的应急救援能力。

（3）应急救援法制基础不健全。尽管《安全生产法》在生产安全事故应急救援与调查处理一章中，对生产安全应急救援体系工作做了一些原则性的规定，但到目前为止，我国还没有一部专门规范生产安全应急救援体系工作的法律、行政法规。因此，我国有关生产安全应急救援体系工作的法律规范是分散的，还缺少一个起统率作用的母法。

（4）应急预案操作性差，应急难以有序进行。应急预案操作性差主要体现在预案需求分析不足（应急能力与脆弱性分析等），预案框架结构与层次不尽合理，目标、责任与功能不够清晰准确，包括分级响应和应急指挥在内的运作程序缺乏标准化规定等。

2. 应急救援体系的完善

面对越来越多的各种灾害的挑战，虽然我们无法预测和避免很多灾害的发生，但是通过建立综合减灾应急救援管理体系，高效的灾后应急与救援行动，应可以将灾害带来的危害减小到最低的程度。依据发达国家成功的减灾经验，多部门、多领域的合作与协调是有效减灾的法宝。因此，应该尽快建立灾害应急与救援的跨部门合作机制，将分散的、各自为政的紧急救援体系逐步过渡到国家统一管理的突发事件紧急救援体系上来，形成强有力的综合协调管理机制。具体从以下几个方法面加强完善：

（1）尽快建立国家突发事件救援体系。我国目前的应急反应和救援具有行业的特点。《中华人民共和国防震减灾法》、《中华人民共和国消防法》、《中华人民共和国安全生产法》、《破坏性地震应急条例》和《国家破坏性地震预案》分别对紧急救援进行了规定，但目前仍是分散的，兼职情况并未彻底改变。建立全国统一的包括救援行动指挥、管理体系、专业救援机构、救援行动支援与保障体系等在内的完整的灾害救援体系具有重要的现实意义。

（2）不断研究开发新技术和新装备，保证救援力量。救援装备和技术的研究与开发是保障和提升救援力量的能力、降低救援成本、改变目前以使用通用设备和人海战术为主的低水平救援方式的重要措施。目前部分机构对救援装备的研究与开发给予了重视，由于国家缺乏支持此项工作的政策，因此，并未形成市场规模。从2000年开始．我国开始关注救援装备技术的研究与开发工作，但迄今尚未形成完整的研究与开发体系，也未有值得信赖的产品和技术问世。

（3）不断提高职业化的程度，建立教育和训练体制，提高救援能力。救援专业教育和训练是提高救援人员素质、储备救援力量的重要措施，而职业化的救援力量比其他救援力量具有更多的经验、更高的素质和更强的救援能力。虽然有关研究机构，如中国地震局地球物理研究所已招收数名救援研究方向的研究生，但总体而言，我国目前没有救援教育和训练的专门机构，也没有专用教材和专业指导人员。这种状况对救援力量的发展、经验的积累、人员能力和素质的提高以及人才的储备极为不利。因此．应当建立从兼职到专职、从专职到职业的多层次教育和训练体制，以使我国救援组织的能力达到或超过国际社会的标准。

（4）积极参与国际救援体系的建设和国际人道主义救援行动。由联合国牵头，国际社会正在积极建立国际救援体系。积极参加国际救援体系的建设，积极参与国际救援行动，对于显示大国形象，支持外交工作有重要的意义，也对救援组织之间相互交流和提高有重要的作用。

第七节　突发事件的应急处置

应急处置是指在突发公共事件爆发后，为尽快控制和减缓其造成的危害和负面影响所制定的应急活动行为。当灾害不可避免的时候，有效的灾害处置系统是充分调度一切可以利用的抗御灾害的资源和条件，提高资源的利用率，保证各有关部门和单位的合理分工和协调作战，在一定程度上减缓灾害蔓延和控制灾害影响的有效措施。

一、应急处置原则

突发事件的处置没有固定模式。但是，面对已经发生的突发事件，仍然可以依据危机管理专家从处置突发事件的实践中总结出的经验来应对这些事件。有些经验已经被公认为是社会组织或公共管理机构处置突发事件的基本原则。这些原则包括属地为主原则、快速反应原则、统一指挥原则、分工协作原则、生命优先原则、灵活机动原则、彻底解决原则。

（1）属地为主原则

根据突发公共事件发生的地域、影响的范围以及严重程度，以最有利于突发公共事件问题解决的组织为主，组成突发公共事件应急机构。任何其他应急组织都要坚定地服从其领导指挥和任务安排，及时汇报工作进展情况，协助完成突发公共事件的应对工作。

（2）快速反应原则

由于突发公共事件本身具有突发性和不确定性，因此一旦事件发生，就需要在短时间内做出反应。决策者需要在有限的时间内迅速做出果断的决策，调动各个部门的力量，调集所需的各种资源，尽快控制事态的发展，恢复社会秩序。如果能够做到及时、准确地应对，突发公共事件造成的危害、破坏和负面影响就会大大降低。因此，在应急状况下，必须立即响应、快速行动、分秒必争，任何时间的延误和行动的失误，都可能造成不可挽回的损失。

（3）统一指挥原则

突发公共事件的性质、城市公共安全应急体系的宗旨以及应急活动的特点，都决定了突发公共事件处置应实行统一指挥。只有这样，才能做到统一行动、步调一致，才能有令则行、有禁则止。否则，你干你的，我做我的，不仅工作搞不好，而且会造成更大的混乱，不利于突发公共事件的解决。

（4）分工协作原则

突发公共事件处置往往需要多个部门的共同参与，既有政府部门，又有社会组织，还可能有周边地区政府、军队、国际组织和志愿者等，如突发公共卫生事件的发生，需要卫生、物资、交通、公安等许多部门共同参与。这些人员和力量需要协同开展工作，既要有明确的分工，也要有相互之间的默契配合，形成一个有机的应急整体。

（5）生命优先原则

在突发事件的处置过程中，任何决策和处置措施的制定和实施都要以保护人的生命为第一目标，减少生命损失是首要任务。同时，也要保证应急人员在应急处置中的生命安全。

（6）灵活机动原则

灵活机动原则，就是指社会组织或公共管理机构在处置突发事件过程中能根据控制目标，制订能体现突发事件特点的控制方案。在目标确定、运行过程中，根据具体的处置对象、处置任务、处置目标，善于捕捉契机，灵活运用方法，将处置模式的基本要求与自己的管理特长融会贯通，大胆地进行改革创新，形成自己的处置风格。坚持灵活机动原则，要求社会组织在处置突发事件过程中，制订处置方案、计划时，要保证执行方式灵活性。成功的实施战略应该是可以调整的，否则缺乏灵活性将导致失败。虽然行动方案可能是固定的，但是行动执行方式却应该具有一定的灵活性。保证执行方式灵活性的一个方式就是在规划实施方案的时候，把规划做成权变规划或情景规划。

（7）彻底解决原则

突发公共事件过后会遗留下的各种问题，有些会很快解决，有些需要较长的一段时间，有些可能需要几代人、几十代人去解决。不论这些问题解决的时间长短，都应立足于彻底解决的思想，不留后遗症。尽管有些问题在目前人类发展阶段还无法彻底解决，比如核污染问题。但要在现有条件下，尽最大努力，促使问题朝着最有利于解决的方向发展。

二、政府应采取的应急处置与救援措施

根据《突发事件应对法》，突发事件发生后，负责处置的人民政府及其相关主管部门，应当针对突发事件发生情况，立即组织、调动应急救援队伍和社会力量，按照有关法律、法规、规章的规定，启动相关应急响应，采取相应应急处置措施：一是采取保障、控制等必要应急措施，保障人民群众的基本生活需要；二是根据需要向单位和个人征用应急救援设备、设施、场所、交通工具和其他物资，要求生产、供应生活必需品和应急救援物资的企业组织生产、保证供给，要求提供医疗、交通等公共服务的组织提供相应服务，组织运输经营单位优先运送处置突发事件所需物资、设备、工具、应急救援人员和受到突发事件危害的人员；三是按照有关规定，统一、准确、及时发布有关突发事件事态发展和应急处置工作的信息。

三、公民、法人和其他组织在应急处置活动中的法律义务

根据《突发事件应对法》，发生自然灾害、事故灾难、公共卫生事件的单位，应当立即组织本单位应急救援队伍或工作人员，营救受害人员，疏散、撤离、安置受威胁人员，控制危险源，标明危险区域，封锁危险场所，采取必要措施防止危害扩大，同时向当地县级人民政府报告。对因本单位、本区域矛盾引发的，或者主体是本单位、本区域人员的社会安全事件，有关单位或居民委员会、村民委员会应立即上报情况，并迅速派出负责人赶赴事发现场开展劝

解、疏导工作。

事发地其他单位或居民委员会、村民委员会应当按照当地人民政府的决定、命令，配合人民政府采取应急处置措施，动员、组织本单位、本区域群众开展自救和互救，协助维护社会秩序。

处于事发地的公民应当服从人民政府、居民委员会、村民委员会或所属单位的指挥和安排，配合人民政府采取应急处置措施，积极参加应急救援工作，协助维护社会秩序。

任何单位和个人不得编造、传播有关突发事件事态发展或者应急处置工作的虚假信息。

四、应急处置措施和程序

突发事件应急处置可划分为应急响应、应急行动、应急恢复和应急响应结束四个过程。

（1）应急响应

响应又称“反应”，是指在灾害发生之前以及灾害期间和之后立即采取的行动。响应的目的是通过发挥预警、疏散、搜寻和营救以及提供避难所和医疗服务等功能，使人员伤亡和财产损失减少到最小。

发布三级、四级警报，宣布进入预警期后，县级以上地方各级人民政府应当根据情况采取相应措施：①启动应急预案；②加强有关突发事件监测、预报和信息收集、报告工作；③组织有关方面对突发事件信息进行分析评估，预测其发生概率、影响范围与强度；④定时向社会发布与公众有关的突发事件预测信息和评估情况；⑤向社会发布咨询电话和相关警示，宣传相关防灾、避灾常识。

发布一级、二级警报，宣布进入预警期后，县级以上地方各级人民政府除采取以上措施外，还可根据情况采取以下相应措施：①责令应急救援队伍及相关人员进入待命状态，做好应急救援和处置准备；②调集应急救援、处置所需物资，准备应急设施和避难场所；③加强对重点单位、重要部位和重要基础设施的安全保卫，维护社会治安秩序；④采取必要措施，确保城市交通、通信等生命线工程安全和正常运行；⑤及时发布防灾、避灾的警示、劝告；⑥转移、疏散危险地区人员和重要财产；⑦关闭易受突发事件危害的场所，控制或限制公共场所活动。

（2）应急行动

应急预案启动后，应急机构应迅速做出具体工作安排和各种资源与应急力量部署，依靠权威人士，快速对事件做出判断，制订突发公共事件处置方案，开展事件处置工作。根据《突发事件应对法》，突发事件发生后，负责处置的人民政府及其相关主管部门，应当针对突发事件发生情况，立即组织、调动应急救援队伍和社会力量，按照有关法规、法规、规章的规定，启动相关应急响应，采取相应应急处置措施：①采取保障、控制等必要应急措施，保障人民群众的基本生活需要；②根据需要向单位和个人征用应急救援设备、设施、场所、交通工具和其他物资，要求生产、供应生活必需品和应急救援物资的企业组织生产、保证供给，要求提供医疗、交通等公共服务的组织提供相应服务，组织运输经营单位优先运送处置突发事件所需物资、设备、工具、应急救援人员和受到突发事件危害的人员；③按照有关规定，统一、准确、及时发布有关突发事件事态发展和应急处置工作的信息。

（3）应急恢复

突发事件的威胁和危害得到控制或者消除后，负责处置突发事件的人民政府在停止执行相关应急处置措施的同时，应当开展恢复重建工作。其主要内容包括：①采取或继续实施必要措施，防止发生自然灾害、事故灾难、公共卫生事件的次生、衍生灾害或者重新引发社会安全事件；②评估突发事件造成的损失，制订恢复重建计划，组织受危害地区尽快恢复生产、生活、工作和社会秩序；③组织和协调有关部门和单位，尽快修复被损坏的交通、通信、供排水、供电、供气、供热等公共设施；④制订救助、补偿、抚慰、抚恤、安置等善后工作计划并组织实施；⑤分析突发事件应急处置工作的过程，查明发生原因，总结经验和教训，制订改进措施，形成突发事件处置评估报告，报上一级人民政府。

（4）应急响应结束

当突发公共事件得到有效控制之后，应及时向社会和各应急机构宣布应急响应工作结束。

五、突发事件应急处置方法

一旦突发公共事件爆发，必须迅速判定突发公共事件的类型、严重程度、影响范围，启动相应的应急预案和关联预案，组织人力、物力、财力，动用各类资源对突发公共事件进行处置。

为达到及时遏制事态发展的目的，应急管理部门首先要在极端紧迫的情况下为决策者提供真实准确的信息，决策者再依靠这些信息迅速找到应对事件的根本和要害，及时采取措施；其次管理者要注意隔离事件，避免其发展态势进一步升级。隔离事件的一种有效途径就是通过迅速有效的反应机制，防止事件扩张，即在事件发生时，要有指挥机构统一负责应急管理；要有监测中心，及时跟踪掌握事态发展新情况；要有动员体系，把潜在应对能力迅速变为现实能力。另一种途径则是加强媒体管理，在防止不利于应急管理的谣言流传的同时，向受事件冲击者和参与者及时发送出准确而权威的信息。

应急响应阶段的主要响应工作有突发公共事件预处理和应急主预案及支持预案启动。突发公共事件发生后，在正式行动开始之前，与事件直接有关的部门和人员应根据自身的条件和资源情况迅速组成临时应对小组，迅速收集突发公共事件信息，向上级部门报告，并尽最大努力阻止事态的蔓延。预处理工作非常重要，如果对突发公共事件处理的及时恰当，可为后续应急处置工作顺利进行创造有利的条件，大大减少突发公共事件造成的危害和产生的负面影响。与此同时，有关应急管理部门应迅速汇总突发公共事件和与之相关的信息，对突发公共事件的类型、影响范围、严重性、紧迫性和变动趋势做出快速评估，果断做出决策，按照事先规定的程序，启动应急主预案和与其配套的支持预案，并向社会公告。与之相应的应急机构工作正式启动，进入下一阶段的处置工作。

应急行动阶段的主要响应工作有突发公共事件通告、资源组织调动与事件处置、事件状态跟踪与社会动向监测、信息披露与舆论引导、过程信息记录与收集。应急预案启动后，根据预案要求，应急机构应迅速开展以下工作：通知其管辖的应急行动部门，做出具体的工作安排和部署，通告相关的应急部门使之把握事态的进展；统一指挥调动各种资源和应急力量，协调相互之间的关系，保持步调一致；制定突发公共事件处置方案，形成具体处置措施，开展事件处置工作。在事件处置过程中。要对突发公共事件的变化情况以及应急行动的进展状况进行实时跟踪，监测事态的发展，及时调整应急力量，如果事件的严重性出现升级，做好相应的扩大应急准备。同时，要密切关注社会的整体动向，特别是公众的言论、行为和心理状况，及时缓解社会的紧张状态，防止出现社会动荡和其他危机。另外，要及时向社会披露有关的信息，让公众了解事实真相，遏制流言蜚语的传播，稳定人心，为处置突发公共事件营造一个良好的社会环境条件。对舆论要进行正确引导和监督，充分利用媒体的社会作用，使其协助做好社会稳定工作。此外，要对各种信息进行详细记录，这项工作要贯穿于应急活动的整个过程。在应急处置阶段，各种记录非常重要，可通过文字、照相、摄像、录音、证据采集、访谈等多种方式记录处置过程中的行为活动和事件状况。有些内容和线索受各种因素的影响，存在的时间非常短暂，需要做好记录工作。

当突发公共事件得到有效控制之后，政府不再需要动用法律法规授予的紧急行政权力之后，应及时向社会和各应急机构宣布应急响应工作结束，恢复正常社会的法律效能。

第六章　城市应急联动系统

当前我国公共安全形势严峻，存在众多危险隐患，自然灾害与重特大事故不断发生，伤亡人数居高不下，给国家经济、社会发展都造成了重大影响。导致我国灾害伤亡后果严重的最重要原因之一就是应急联动体系不够完善。

国家安全生产监督管理总局表示，我国正在加强城市突发公共事件应急管理，有望在 15 年内建成一个全国性的城市应急联动系统。

第一节　城市应急联动系统概述

一、城市应急联动系统概念和作用

城市应急联动系统（Urban Emergency Response System，UERS）就是综合各种城市应急服务资源，采用统一的号码，用于群众报告突发公共事件和紧急求助，统一接警，统一指挥，联合行动，为市民提供相应的紧急救援服务，为城市的公共安全提供强有力的保障的系统。UERS 大大加强了不同警种与联动单位之间的配合与协调，从而对特殊、突发、应急和重要事件做出有序、快速而高效的反应。支撑它的是强大的城市应急联动中心（Urban Emergency Response Center，UERC），以统一的接警中心和处警平台，将治安、消防、交通、抢险、医疗急救等联动单位统一在一套完整的智能化信息处理与通信方案之中。UERS 的建设必将使应急资源得到优化，城市应急能力得到增强。其主要作用如下：

(1) UERS的建设克服了由于缺乏统一的指挥调度平台，不同警种与不同部门之间无法进行良好协调的缺点，将分散在各个单位的资源进行共享，使得城市对综合性突发事件的反应能力、处理能力和效率大大提升。以南宁市为例，原接、处警能力约为800次/日，UERS建成后提升为5 700次/日。

(2) UERS的建设提升了城市应付重大突发事件的能力，如日益严峻的恐怖威胁、突发的疫情、重大自然灾害、重大的安全事故等；同时，避免了各部门重复投资、重复建设，造成人力、物力、资金、特服号码和自然资源的浪费。

(3) UERS的建设加强了社会治安，增强了普通市民和海外游客的信心和安全感；改善投资软环境，促进招商引资，同时可带动相关产业的规模增长。

(4) UERS的建设是城市数字化和信息化的一部分，是城市管理水平的体现，为城市重大活动，如奥运会、世界博览会提供有力的保障。

二、建设城市应急联动系统的必要性

当前国际形势日趋复杂，各种紧急情况和突发公共事件层出不穷，令人猝不及防。无论是“9·11”恐怖事件，还是遍布全球的恐怖主义行动；无论是地震、水灾、火灾，还是2003年中国的“SARS”疫情，以及全球频繁发生的恶性犯罪等人为的与自然的突发公共事件频繁发生。而从城市应急的角度看，中国城镇人口的比重已经达到40%，城市集中了全国工业总值的50%、国家税收的80%、第三产业增加值的85%、高等教育和科研力量的90%。城市一旦发生重大突发公共事件，不仅对人民的生命财产构成巨大威胁，直接造成经济和政治损失，而且对其进行应急处置也常常不是一个行业、一个部门可以解决的，同时应急的效率也直接决定了事件的影响和损失程度。所以，建立一个快速反应的高效率的城市应急联动系统，是每一个城市管理者都要面对的问题。

如何及时、高效地应对突发公共事件？政府怎样为市民提供更加完善的公共应急救援服务，有效地保护人民生命财产安全？这一切都对城市的管理者、各级政府机关提出了严峻的挑战。我们必须尽快提高应对紧急突发公共事件的快速反应能力及迅速控制动乱局面的能力；必须加快实现政府职能的转变，特别是从长期计划经济时代习惯了的一套思想观念、管理模式和工作方法中解脱出来，加快向社会主义市场经济体系的转型，向群众服务型政府的过度，已是当务之急。

统一、联动、灵活、高效的应急系统是应对突发事件的关键。对于一个城市来讲，有效的紧急救援往往涉及众多的政府部门，只有通过协调统一的联合行动，才能做出及时的反应，有效地控制突发公共事件。通过建设城市应急联动系统，可以实现政府各机关构建共网和资源共享，遇到紧急情况力争在最短的时间及时掌握信息，作出准确的判断和科学的决策，进而实施统一指挥调度，这将对减少突发公共事件损失，更好地服务于百姓起到关键核心作用，也为群众服务型政府的建立打下坚实基础。

三、城市应急如何联动

“9·11”事件、SARS、印度洋地震海啸等突发公共事件的发生，暴露出城市应急管理机制的薄弱和应对突发公共事件能力的缺乏。国内外掀起了建设应急联动系统的新高潮，以提高政府对突发公共事件快速反应的能力。

（1）海啸警告后的反思

2004 年底发生的印度洋地震海啸再次提醒各国，忽视应急联动体系的建立和管理，其后果是难以想象的。2005 年 1 月 26 日，在北京举行的中国—东盟地震海啸预警研讨会显得格外引人注目。会上，中国和东盟签署了《建立地震海啸预警系统技术平台的行动计划》，以进一步加强国际协调与合作，通过建立亚洲区域地震台网，为地震海啸提供早期预警。

在该研讨会上，长期从事地震学和地球物理学研究的陈运泰院士说："如果这次印度洋突发公共事件发生前有这样一个预警系统，就不会造成这么多的死亡和损失。由于地震波传递较快，从对地震波的监测，人们可以分析出海啸发生的可能性及严重程度，对可能波及的地区事先加以通告。"国家地震局局长陈建民表示，中国将会加快预警系统的建设，也将积极帮助建立印度洋国家预警系统。

陈建民认为，预警机制首先要从监测入手，一旦发现警报要及时向政府报告。他说："中国已建立了比较完善的地震监测系统，但还不健全。由于地震和海啸预测系统分属于国家地震局、国家气象局，虽然各自都能发挥很好的监测作用，但因两者相对独立，现在还没有建立起一个联合的预警系统。"

北京大学计算机系王文俊博士指出，建立预警机制仅仅是完善应急联动指挥系统的第一步。针对我国各地城市应急联动指挥系统的建立情况，王文俊认为："尽管公安、消防、交通、城管、医疗、减灾等各部门也相继成立了各自的指挥系统，但从总体上看，还缺乏有机整合，迫切需要建成一个统一、高效的预警、监控、评估、分析、咨询、决策、调度、运行的应急指挥系统与应急指挥中心。"

（2）有联动才能应急

"9·11"过后，人们发现消防队员比警察牺牲的多。经过调查，发现主要原因是警察的监测系统在预测世贸大厦有倒塌的危险后，便用无线电通知警察撤离，而消防队员却毫不知情。

应急联动指挥系统的核心就体现在"应急"和"联动"上。"应急"需要体现一个"快"字，"联动"需要体现一个"通"字。只有应急没有联动，体现不出系统的意义。朝华科技公共安全事业部技术总监熊云波指出："我们不缺应急指挥系统，如110、119、120、122等都是应急指挥系统。但是，这些系统都没有强调'联动’，大多数都是单一部门、单一警种的行动，不能适应新形势下对突发性、群体性事件的处理。在这种情况下，各部门、各环节之间的协调、统一指挥就显得尤为重要了。”

如果缺乏顺畅、强有力的管理系统，那么一切体系的搭建都形同虚设。北京大学电子政务研究院杨凤春表示：“我们在应对突发公共事件的时候，关键是解决问题，这需要我们调动资源。然而，一谈到这个问题，马上就又涉及另一个问题，即各个部门之间如何配合。应急事件的分级和行政部门的分级息息相关。此外，系统最难处理的是对突发公共事件的识别。应急联动处理系统是不计成本的突发公共事件处理系统。这个系统轻易启动不得，否则代价很高。”

对于一般意义上把应急联动指挥系统认为是（110、119、122）三警合一的理解，清华紫光股份有限公司通用产品事业部总经理邓进表示：“绝对不能这么认为，这只是属于公安的正常业务。应急系统的核心应该由专家组成，为决策者提供判断依据。现实情况是，110、122、119等号码是开放给所有人的，误报、谎报率超过50％，依靠这个系统进行预警的后果是难以想象的。”

那么该如何确定应急联动指挥系统的边界呢？按照杨凤春的解释，应急联动指挥系统应该是对突发公共事件进程的一种反应机制，而不是一般意义上的事件管理。如果不划分清楚，容易造成资源浪费，尤其是政府管理资源、智力资源的浪费。

同时，杨凤春也表示：“专家是整个大系统中必不可少的部分，但是作用不见得一定能够超越其他的部分。”谈到专家的作用，杨凤春认为，更多是指在应急指挥系统里面构建一个全面的、有效的知识管理体系。单个的专家并不能解决所有的问题，最重要的是专家组所在的研究机构，那里沉淀了很多的专业知识。

据杨凤春介绍，目前我国对于矿难、交通事故、空难、台风等突发公共事件已形成了固定的应对处理模式。这些模式应该被进一步论证，以形成应急联动指挥系统的知识库。海啸之后，全国应急联动系统蜂拥而上。这种状况会造成全国的应急联动系统出现信息孤岛状况。他认为，将来应急系统一定要联动，否则应急不起来。

(3) 技术与机制的博弈

应急联动机制是应急联动指挥信息系统建设的基础。然而，许多人在看待应急联动系统时，往往只把它当成信息系统，而忽略了它在整个系统建设中的作用。

熊云波深有感触地说："许多政府官员，也认识到了应急联动系统的重要性，但其工作方法不对。他们往往只重视信息系统的建设，而不关注机制和制度建设。而且，他们常常是考察一两个城市后，就匆匆忙忙做规划。做技术方案时，也常常是追求先进的技术，不注意与生产实践相结合，使得建成的系统不具备实战性。"

邓进在实际工作当中也碰见了类似的情况："事实上，应急联动指挥系统的建设是把业务电子化的过程。业务还没有理顺之前就完全电子化，这是本末倒置。应急联动指挥系统的搭建不是 IT 厂商的专项，而政府部门往往把流程的改造强加给 IT 厂商来解决，导致实施 IT 系统的厂商苦不堪言，结果适得其反。"杨凤春还强调，行政系统的权威作用是毋庸置疑的，一定要突出应急突发情况下指挥部的作用。他认为，在解决部门之间的协调问题时，一定要以处理应急事件为核心。

经济全球化了，应急也被全球化了。仅仅把精力集中在处理应急事件本身已经远远不够，应急之后产生的一系列连带效应往往危害更大。决策者在处理应急的时候，要善于捕捉时机，不可为平息眼前之事而放弃长远利益。对于到应急前沿执行处理职责的人，在明晰目标的前提下，要懂得如何为其配置适当的资源，并力争做到授权而不授责。政府部门切记的是，千万不要认为应急联动系统就是 IT 技术应急的翻版，不可能用 IT 技术解决所有的问题。在建设应急联动指挥系统的过程中，需要第三方公共管理咨询服务机构把政府的需求翻译给厂商，再把厂商的技术能力翻译给政府，然后提供方案。这种系统实施的方式才会有助于我国未来应急联动系统的大整合。

第二节　城市应急联动系统的发展现状

一、国外城市应急联动系统的发展现状

随着城市信息化进程的不断推进和城市现代化程度的不断提高，应急联动指挥系统已成为政府工作中的一项非常重要的任务。在国外遇到突发公共事件，通过拨打统一的特服电话号码进行报警，早在 60 多年前就开始了。20 世纪 60 年代以来，世界上许多国家先后建立起应急联动指挥系统，通过建立城市应急联动系统应对突发公共事件，提高群众服务水平以及城市现代化管理水平。

美国于 1967 年规划建设了全美应急联动指挥系统，将报警号码统一为 911。此后几十年美国各州纷纷制定与应急联动指挥行业相关的政策和法律，以保障应急联动指挥系统的运行环境更加完善。目前在美国各大城市都建立了统一、高效的“911”指挥系统，将匪警、火警、消防、医疗救护等部门从管理上聚合起来，保证在紧急事件发生时救护、抢险、安全等人员能够同时出动，密切协作，合力解决问题。“911”系统每年平均有一半人都呼叫过，百万人口的城市每天会接到 1500 次呼叫。在最为典型的“9·11”事件中，美国政府应急指挥系统紧急启动，在第一时间进行遭袭现场善后处理工作的同时，白宫紧急内阁成立，迅速协调国家各个部门与系统，取得联动反应，调动全国力量开展救险和反恐行动。除“911”系统之外，美国非紧急救助服务“311”系统也在快速发展，并作为“911”系统的物理备份，以确保“911”系统能够不间断地运行。应急联动指挥系统在加拿大的发展情况同美国相类似。

欧洲欧盟于 5 年前作出规定，将各成员国报警电话号码统一为

“112”，原有的治安、消防、医疗等应急指挥系统照常运行，并作为“112”处警系统的补充。

日本在防灾救灾的长期实践中认识到，传统的以单项灾种管理为主、单个防灾部门管理、单靠政府力量的应急管理体制，是无法面对重大危机挑战的，从而转向建立资源整合、广泛参与、综合协调的应急管理体制。在防灾救灾方面进行组织、信息、资源的全面整合，建立多灾种管理、多部门参与的综合应急管理体制；制定全面和详细的灾害管理法律法规、防灾规划和应急预案，为各级政府和社会组织防灾救灾提供明确而具体的行动指南；层层建立政府应急管理协调机构，强化防灾救灾工作的跨部门协调、跨地区协调、部门内部协调、政府与社会协调；提倡“自己的生命自己保护”的防灾理念，使民间组织、社区组织、企业、国民都广泛参与防灾救灾事务，增强全社会的自救、互救和公救能力；健全应急保障制度，包括财政预算、信息交流、宣传报道、物资储备、财产管理、评估考核、社会保障等一整套应急保障。在实际中，日本建立防灾救灾应急联动系统取得明显成效。例如 2007 年 8 月 20 日，一架中国台湾的华航客机在日本冲绳那霸机场降落时突然爆炸起火，机身折为三段。日本紧急出动上百辆救援车辆，在飞机起火即将爆炸的紧急情况下，消防人员以及志愿者有条不紊地进行救援，有效地控制了火势，165 名乘客和机组人员无一伤亡，这反映了日本综合防灾救灾体制的高效与完善。

二、我国城市应急联动系统的发展现状

我国在这方面的建设还刚刚起步。城市应急联动系统在原国家计委、信息产业部的支持下，国内部分大中城市开始在重点行业(如公安、消防、交警等)建设应急联动系统，并取得初步成效。目前，国内一些大中城市也正积极筹建应急指挥系统或应急联动系统。香港地区已实行了统一的“999”报警号码。北京市拟建立一

个从市政府、区政府、直属委办局到基层的应急指挥救援系统；上海市城市应急联动系统建设已启动；重庆市已在建设统一指挥、分部门、分层次的应急联动系统，包含14个部门单位的西南最大的公安指挥中心正在建设；成都市、南京市已启动应急联动系统一期建设，重点是建设“三警合一”的信息交互平台；深圳市已在建立功能较完善的应急指挥中心，一期工程已经完成，二期工程已在建设；杭州市完成一期工程建设，包含公共卫生、水利突发公共事件、公安、公用事业等四个分平台；济南市基本完成了系统建设前期的测试工作，已准备启动系统建设；沈阳的应急联动系统也已在积极推进之中。走在最前列的南宁市城市应急联动，将公安、消防、医疗急救等纳入了该系统，实行统一接处警，朝着与国际接轨的方向发展，已于2002年5月1日正式运行，目前其系统响应时间是4至5秒，大大高于公安部规定的10秒的响应标准。上海市于2004年年底启用的“市应急联动中心”，不仅已将110、119和122三台合一，而且拟将120并入此系统。这个又名为“110指挥中心”的机构，被国际刑警组织认为是世界16大城市应急指挥中心中最大的一个，且已被正式定为直属于市政府的公共危机应急指挥中心。这些系统的建设将在城市突发事件的应急处理中发挥重要的作用。

2003年8月，在信息产业部组织的电子信息产业发展基金招标项目中，安排了“城市应急联动与社会综合服务系统”项目，一个月内就有30多个企业（团队）应标，并有20多个城市申请进行试点，拟开展应急联动系统建设。这充分体现了建设城市应急联动与社会综合服务系统已成共识，深得人心。

三、城市应急联动系统建设存在的问题

目前国内应急联动系统处于初步发展阶段，系统设计一般是按照用户的需要定制开发，所以，多业务支持的问题还没有浮出水

面。但是，如果将思维空间放到整个城市的应急指挥层面看，这个问题就凸显出来。应急联动业务范围主要覆盖公安、交通、消防、医疗急救、水电气、自然突发公共事件、生产突发公共事件等，与以前的状态相比，已经有了巨大的进步。但是从系统设计的角度看，解决问题的思路还局限于就事论事的层面（即系统针对各种不同类型的事件设计相应的处理模块），缺乏通用的核心处理模型，因而系统的综合业务支持能力比较差。

总体而言，目前我国绝大部分城市的应急处理工作处于只有应急，没有联动的状态，从表面上看普遍存在：①存在多个公众特服号码，如公安：110；火警：119；交管：122；医疗急救：120；其他煤、水、电、气等公共事业的服务号码更加繁多，市民难以记住这么多号码，会大大延误求助求救的时间。②各行业部门都建立了自己的专业应急指挥中心，重复投资，且造成分散到各指挥调度中心的建设资金不足，同时各应急单位发展不平衡，不能满足实际需要。③信息系统没有互联，不能实现更大范围的资源共享，缺乏统一的指挥体系结构，没有核心指挥调度平台；不同警种和不同部门之间无法进行很好的配合与协调，无法高效地处理突发公共事件，甚至贻误战机造成恶劣后果。④没有完善的预警机制和预警系统。⑤相关立法滞后，无法可依，责权不明，使联动处于松散状态，严重影响处置效果。但从根源上分析原因，从深层次探讨，国内城市应急联动系统的建设主要存在以下主要问题。

（1）体制是首要问题

从国内目前的应急联动实践情况来看，应急联动系统建设遇到的首要问题不是技术问题，而是体制问题。建立应急指挥系统后，政府的各主要应急反应业务被统一到一个平台上处理，从而大大提高了各部门之间的协同程度和应急反应速度，但同时也带来了许多体制方面的冲突。

①指挥关系与权责的冲突：由于政府管理体系仍是树形的垂直

架构，其行政理念是对上负责，而应急联动的快速反应机制需要的是以指挥中心或事件为核心的扁平结构，其运作理念是对事件直接负责。指挥结构与管理结构不统一，在指挥过程中出现权职划分问题，遇到重大问题往往部门说了算，而不是指挥中心说了算，而出现责任突发公共事件时，指挥中心又首当其冲。

从各部门业务处理过程来说，由于事件性质不同，各个部门在自身的工作实践中已经形成了一套行之有效的指挥方法和过程，指挥的理念、指挥要素、指挥过程、指挥资源都有各自的特点，业务集中后，如何将这些指挥要素协调起来，确实是一个需要精心考虑的问题。因此，如何定义应急联动中心在政府现有体系中的地位，并确立与其他部门的职、权、利关系，是保证应急联动中心有效运作的关键。

②信息资源整合与数据维护的冲突：指挥的基础是信息，应急联动首先要实现信息联动。但是，如果部门之间的权利与责任关系不明确，就会给应急联动指挥信息采集与交换中心带来诸多麻烦，毕竟，数据是各部门的关键资源，出于对数据安全的考虑，或出于对数据高回报的期望，抑或出于对本部门地位的考虑，加上有些部门本来就受到行业法律和文件约束，造成应急联动中心无法取得指挥所需要的数据，而指挥中心也没有相应的预算去获取相应的数据资源。

目前国内应急联动指挥所需要的数据，大多数是通过领导亲自协调取得的，而且大多数据也只是基础数据，对深层次的应用数据往往很难得到，从而影响到指挥中心的高水平决策。“许多数据是动态的，需要随时更新，如果每次更新都需要市长出面协调，这套系统最终很难维持下去。”这句话道出了国内目前的现状。

③管理方面的冲突：首先是对人员的管理问题。应急联动一般采取的是统一技术平台下各部门联合办公的方式，由于人员来自各个部门，工资、福利、考核等还是立足于原先的管理架构，并没有

体现指挥中心对人员的直接管理，因而，指挥中心在管理方面缺乏必要的权威，造成应急联动系统运行和维护困难。

④认识层面的冲突：正因为体制问题的存在，大家都期望通过应急联动系统来解决这个问题，对技术系统的期望值过高，指望一个技术系统能解决应急联动的所有问题。然而，技术虽然可以在一定程度上弱化体制不畅带来的问题，但不能从根本上解决问题，正是由于这一认识上的偏差，才导致许多系统设计对体制调整和运营规划关注不够。

应急指挥系统是高度复杂的系统工程，必须建立城市应急体系，设立专门机构，组建职业队伍，制订相应的职责、权力和流程方案，例如美国的联邦紧急事务管理局、俄罗斯的紧急情况部、加拿大的紧急准备署、挪威的民防和应急事件处理局等。我国也应该在建设应急体系的同时组织政府和民间机构，开展应急联动的体制、管理、运营、决策、考核等多层次的研究，构建切实可行的应急联动业务模型、部门协作模型、管理与运营模型，通过不断改进和完善，逐步理顺政府应急联动的体系。

(2)“指挥孤岛”是协同的最大障碍

在国内应急指挥的早期实践中，系统设计时对应急指挥中心的要素考虑比较充分，而对于指挥中心之外的要素考虑不够，因而，在出现重大突发公共事件时，应急指挥中心内部虽然有良好的系统支持，但对外部，高层决策部门和一线指挥部门往往采用相对传统的指挥手段，信息获取和协调指挥的效率与指挥中心不匹配，形成了“指挥孤岛”，这在一定程度上制约了应急事件的快速协调和处理能力。

要发挥上下左右各部门的作用，必须构建一个覆盖全面的指挥网络，组成多层次的指挥体系，才能发挥整体作用。多层次的指挥体系应包括：①核心决策系统，供最高决策层使用，其主要职责是在平时发挥指导作用，出现重大事件时直接指挥；②中心指挥系统，即基本应急指挥系统，是指挥体系的核心系统，承担基本的指挥职能；③分中心指挥系统，主要根据属地原则和专业原则，接受中心指挥系统发来的指令，对事件进行二级处警，如卫生部门的公共卫生应急指挥系统等；④基层指挥系统，一线事件处警系统，协助对中心指挥系统和对特定区域事件进行处理，并向中心或分中心指挥系统作反馈。在统一多层次的指挥体系覆盖下，不同层次的指挥系统承担不同性质、不同专业、不同地区的事件处理，并形成分工协作的关系，应急指挥的所有环节都得到有效连接，从而保持对突发公共事件的高度敏感和快速反应。

(3) 综合业务支持能力有待提高

目前，我国当城市出现新问题或事件时，系统不能通过增加数据和调整流程来适应新的业务，就不断地建设新的应对系统。比如，为了奥运会而建立“奥运应急指挥系统”，为反恐而建立“反恐指挥系统”，针对 SARS 建立“SARS 应急指挥系统”……如此下去，城市应急指挥体系逐渐多元化、分支化，指挥中心往往应事而生，属于应急使用，运营不成熟，社会投入很高。如果按照这种思路发展下去，久而久之，目前建设城市应急联动中心要解决的问题又会以另一方式出现。从国外应急指挥系统建设情况看，面向具体事件的指挥系统的市场空间越来越小，主流的应急指挥系统都是平台化的系统，系统设计都面向通用的指挥流程，而不是面向特定事件。例如，美国 IPS 公司的 CAD（Computer Aided Dispatch，计算机辅助调度）系统，除了支持一般的城市应急事件处理外，在特定领域，如机场、港口、城市交通、边防、大型城市活动（如运动会、博览会）等方面都具有很好的适应能力。其根本原因是平台化的指挥系统，可以随时在系统中设定新的业务控制逻辑、增加事件处置资源，使系统很快就具备了处理新事件的能力。综合的业务支持能力是应急联动系统成熟化的一个重要标志。目前，国内系统存在两个方面问题：一是业务规范性问题，没有业务规范性，就不可能有统一的业务处理逻辑，因而也就不可能平台化、通用化；二是技术支撑能力不足的问题，系统结构的开放性和灵活性不到位。

（4）知识瓶颈引发应急联动指挥风险

城市应急事件处理集中后，一个很现实的问题摆在应急指挥中心的面前：指挥中心是否够"聪明"，能否应对城市所有不测事件？就风险而言，城市应急联动中心真正的挑战不是来自大量的日常事件，而是来自少量的特殊事件，包括专业性强的事件、疑难事件、突发公共事件、敏感事件等。事实上，城市应急联动建设的一个大障碍是来自对知识瓶颈引发风险的担心。例如，统一接警后，消防部门担心接警员是否能够准确、全面地询问火灾情况，否则就可能引起指挥失当，从而造成人员、财产损失，谁能承担这个责任？所有这些事件，要么不出现，一旦出现就很棘手。在高度紧急的情况下，指挥人员要能够对报警等突发公共事件、重要案件迅速地做出正确决策，需要掌握大量的事件专业知识和背景知识，如专业、地理、交通、法律法规、警力部署等，但是这些大量的知识对指挥人员来说单靠记忆是无法实现的。

因此，应急联动系统建设需要解决好指挥知识的问题，以保证在紧急情况下，系统能够向指挥人员提供充分的相关知识支持，避免出现重大差错。这个问题归结起来就是指挥智能化问题。指挥智能本质上是专业知识采集、存储、激活和运用等问题。

（5）多种指挥模式带来协同效率问题

应急联动中心建立后，如何确定接警、处警之间的职能划分，如何确定不同事件的处警过程和最佳负责人员？在面对涉及多个部门的复合事件时，恰如其分地选择接处警模式非常关键。这个问题的本质就是如何确定指挥中心处警流程问题。目前国内应急联动系统所采用的处理流程主要有：

①接处合一模式：即接警席接警以后直接进行事件处理，不分配给其他席位处理。这种模式一般适应于小型的应急指挥中心，在

人数少、接警量不大的情况下对事件快速处理。但是这种模式不利于复杂事件的专业化处理，在出现重大情况时需要经验丰富的指挥员介入支持以预防风险。

②一级接警、一级处警模式：这是国外大型指挥中心普遍采用的模式，即由接警员专门接警，生成事件后根据事件的类别分配给对应的处警员处理，处警员直接到基层单位出警处置，全权负责事件的处理。由于接警处警的专业化分工，接处警效率都比较高，适合于大型指挥中心，但这种模式仍然存在着对简单事件处理效率不高的问题。

③多级处警模式：根据事件的性质，确定不同的处警部门。重大事件实行一级处警，由于指挥中心直接指挥，一般事件可按归属专业或归属地区分中心负责处理。这种模式确定了应急联动中心的工作重点是以重大事件处理为主，一般事件由相应的职能部门负责处理，其优点是指挥中心从日常事件处理中解脱出来，能够集中精力处理好重大事件；同时也有利于发挥多级部门的积极性，减少体制调整带来的压力。采取什么样的运行模式无法一概而论，国外应急指挥系统建设多年，也是多种模式并存，国内各地区发展不平衡，要统一运行模式是不现实的。应急联动中心采取何种模式运行，要综合考虑各种因素，如城市规模与接警量、指挥中心的规模与职责范围、相关业务部门或分中心的支持能力等诸多要素，从根本上来说，保证事件处理的高效率，选择出警模式是关键因素。

(6) 系统可靠性是最敏感的问题

应急联动系统的任务是应急事务处理，因而系统自身的可靠性非常关键。以国内大型联动中心为例，一般设计容量为日接警 3 万宗，平均每小时 1 000 宗以上。试想，系统停机 1 小时，就有上千宗的事件不能接入，谁能保证这其中没有人命关天的大事？

应急联动系统在技术上几乎集计算机与通信之大成，承载的任务又是敏感应急事，因此，保证系统不出事是应急联动中心主任最提心吊胆的事。应该说，系统集成厂商对这一点认识非常清楚，各种可靠性技术，如双机热备、离场备份等几乎都用上了，而在目前国内的应急联动系统中，可靠性投入几乎占系统总投入的 1/3 左右，这是一个惊人的数字。

从实践中得出，事实上设备的可靠性并不等于系统的可靠性。国内在类似系统建设时，往往比较注重硬件设备的可靠性，但实践证明，这种做法带来的可靠性也是不能完全解决问题的，而且会造成系统成本急剧增加，技术复杂性加大等问题，进而产生一系列的其他难题。

因此，在系统可靠性设计中，还要强调软件系统的可靠性设计，即立足于事件处理流程，建立一种安全的事务保护机制，避免形成对特定设备或环境的依赖，在系统的部分设备或环境发生故障时，出错的事务根据不同的场景进行及时转移、备份或暂时的降能处理，以保证相关事务的连续、并行处理，从而在应用级别上最大限度地保障可靠性。

(7) 重大事件下固定指挥系统存在不足

城市应急指挥系统是指设置在某一大楼内的应急指挥系统，而就应急指挥的实际情况来看，固定指挥系统能够满足专门指挥人员日常指挥的需要，但是在出现重大警情时，固定指挥所也有其不足之处。

在警情复杂或情况变化快的情况下，固定指挥中心对现场情况的掌控会出现滞后和不精确的现象。在重大情况下，领导会直接到现场指挥，如何保障领导的现场指挥？因此，需要构建一个完整的城市应急指挥系统，还需要机动性强、可独立执行指挥的机动指挥平台——城市应急综合指挥车。

城市应急综合指挥车是现代城市应急联动体系的有机组成部分，该系统机动性强，开通、撤收、转移方便快捷，可对现场的声像实况进行采集和传输，保障指挥中心对事发现场的监控指挥，有效地延伸城市应急指挥系统的通信能力、监控能力、快速反应能力、信息获取能力，直接支持领导获取第一手现场信息，实现高效、快速指挥决策，并作为城市应急联动系统的备份系统。

四、应急联动系统的需求“升级”

说到“应急联动系统”，人们就会想到“110”、“119”、“120”等特服号码，或是特服号码的集成。通过特服号码集成来实现应急通信调度，是应急联动系统一种基本功能体现，但是不能满足需要。“9·11”事件中，应急指挥系统在突发公共事件面前没有发挥出应有的效用，是因为它们都定位在“通信调度系统”。但即使是最现代化的通信网络，也远远满足不了应急管理对信息的互通和联动的客观需求。

信息系统究竟应该对应急指挥进行哪些支持？能进行哪些支持？在基本的话音通信乃至多媒体通信覆盖完成后，应急联动系统应该向何处发展？这应该是在今天的技术和信息环境下应该重新思考的问题。仍然把建设重心放在通信网络覆盖，仅仅满足于第一时间建立指挥中心与现场的通信联系，未免失之肤浅和不合时宜。应急联动系统应从“专业化”、“智能化”、“知识化”和“标准化”等方面进行“升级”。

（1）专业化需求

在应急指挥领域有一些经典的例子说明一种“只应急不联动”的现象。例如：2003 年的北京晚报上曾刊登过一篇文章，标题是《空中历险》：今早 7 时 50 分，白纸坊 541 厂北门街口东侧一栋正在施工的高楼上，突然坠下一人，人们正惊诧时，坠楼人下落过程中被电线兜在距离地面 7 m 的空中……8 时许，110 警车和 999 急救车赶到现场，但因出事地点离地面太高无法施救，立即与 119 联系。8 时 10 分，右安门消防中队赶来，却又因头顶上有高压线无法立即施救。将近 9 时，供电部门在出事地点东侧 50 m 处拉闸断电后，消防队员立即支起云梯，很快将伤者救了下来，999将其迅速送往右安门医院，据了解，该男子腰、臀等部位烧伤面积达60%，二到三度烧伤。这则消息没有披露的另一个侧面是，施救过程几次受阻，最后导致坠楼者大面积烧伤。这正是典型的只有应急没有联动的结果。而“有应急无联动”，主要原因就是在事件处理时没有寻求和得到专业化支持。

应急指挥的资源调度和决策不能仅仅依据指挥人员的直觉和领导的决心，它还离不开专业知识和信息系统支持。不同于传统的“110”等特定目的的通信调度系统和一些专业化的信息处理系统，从某个角度说，现代化的应急联动系统就是要支持“外行领导内行”。显然，这种支持是以通信调度为主要功能的系统所不能承担的。因此，为了避免盲目决策，现代应急指挥系统应该能让指挥人员动态获得专业化信息处理系统的支持，需要能够按需连接多个专业化信息处理系统的、数字化的“信息调度系统”，而不是仅仅实现音、视频互通的“模拟化”的通信调度系统。

其实，在与应急管理和应急指挥有现实和潜在关联的领域，如交通管理、公安、医疗与公共卫生、公用事业等等，国家都已经累计投入了巨大的资金，信息化应用已经相当深入，各个部门、各个单位已经各自积累了可观的信息处理资源。应急指挥系统更迫切的主要目标，是能够在关键时候动态实现对这些信息处理资源的调度。

（2）智能化需求

目前的应急指挥系统开发大都基于特定的某种或多种突发公共事件类型，一些大规模的“应急联动系统”，也不过是把不同类型的应急指挥系统或信息处理系统按照一定的“预案”，进行需求的组合和系统的集成。这只是一个机械化的信息展示、指令传输和通信调度的平台，所有的信息流通途径都是在系统设计中或者预案中设定的；一旦出现从未出现过的应急事件，系统就不能满足要求。

这就为应急指挥系统提出了“智能化”的需求。因为在今天的环境下，我们不可能完全设定未来的应急或突发公共事件的“类型”，以及它们的信息处理要求。在专业化信息处理系统普遍存在的前提下，应急指挥系统的意义之一，就是要为决策人员提供一个便利的、交互式的操作平台，来迅速、动态地识别事件“类型”，并构造针对特定应急事件的信息处理和调度系统。

“智能化”的应急指挥系统，具有显著的动态性和可重用性。从这个角度来说，构造智能化的应急指挥系统，也是我们从宏观上规划和把握应急指挥系统建设的关键。对它研究得越透彻，应急指挥系统建设的“集约化”程度和综合效益就可以越高，建设和运营成本也就可以越低。理论上讲，一个全面的城市应急指挥系统应该是整个城市应急管理类信息系统的“终结者”——形成以一个综合型系统带多个专业型系统的局面后，不应再建设新的综合性系统。

(3) 知识化需求

从知识管理角度来看，信息系统的发展可以分为几个阶段：数据处理阶段；信息处理阶段；知识处理阶段和智能化阶段。

以这个标准来衡量，传统的“110”等单纯、特定类型的应急指挥系统，以及现在的一些“小联动”系统基本上处于数据处理或信息处理阶段，只强调对设定类型信息的收集和处理，而并不涉及信息的积累、提炼和“回馈”。这个层次的系统主要作用在于对应急指挥过程的即时支持；一次指挥过程完成后，只留下一大堆散乱、难以被利用的数据；若要实现对这些信息的提炼、挖掘和利用，往往要另外借助更加复杂的工具。

对于有知识处理能力的系统来说，系统所处理的信息，同时也成为回馈系统的“粮食”。系统运行的时间越长，不仅积累的事实性的信息（可供查询参考）越多，而且可以抽象出来的知识也越多。这些知识可以在人工干预下得到验证和积累，并用于下一轮的信息处理之中，成为系统的一部分：它们可以帮助系统找到运行的

"捷径"，或是给指挥、决策人员提供更确切、更具指导性的帮助。

无论是"9·11"这样空前规模的综合性突发公共事件，还是周围不断发生的矿难、空难、自然突发公共事件等，一定都给我们留下了非常丰富的经验和教训——例如怎样在特定环境下救援、灭火、防止疫情蔓延、克服心理恐慌等等，这些都是用生命换来的宝贵知识。应急指挥系统应该怎样对待这些海量的知识？不外乎三种思路：①相关的应急指挥系统进行功能不断升级，即把这些知识"固化"为系统的一部分，使之下次能程序化地处理类似事件；②把相关的知识汇编成册，放在系统终端旁边，或是做成可以演示的文档形式，供指挥决策者参考——这样应急指挥系统可以"以不变应万变"，系统的生命周期会长一些；③把这些知识进行适当的提炼、整理和重新表达，使之能改进下一次的"人—机"协作，为决策、指挥人员提供更好的帮助，同时也使"预案"进一步丰富。

不难想象，这三种对待知识的不同思路，将导致不同的建设效果。忽视知识管理，将导致知识无法有效传承或利用；僵化地对待知识，则将导致系统建设的不可控和规模的无限扩张；只有建立恰当的知识表达、提取和回馈平台，才能有效应付"信息爆炸"或"知识爆炸"，解决应急指挥系统的"程序性"和"智能性"的矛盾，防止"预案"或"辅助决策"功能的游离，实现"以小变应万变"，同时也保证系统有一个较长的生命周期。

其实，在我们的身边，每天都有有价值的信息产生。这些信息如果不进入应急指挥系统的知识管理机制，就会仅仅作为新闻报道和内部参考一闪而过，然后流失；突发公共事件造成的损失就会一再重复。

（4）标准化需求

要建立基于专业化、知识化、智能化的"大联动"系统，必须建立一套应急指挥领域的应用标准和应用支撑标准。这套标准包括对应急事件的描述机制，对基本的、公用的信息对象（数据元）的描述，以及相关信息系统必须提供的技术接口，等等。这些是整个社会的信息资源在应急指挥领域的“共同语言”，在这一“共同语言”的基础上，进行各专业化信息系统的“养成建设”，才能在关键时候实现“应急”和“联动”。

标准化建设是一项长期的过程。我国的电子政务标准建设正处于一个困难的时期。虽然已经有了一个相对完整的电子政务标准框架，但应用标准还处于缺失状态，标准对于应用的指导性不足，急需在一些大的应用背景下完善标准体系。应急指挥系统正是绝佳的一个领域：虽然我国的公安、公共卫生等行业或多或少有自己的应用标准，但即使在行业内部，也缺乏必要的整合。应急联动系统的建设，将成为一条可见的纽带，帮助我们发现标准体系中的“空隙”。如果对标准化建设有足够的认识和投入，将实现标准与系统建设的“双赢”，有力推动我国信息资源建设的有序化；反之，系统建设与标准化将仍然是“两张皮”。

应急联动领域的应用标准必须是强制性的标准。只有这样，才有可能形成一个相对开放的、信息资源社会化的格局；各专业化系统才有可能在关键时候迅速互联，才能形成达成一个“大联动”系统。如果不能在“平时”突破部门利益障碍，形成有效的标准化建设和执行机制，过分强调“安全”和条线自治，我们就不得不付出“战时”的代价。这已经被无数沉痛的事实证明过了。

在2004年11月召开的第一届中国电子政务论坛上，时任国务院办公厅副秘书长徐绍史同志指出，应急指挥系统建设与政府门户网站建设是我国当前电子政务建设的两大“着手”；要从提高执政能力的高度来看待应急指挥系统建设。如果我们对应急指挥系统的需求认识不能“与时俱进”，则我们国家的应急管理还将长期得不到信息技术的有力支持；我国的电子政务还将长期处于混乱的“战国时期”。

第三节　城市应急联动系统的组成

一、城市应急联动系统架构

根据城市管理、系统工程、信息工程等理论和方法，充分运用计算机网络技术、通信技术及空间信息技术，在充分了解用户需求的前提下，结合实际提出了目前适合大部分城市的应急联动指挥系统的体系结构。本方案的核心也是与一般解决方案不同之处，是分布式应急联动服务平台的提出。如图 6-1 所示，各应急单位通过服务平台构建各自的应急联动业务系统，实现应急指挥和信息的互联互通。

通过服务平台，实现整个应急联动系统统一的监控管理、知识管理、资源管理、预案管理、GIS/GPS 功能、集成通信功能以及不同部门间信息共享交换。

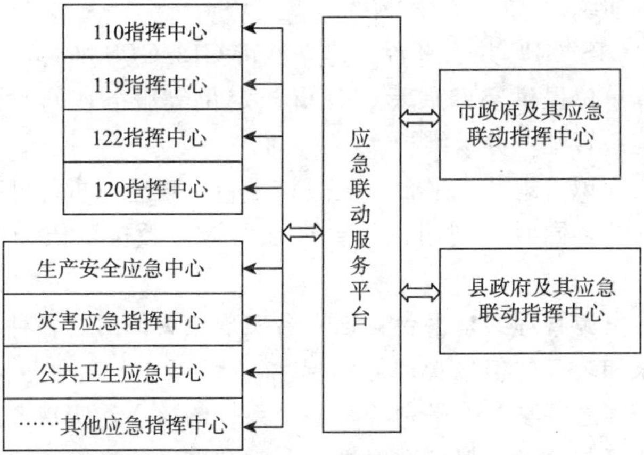

图 6-1　城市应急联动指挥系统总体结构

二、城市应急联动系统逻辑结构

应急联动服务平台主要由支撑层和应用平台层组成。支撑层是系统运行的硬件基础，主要包括通信网络系统、数据网络系统、视频传输监控系统以及会议系统等组成；应用平台层由不同的集成化的应用服务构成，包括统一监控管理平台、GIS/GPS 共享平台、通信集成服务平台、预案管理共享平台、资源管理共享平台、数据库共享平台等，是实现应急业务的支持平台。应急业务层是基于应急联动服务平台搭建或用于各种应急指挥应用，以实现不同单位的应急业务指挥。

三、城市应急联动系统功能

（1）监控管理平台：通过该平台实现对所有应用系统的监控和管理，包括进程监控和管理、应用日志统一管理、系统级配置运行管理。

（2）管理共享平台：通过该平台实现方案预案可视化和可操作化，可以基于电子地图制作图文并茂的应急预案，可以进行模拟的应急预案演练。

（3）GIS/GPS 共享平台：建立城市 GIS/GPS 平台，为政府及相关业务单位提供空间展示、分析与定位等服务，同时提供 GIS 数据的统一管理、分级维护。

（4）知识管理共享平台：通过该平台实现应急事件处理过程中的专家支持，同时可利用该平台加强对应急救援队伍的专业技能培训。

（5）资源管理共享平台：该平台实现相关部门的各种物资、人员、专家和装备的信息管理与分析。

（6）信息共享交换平台：是整个系统的核心，实现各部门各类信息的共享与交换，保证政府做出及时和准确的决策，协调各方采取统一的行动。

（7）通信集成服务平台：利用公用通信网，有线网、无线网、卫星、微波通信系统等通信系统确保应急指挥等处置工作通信畅通，该通信服务平台无缝集成了有线通信、无线通信、无线集群通信、IP语音通信、短信、传真、GPRS数据、IP视频等通信模式，既保证通信的多样性，又提供通信的快速操作。

(8) 数据库共享平台：采用逻辑统一、物理分布的模式，物理上分布在城市应急指挥中心和其他专业应急指挥中心，主要包括GIS数据库、预案数据库、知识数据库、专家库、各类资源库、决策信息数据库、危险源数据库、应急案例数据库等。

应急业务层预置了多种应急应用系统，如接处警系统、辅助决策分析系统、指挥调度系统、作战标绘系统、信息发布系统、灾害跟踪评估系统等，各应急单位可根据实际需要基于应急联动服务平台进行定制或开发。

第四节 城市应急联动系统的职能层次

城市应急联动系统是应急管理的职能中心，根据组织功能的急缓不同，构成了应急指挥中心、应急救援职能层、辅助服务职能层等。

一、应急指挥中心结构特征

应急指挥中心的职能是对突发公共事件援救现场的资源需求信息和外围的资源准备信息进行匹配，决策资源流向指示信息，避免资源拥堵。例如在“9·11”事件中，轻伤人员先到附近的医院，等到重伤人员到达时，附近医院已经满负荷，必须运输到更远的医院和等待更长时间。因此，需要应急指挥中心及时提出伤员的分配措施，疏导和合理配置医院负荷，提高救援效率。结合中国的实际情况，坚持优化城市应急联动机制的信息应急功能，应急指挥中心包括多功能多模式的终端显示系统、信息处理中心、数据支持系统和安全保障系统等组成部分。

(1) 多功能多模式终端显示系统是应急指挥人员获取信息、发布命令的人机对话界面，通过信息处理中心、计算机骨干网络、金盾网等功能系统，连接现场应急信息车载系统、城区监视系统、语音记录系统、图像监控、车辆定位系统等信息采集系统；采用大屏幕显示系统、手机等各种终端显示，应急指挥中心可以观察到现场和全市视频监控点图像，随时了解人员和设施的位置信息、各种机制和机构的负荷信息等突发公共事件状况信息，同时，计算机辅助调度系统的各种决策及其依据也显示在终端系统。应急指挥人员在掌握充足突发公共事件信息的情况下，发出资源流向指令。

（2）信息处理中心是应急指挥中心的核心模块，主要由资源配置机制、触发机制、信息提示、辅助决策系统等组成，承担信息集中处理职能。连接数据库、卫星现场图像实时传送系统、全球定位系统（GPS）、卫星遥感系统（RS）等现场采集系统，和无线调度通信系统、无线移动数据传输系统等多个外界系统，由于信息处理中心全球接入，连接的外界系统各式各样，需要信息处理中心具有极强的兼容性。

（3）数据支持系统是计算机、信息技术和管理科学相结合的一种管理信息新技术，是决策的智囊支持系统。广义上包括：地理信息系统、知识系统、规范模型、人口信息、车辆档案、驾驶证档案、医疗信息、地理信息、案件档案，以及信息网络和电子技术的协议集成等各种规范数据资料，提供历史数据汇集与共享、数据支持等功能，是利用通讯设施、计算机辅助系统、系统分析等先进的技术设备与方法实施快速决策的支持平台。

（4）安全保障系统，保障系统的安全运行。由系统状态监测、系统数据备份、电源系统、设备管理、系统报警和自动处理等组成。美国应急指挥系统保留旗语等原始的指挥手段，以应对现代高新技术系统的安全性。应急指挥中心信息管理特征兼有中心化和网络化，要求应急指挥中心的技术结构具有网状结构、集中处理的特点，满足不同类型的信息、数据流动和交换的特征要求。由于应急指挥中心前期投入大而不可变更用途，具有巨大的转移成本，同时技术含量高专业化程度高，必须设立专门机构，也反映了参与者的固定组织关系。

二、应急救援职能层

应急救援职能层是执行现场救援的具体救援任务的各专业救援队伍组成的救援职能层；主要参与者为政府专业组织、国际组织和非政府组织等社会力量；主要行为有成立和恢复现场指挥部、现场救援和紧急医疗救护、组织社区志愿者自救和救援、组建和重建中心指挥机构、现场灾害损失评价及其信息管理、撤离灾民控制事态蔓延、生命线工程抢险与恢复、跨国界联合行动等行为；具有紧急性、专业性、临时性等主要特征。

应急救援职能层的首要特征是紧急性。应急救援职能层接受指挥中心的指令，赶赴现场成立现场指挥所，直接进行现场灾情控制、被困人员救援、疏散附近群众等现场救援行动，承担全部人员和物资的配给、运输任务，以及现场伤亡处置；各项工作必须在指挥中心的应急下，刻不容缓、有条不紊地进行，而且在基础设施和通讯系统恢复以前，根据各自掌握的不完全灾害信息进行局部的应急救援。

应急救援职能层具有专业特征。由于事故救援职能分工协作，不论是单项技术事故还是综合性突发事故，每一项工作、每一个环节都具有严格的专业分工。现代的 DNA 检测、基础设施工程、事故评定、核物质泄漏救援、有毒有害化学物质救援、医疗等具有很强的专业性自不待言，甚至包括紧急疏通交通、紧急输送食品饮用水、紧急修建避灾工程、紧急恢复部分基础设施等专业分工也不可缺少。事故救援中卫生防疫领域的工作量相对较大，必须快速组织医护人员组建现场急救医疗服务系统，对伤员进行应急救援，根据灾害事故的特性和需要做好疾病控制和卫生防疫准备，并严密组织实施，尽最大限度的控制事态发展。因此，应急救援职能的参与者主要包括现场指挥所、急救医疗服务系统、应急管理专家委员会以及专业救援队伍；社区、防灾救灾志愿者及其队伍、国际救援组织也是重要的参与力量。

同时，对突发公共事件进行分析评价，是确定救援力度、展开突发公共事件救援的基础性工作，也是积累经验、完善预警机制的基础。深入全面调查突发公共事件原因、事态现状、损失程度以及发展趋势、社会影响等，并形成基本的调查报告，为保险理赔、社会保障和国际援助提供行动依据。非政府组织、国际组织以及其他参与者为了展开救援也会对突发公共事件进行不同层面的评价。比如在 2004 年底的大海啸灾害救援中，欧盟民防机制在接到斯里兰卡等国的求援要求后，监测和信息中心迅即向泰国、斯里兰卡、马尔代夫等国派出了评价及应急专家，就陆续抵达的大量援助物资进行应急、分发，并就受灾国家有关救灾物资的需求进行进一步评价。

由于应急救援职能是伴随突发公共事件出现的，而突发公共事件只是城市生活的一些瞬间，突发公共事件救援完成日就是参与者组织关系的结束时，应急救援职能层涉及的组织关系是暂时的，也反映了参与者的暂时组织关系。

三、辅助服务职能层

在远离应急救援中心的环节上，围绕应急救援职能的周围存在相当数量的辅助性救援服务工作，主要参与者为非政府组织、新闻媒体、社会群众、企业和国际组织，主要涉及危害发生前的预防体系、危害发生后的补救体系，以及经济救援时期的辅助机制等等。

（1）预警系统以及预防机制。预警系统是应急管理体系的重要组成系统，包括突发公共事件预兆的收集和城市综合灾害风险研究；制定应急管理预案，成立组织结构体系，制定信息共享、法律制度、文化意识等宏观环境，重视收集自然界各种灾害征兆，规范信息处理和触发机制；进行人员培训和演练、突发公共事件物资储备与财政支持系统等；及时发出预警报告。比如上海应急机制和管理结构设计，特别重视突发公共事件的预防工作，完善预防体系加大应急事件处理的科研工作，并按照防灾计划进行物资储备和人员教育培训。因此，预警系统以及预防措施都具有时间的连续性，由于突发公共事件具有时间的不确定性，研究和监测不能间断，具有相对固定的组织结构特征，也反映了参与者的固定组织关系。

（2）应急救援时期的辅助机制。应急救援时期，辅助机制的职能主要是提高应急救援的效率，降低损失程度；具有大众性和紧急性，主要参与者为社会公民、新闻媒体、政府相关部门、企业和其他市场部门等；包括应对措施宣传报道、募集资金、组织物资流通运输、监督评价、非常规行为管理等。由于突发公共事件会造成灾民的生活困境，而来自社会的救援物资和服务是最先达到的，充分动员社会志愿者赶赴灾害现场，动员社会群众和企业捐赠财物提供生活必需品，是提高突发公共事件救援效率的有效途径；而新闻媒体一方面监督政府组织的行政作为，同时也向社会公民提供应对突发公共事件措施和参与救援途径的宣传报道，把政府、社会和市场部门有机地结合起来。政府执法部门不仅要加强执法力度，尽快恢复社会秩序，同时，必须对非常规行为管理提供法律保障，避免不法之徒利用突发公共事件混乱之际，进行违法和犯罪活动，危害社会。

（3）恢复补救体系和问责纠错机制，包括卫生防疫、心理援助、基础设施重建、恢复社会秩序、经济开发、总结突发公共事件等辅助救援行为。突发公共事件恢复补救体系的重点在全方位消除突发公共事件损害，不仅恢复生产生活秩序，还要重点关注事件后社会和个性心理的变化并进行心理辅导，保证社会心理健康；同时，建立健全社会援助机制，在废墟上重建家园发展经济，在政府合理规划下，经济活动和政府扶持相结合，和谐发展社会经济。问责纠错机制的作用在于汲取经验教训，要求查明原因、赏罚严明，并促进组织制度创新，以提高应急管理水平。因此，城市应急体系由应急指挥中心、应急救援职能层、辅助服务职能层等结构组成，符合技术设施对组织结构的要求，满足应急管理职能配置要求，满足组织对信息流动的要求，成为应急管理组织行为的联系媒介，把各自独立的个体行为应急整合为完整的应急管理行为。

第五节　应急联动的实现

15 s——天津 119 从接警到处警的响应时间。

90 s——深圳富田区 110 从接警到现场的响应时间。

15 min——北京 120 从接报到现场的响应时间。

4 天——吉林石化发生着火爆炸突发公共事件后，各应急部门没有协调统一行动，下游哈尔滨的停水天数。

单兵应急的速度已经不用怀疑，但一牵扯到跨部门的联动呢？

一、统一台号

在一座北方城市里，曾发生过这样一起交通突发公共事件。环城路上，一辆接送学生放学回家的校车与一辆违章行驶的货车拦腰相撞，校车受损严重，许多学生生命处于垂危之中。但是后面赶上来的汽车司机，却下意识地首先拨通了 122，向交管部门报告交通突发公共事件。等这位司机向交警说明事情原委之时，时间已经过去 10 min。

由于缺乏 122 与 120 之间的联动机制，这位司机再次拨通 120 电话，但是最宝贵的第一抢救时间已经白白地浪费，10 名学生付出了生命的代价。事后，一位医生在接受媒体采访时痛心疾首：如果这位司机第一时间拨打了 120 电话，又或者 122 与 120 之间有实时信息联动，那么许多孩子的生命将因此得以挽救。

在南宁，同样的事件却有了完全不同的结果。2002 年 10 月 29 日，南宁市二塘煤矿发生重大火灾突发公共事件，急需 119 消防车灭火、120 救护抢救伤员、122 疏通现场交通、110 警察现场维持公共安全。而这一切，南宁市应急联动中心从接警到出警只用了 38 s。在 23 min 内，110、119、120、122 四个部门全部到现场救援。

现在，许多城市普通的一起交通突发公共事件往往会引发诸如起火、伤员以及偷盗等问题，需要 110、119、120、122 四个部门实时联动。但是目前我国的实际情况是，面对突发公共事件常常发生四个部门间信息不能互通，先到突发公共事件现场的部门往往因为其他配合部门未到而束手无策。

2001 年 11 月 11 日，南宁市率先建立了我国第一个城市应急联动系统。但是南宁市应急联动中心绕不开的却是体制问题。简单说来，在南宁应急联动中心上班的工作人员，仍各自隶属于 110、119、120、122 四部门，工资、升迁、职称等各有归属。这种临时部门的管理、沟通以及考核都成为障碍。

南宁市政府采取了“政府主导”模式，市政府专门成立了一个城市应急联动中心，为公安、交通、消防、医疗等联动部门提供统一办公场所，人员由各单位分别派驻，接受中心和原单位双重领导。联合办公，并没有从体制上打破公安、交通、消防、医疗四部门间的隔阂，许多政府部门在财政压力面前，会考虑单独建一个城市应急联动中心是否造成浪费，合署办公的模式在遇到各单位权益之争时是否行得通等等。

目前许多地方又多以公安系统的 110 为主体建设应急联动模式，在 110、119、122 三台合一上，基本能够顺利磨合。但是也有地方公安部门承认，即使是这三台合一也常遭遇尴尬：119 在应急联动时有更多的自主权。而这种模式要想实现与 120 的四台合一，则难度相当大，因为整合中将面临谁真正说了算的问题。

针对这种情况，为了健全应急联动法规，经过多方认证与全盘考虑，2005 年 1 月通过的《国家突发公共事件总体应急预案》明确规定，政府部门办公厅在城市应急联动系统建设中担任主体地位，由各级政府办牵头建设并实施城市应急联动，政府行政主管兼任城市应急联动系统总指挥。

该预案的实施从此将在体制上打破原有部门间的条条框框限制，有效整合我国现有应急部门资源，促进 110、119、120、122 四台合一，避免以往因信息不能互通导致诸多悲剧发生的情况。

二、统一建制

经过 2003 年“SARS”的洗礼，北京、广州、深圳、杭州、成都等地分别开始建设应急联动系统。2004 年，城市应急联动成为各省市的工作重点，在短短两三个月内，众多城市都开始上马应急联动系统。建设城市应急联动系统有没有成功模式可以复制？规模不同的各级城市，建设上有没有区别？

北京大学计算机系王文俊博士认为，中国有几百座城市，不同城市有着不同的需求状况和规模，比如有的城市以防洪为重点，有的城市需要重点防地震，还有一些城市存在社会治安问题等，因此需要根据不同城市的不同状况来设计系统，而不能片面抄袭其他城市的成功模式。此外，除了城市具有的不同特点，城市规模大小、经济发展速度等也决定选择的模式。比如，北京、上海每天的接警量（包括 119 火警、110 匪警、120 救援及 122 交通突发公共事件等）达到 4 万人次以上，而一个中小城市，可能每天的接警量只有几十个，这些城市建立的城市应急系统自然有所区别。另外，中西部城市和沿海发达城市相比，接警量也区别很大，因此在模式上应按需选择。

三、城市间应急大联动

2005年11月13日下午1时，中国石油吉林石化公司双苯厂发生爆炸突发公共事件，导致严重污染了松花江，哈尔滨市度过了为期4天的大停水。这起引人注目的突发公共事件，在哈尔滨建城史上尚属首次。一连串的多米诺骨牌效应，一连串的反思事后开始。

在国家环保总局召开的全国环境污染突发公共事件应急电视电话会议上，环保总局副局长用嘶哑的嗓音多次重复着遗憾：在这次松花江污染突发公共事件中，正是由于吉林省环保局信息传递不力，导致国家环保总局错过了将此次污染突发公共事件控制在萌芽状态的机会。

其实，问题不只出在一个城市内。由于吉林省反馈不力，附近城市紧急上马，猝不及防，污水事件给下游其他城市的百姓生活造成了极大困难。

城市间应急联动从这一应急中呼之欲出。如果说2003年上半年的“SARS”疫情给我们的最大启迪是需要在全国建立统一指挥、高效机动、协同联动的应急信息系统，以便迅速、主动、有效地应对公共突发公共事件，那么松花江污水事件给我们留下的疑问是城市间的应急联动系统如何真的联动起来。

近年来，我国“数字城市”规划中多有应急联动指挥系统，例如广西南宁的城市应急联动系统。有关部委也在行动：交通部海事局几年前提出建设海洋船舶溢油监视和应急管理系统，并首先在烟台海监局实施；中国海洋石油渤海公司联合有关单位成立渤海石油环保服务公司，建设渤海溢油应急服务系统，成为我国第一家具有国际二级溢油响应能力的专业环保服务公司；国防科工委新建了国家核应急管理中心，大大提高了我国的核应急管理能力；国家环境保护总局组建了国家环境保护总局环境应急与突发公共事件调查中心，建设全国环境污染与生态破坏突发公共事件应急管理系统；国家和地方的防汛抗旱指挥部及其系统是我国重要的政府应急系统，发挥了重要作用。

所有这些大大小小的应急联动如果不能建立统一的、法定的技术规范、数据标准、数据交换格式，制订相应的制度和管理办法，打破城市间的信息壁垒，那城市的应急联动还是一纸空文。

如果说城市内部是一种小联动，那么城市之间就是大联动。

大联动的组织与实施面临相当大的挑战性，其发起、组织、管理等方面，需要跨区域、跨政府的多个机构间的协商与决策。在目前体制框架内，协调是一件相当困难的事情。城市间应急联动涉及的数据种类多，需求也多样化，这导致实施过程在一定程度上是动态、脆弱的，很容易受到干扰而改变。

用户群体的共识、适当的组织形式、有效的机制、可操作性的标准、务实的项目计划、参与机构的通力合作，是城市间应急联动成功的保证。中国在这方面的尝试还非常有限，缺乏建立跨越政府机构和跨越行政边界的应用经验。但在当前，区域城市间的合作越来越密切，区域管治系统正在逐步建立，而且很多突发公共事件也都是跨地域的。在这样的背景下，城市间应急联动也就势在必行。

如果相关主管部门能制订出应急联动的基础数据交换规则，那以城市为单位的应急联动系统就会成为可以搭设小桥的小岛，等到各城市都建设得初具规模了，剩下的互联互通当然就是顺理成章的事情了。

应急联动系统是一个复杂的系统集群，具有多技术种类并存、多业务流程并存、更新升级频繁及多种开放共享需求并存的特点，这就决定了应急联动系统的技术应用及管理须以标准化、开放化、平衡化为主要原则。近年来，随着我国应急管理事业的不断发展，国家陆续出台相关法律法规及技术规范，为应急联动系统发展指明了方向。统一的规范与标准是应急联动的基础；科学、合理地协调各种资源，才能体现应急联动的特点与优势；在资源整合过程中保持整体性能平稳，在稳定的基础上进行升级，是应急联动系统发展的指导原则。在坚持国家相关标准、政策的前提下，在建设、管理过程中结合当地实际情况，灵活实现具体的技术应用形式，这样应急联动系统技术应用与发展才体现出先进性、实用性与可持续性。

第七章　公共安全应急规划

公共安全应急规划是为了免于事故和灾难的发生，在时间和空间的安排。其本质是在对风险进行预测的基础上所作的安全决策或安全设计，目的是控制和降低风险，使之达到可以接受的水平；克服人类在社会生产经济活动中的盲目性和主观随意性，减少由于自然灾害、人为灾害对社会的破坏，保护经济和社会持续协调稳定发展。公共安全应急规划是实行安全目标管理的依据和准绳，是国家安全政策的具体体现，也是国民经济和社会发展规划体系的重要组成部分。编制和实施公共安全应急规划对于协调人与自然、人与社会之间的和谐关系以及保证社会良性运转、国家长治久安、可持续发展具有深远的意义。

第一节　公共安全应急规划概述

应急规划工作既是一项认识工作，又是一项统筹工作。作为认识工作，它要求对突发公共事件的应急活动过程、应急工作分工与协作和应急管理具有深刻的理解，对影响突发公共事件应对的各种因素能够做出积极、主动和正确的反映；作为统筹工作，它要求对整个应急活动以及应急组织中各单位、各部门、各岗位的工作做出精确的和高效率的合理安排，对组织中的各项资源要尽可能地做出最优配置和利用。

一、公共安全应急规划定义和分类

1. 公共安全应急规划定义

应急规划是依据社会整体发展规划，结合社会尤其是城市公共安全的具体要求，以公共安全应急管理目标为核心，在全面分析城市现状和充分预计未来发展的基础上，对社会公共安全应急活动做出的战略部署，以及为实现目标所制定出的各种战略方案和战略实施方案。应急规划是从公共安全战略的高度来考虑和制定的，是社会发展战略的一部分，具有战略规划的全局性、高瞻性和远瞻性三大特征。

2. 公共安全应急规划的分类

公共安全应急规划由一系列规划组成，从规划的层次结构划分，可分为公共安全总体规划、公共安全分区规划、公共安全专项规划。公共安全总体规划和公共安全分区规划都是公共安全专项规划的组合或综合。公共安全分区规划与公共安全总体规划只是在规划范围上有所不同，在规划的内容和形式上基本都是一致的。从时间的长短划分为长期、中期、近期规划；从应急管理对象的性质划分为资源配置、平台建设、网络构造等规划。

（1）总体应急规划

总体应急规划是针对整体公共安全应急活动的纲领性文件，全面、系统地反映城市公共安全应急管理工作的思路，从宏观上把握应急工作的发展方向，并作为制定其他应急规划的基础。由政府应急管理部门牵头，组织社会有关单位、专家和公众代表共同制定总体应急规划，经最高权力机构批准，以政府令的形式颁布实施。

（2）专项应急规划

专项应急规划是根据总体应急规划的要求，按照应急管理对象的性质，就公共安全应急的某一方面内容所制定的应急规划，是作为这一方面应急活动的进一步部署和落实。比如公共安全建设规划、应急运行管理规划、应急运作平台建设规划、应急技术研发规划、应急资源配置规划、应急宣传教育规划等。若针对研究范围，专项应急规划可以划分为七个专项规划，即：工业危险源公共安全专项规划、公共场所安全专项规划、公共基础设施安全专项规划、自然灾害安全专项规划、道路交通安全专项规划、恐怖袭击与破坏安全专项规划、突发公共卫生事件安全专项规划。

（3）分区应急规划

分区应急规划是根据总体应急规划的要求，以应急管理行政划分区域或城市某些特殊区域的政府为主，针对本区域所制定的整体应急规划，为本区域公共安全应急活动的开展提供指导。

二、公共安全应急规划的要素和内容

1. 公共安全应急规划的要素

一个完整的应急规划，从抽象到具体一般由方针、目标、定位、战略、任务、计划、方案、资源八个基本要素组成。

（1）方针。方针又称为目的或使命，是公共安全应急活动理念、态度和价值观的体现。每个地区或城市公共安全应急活动的方针不尽相同，但都要体现保护公民生命和利益，减少社会财产损失，保持社会稳定，维持经济发展的思想。应急规划的其他要素都要紧紧围绕其方针进行展开。

（2）目标。公共安全应急活动的目标是其方针的具体化和量化，也是将抽象转化为具体的过程，形成可实现的战略目标。目标的制订应与地域发展、文化、生活水平、经济基础、人口结构等相一致，与突发公共事件的现状相吻合，避免空洞的、不切实际的目标，但同时也要避免制订的目标要求过低，不能有效地保护社会公众和国家的利益。

（3）定位。公共安全应急活动的定位是在方针和目标确定之后，根据整体发展状况，结合各地区公共安全的具体情况，同其他公共安全应急活动相比较而确定的在活动中的重要程度，也可以说是在活动中的角色定位。

(4) 战略。公共安全应急活动的战略是为达到公共安全应急活动所制订的目标，对所采取行动和利用资源的总体筹划。应急规划中涉及的战略要素是指为实现既定目标而制定的战略思想，是规划由抽象概念向具体可操作过渡的桥梁。

(5) 任务。公共安全应急活动的任务是为实现公共安全应急活动的方针和目标，依据地区公共安全应急活动的定位，在已确立的战略思想指导下，对公共安全整体应急活动内容的部署和安排。也就是说，要实现既定的目标，达到战略的要求，必须做哪些事情。

(6) 计划。应急规划中涉及的计划要素是狭义的，仅指为完成任务所做出的各种安排，可按时间顺序对必要的应急活动和任务进行排列。计划要素对时间的引用以时间段作为衡量。

同于一般的具体计划，相对而言比较宽泛，不以时间点而以时间段作为衡量。

(7) 方案。说明通过怎样的步骤、采用何种方式、采取什么手段实现应急规划中的任务和计划。其内容较一般的具体计划全面、深入、细化。

(8) 资源。为实现公共安全应急活动的方针、目标，达到定位和战略的要求，根据任务、计划、方案的内容，对人力、物力、财力等资源方面进行部署和配置，为上述工作的开展提供保障。

2. 公共安全应急规划的内容

公共安全应急规划的内容是多方位、多领域的。根据公共安全涉及的场所可分为大型公共场所、人员聚集场所、文化娱乐场所、地下空间；根据公共安全管理对象可以分为生态环境类、公共卫生类、社会治安类、安全生产类。一般而言，公共安全规划的重点内容包括：

（1）重大危险源。重大危险源是指长期生产、加工、搬运、使用或储存危险物质，且危险物质的数量等于或超过临界量的单元，包括有毒有害的物质和能量及其工业设备、设施、场所。目前我国各大中城市由于规划不够科学，对城市的发展规模和发展模式缺乏合理的预测和管理，导致一些生产、使用、储存危险物品的工厂、仓库分散于人口密集的城市中心商业区或居民区，它们像一颗颗“定时炸弹”，如不慎触发，造成的损失将十分严重。2003 年南京、沈阳、杭州、武汉、长沙、宁波等大中城市都发生了较为严重的化工厂火灾爆炸事故，造成了大量的人员伤亡和财产损失，给当地居民带来了不同程度的影响。2005 年吉林石化发生爆炸，数万居民被迫疏散，虽经过 10 多个小时的奋战将火扑灭，却由于对未燃烧物质考虑不周，造成了松花江的污染，导致松花江下游多个以松花江为主要饮水源的城市和地区被迫断水，甚至引发了外交问题。2010 年 1 月中石油兰州石化公司工厂罐区爆炸着火，爆炸声响传 30 km，大火燃烧了两天两夜，火焰映红半边天，造成6 人死亡。

（2）公众聚集场所。公众聚集场所包括影剧院、体育馆、车站、码头、商务中心、超市、公园、学校、医院等。由于公众聚集场所的人群密度大、流动性大，而人们的心理、生理状况不同，个人素质参差不齐，因此非常容易引起混乱。近年来国内外的公众聚集场所已发生多起群死群伤的恶性城市灾害，不仅造成了大量的人员伤亡，而且对当地乃至相关区域的社会心理、社会稳定造成了严重的影响。2004 年 2 月 15 日发生在吉林中百商厦的火灾，由于该商厦处于繁华商业区，人群密集，火势蔓延极快，不易控制，造成了巨大损失。

（3）公共基础设施。随着城市现代化的不断发展，人们对城市的自来水、电、气、热、通讯设施和信息网络系统以及地铁、轻轨等交通设施的依赖达到了空前的程度。但电子系统、高科技装备系统应用越普及，构造越精密复杂，就越容易出故障，处理维修的难度也越高。这些保证城市生活正常运转的基础设施，它们之中一个环节的滞后或失灵都可能导致整个城市的瘫痪。

（4）其他各类特种设施。包括军用、警用和政府有关部门专用的设施和装备。

第二节　公共安全应急规划目标的确定

一、规划目标的确定原则

对一个地区的公共安全现状调查可以了解该地区目前的安全水平，即现状风险值；根据其社会经济发展趋势，预测分析地区发展对公共安全的需求，确定期望安全水平即理想风险值。为了降低现状风险，必要的减缓措施应保证提升现状安全水平，达到可接受的风险水平，但不一定能达到理想值。即：

现状风险值≥可接受的风险值≥理想风险值

在确定规划目标时，理想风险值作为规划目标的上限，可接受风险值作为规划目标的下限，规划目标应该在上下限区域之内（见图 7-1）。对现状风险水平，采用风险逐年消减原则，结合当地实际情况，确定近期规划的可接受风险水平，这是规划的下限，也就

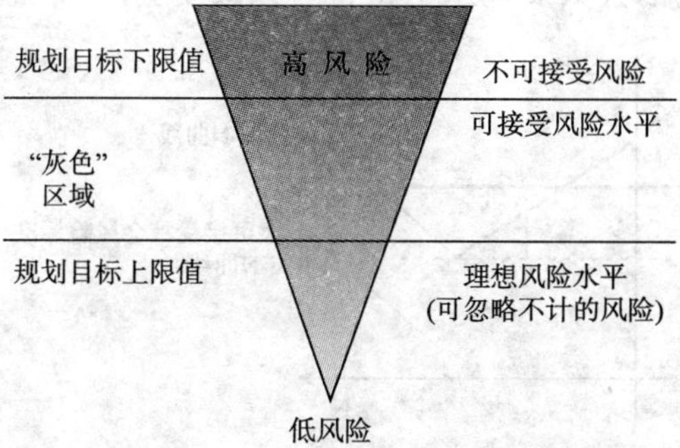

图 7-1　风险可接受水平示意图

是规划的最低目标。对于远期规划目标的确定，应该以理想风险水平为目标，通常视为规划的上限，作为规划的更高目标。

二、规划目标中可接受风险水平的确定

可接受的风险值应作为制订城市总体公共安全目标的基础，因而确定规划目标实际成为确定可接受风险水平。在城市公共安全规划中，引用并借鉴国外经常采用的“最大可接受风险水平”（Maximum Acceptable Risk Level）作为规划目标，并用个人风险和社会风险的大小来权衡。通常可接受风险水平（Acceptable Risk Level）是根据历史的统计数据推断出来的，作为衡量系统风险的准则，如果个人风险水平大于这个标准值，则认为这种风险是不可接受的，如果小于这个标准值，则认为可以接受；对于社会风险来说，定义一条标准的 F-N 曲线作为“最大可接受风险”曲线，如果某系统的社会风险 F-N 曲线在这条标准曲线以上，则认为这种风险是不可接受的，如果在这个标准曲线以下，则认为可以接受（见图 7-2）。可接受风险水平是制订城市公共安全目标的重要依据。由于可接受风险水平的确定主要是对历史数据统计后得到的，而我国目前在这方面的资料比较匮乏，所以可以借鉴国外的规定阈值来衡量国内的公共安全水平是否可以接受。

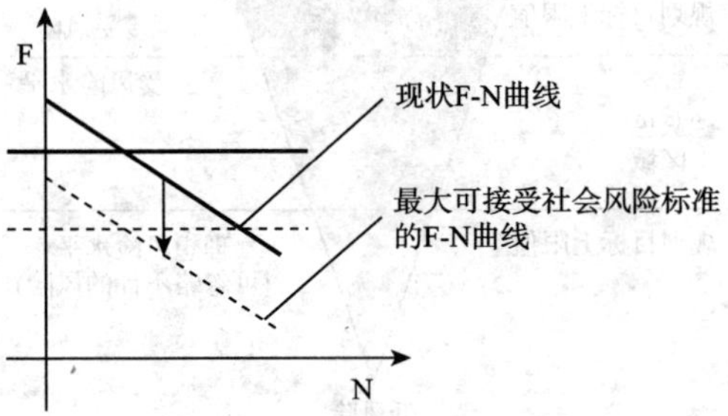

图 7-2　F-N 曲线中的社会风险标准

1. 个人风险标准

人们日常生活中接触到的风险水平如下：

①英国（HSE，1988）交通事故死亡风险是每年 10^{-4}，雷击死亡风险为 10^{-7}；

②美国由于自然灾害造成的死亡风险水平大约是每年 5×10^{-6}；

③挪威自然灾害的个人风险水平大约是 2×10^{-6}。Kletz（1982年）提出工业设施对距离最近居民的最大死亡风险水平是每年 10^{-6}；

④Ramsey 提出大型管线对距离最近居民最大死亡风险水平是每年 4×10^{-6}；

⑤Taylor（1989 年）等提出个人死亡风险水平最大是每年 10^{-6}。

2. 社会风险标准

制定社会风险标准的一种方法是研究某种风险现状的 F-N 曲线，按不同要求向下平移一定距离作为最大可接受社会风险标准的 F-N 曲线（见图 7-3），也就是比现状 F-N 值要有更小的风险作为可接受标准，并使社会风险要比可接受标准风险应足够的低。荷兰（1979）提出可接受的社会风险标准：导致一个人死亡的社会风险水平每年 10^{-6} 是 F-N 曲线的起点，F-N 曲线与死亡人数的平方成反比下降，在灰色区域中可以寻求安全的改进，尽可能的降低风险。

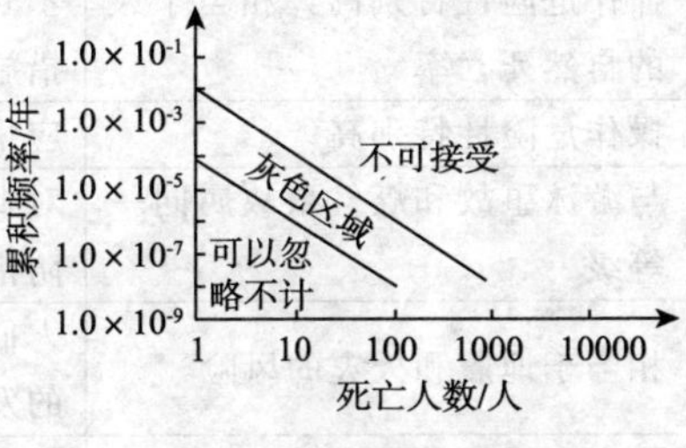

图 7-3　社会风险标准

Taylor 等（1989）也提出了社会风险标准（见图 7-3），该标准导致一个人死亡的社会风险水平是每年 10^{-4}（应用于工厂），并提出了应当考虑严重或永久性伤害，以及后续伤害的可能性。

英国（HSR，1988）在邻近重大危害性工业设施的土地使用规划中，对社会风险的处理是将各种类型的开发项目换算成相应规模的住宅开发项目，然后根据其个人风险水平和住宅项目的规模来判断风险的大小，据此提出可接受的风险水平为：

①超过 25 人住宅的开发项目的个人风险水平要小于每年 10^{-5}；

②超过 75 人住宅的开发项目的个人风险水平要小于每年 10^{-6}；

③对于零售和休闲设施来说，中等大小的项目要小于每年 10^{-5}，大型项目小于每年 10^{-6}；

④如果涉及福利设施（医院、护理中心），采用更严格的标准。

3. 与自然灾害对比的风险及其可接受水平

在胡二邦《环境风险评价实用技术和方法》一书中曾提到风险水平及可接受程度，见表 7-1。

表 7-1　风险水平及可接受程度

风险值	危险性	可接受程度
10^{-3}数量级	操作危险性特别高，相当于人的自然死亡率	不可接受，必须采取措施改进
10^{-4}数量级	操作危险性特别高	应采取措施
10^{-5}数量级	与游泳事故和煤气事故属同一等级	对此关心，愿采取预防措施
10^{-6}数量级	相当于地震和天灾的风险	人们并不关心此类事的发生
10^{-7}～10^{-8}数量级	相当于陨石坠落伤人	可以忽略

4. 我国城市系统最大可接受风险水平的确定

参照以上国外个人风险和社会风险标准，可以给出我国城市公共安全规划最大可接受风险水平：

①城市现有工厂最大可接受水平每年 10^{-5}；

②城市新建工厂最大可接受水平每年 10^{-6}；

③城市交通事故死亡风险最大可接受水平每年 10^{-4}；

④城市自然灾害死亡风险最大可接受水平每年 10^{-5}；

⑤城市基础设施大型管线对最近居民死亡风险最大可接受水平每年 10^{-5}。

三、公共安全规划目标中常用的指标参数

（1）事故率和死亡率

所谓事故率是指事故发生的频率，用来反映事故发生的可能性的大小。死亡率是指某一事故所造成的人员死亡占所有人员的比例，也用来反映事故的频率及后果。在城市公共安全研究中，有些情况下事故频率由于不好估算，或者由于需要可以用死亡率来代替，所以事故率或者死亡率的预测值就显得十分重要。对事故率或者死亡率的预测根据占有历史统计资料的多少以及考虑统计精度的要求，通常采用德尔菲法、灰色预测法及其他方法。

（2）财产损失

财产损失是指某一时间段、某一确定范围内因为事故所造成的物质财富的损失，它既是表征事故严重程度的尺度，在安全规划决策中同时又可用来验证安全对策措施的有效性。事故损失由很多损失项（因素）构成，在对它预测的时候，无论是着重于事故损失的整体，还是预测各个因素对损失整体的贡献率，都可以用回归分析预测的方法和灰色预测的方法预测未来时段内的事故损失。

第三节　应急规划的编制

一、应急规划的编制原则

编制应急规划需要考虑的内容很多，要同本地区的整体发展规划相一致，与城市公共安全规划相吻合。在应急规划编制过程中，应遵循以下原则。

(1) 完整性

应急规划完整性包括两方面的内容。①问题考虑要充分，分析要合理，内容要全面。由于城市突发公共事件来自社会的各个领域，应急活动范畴涉及社会的方方面面，应对突发公共事件不再仅仅是政府的职责，而是整个社会和每一个公民的义务。因此，应急活动是一项复杂的、巨大的社会系统工程问题。首先，要对城市面临潜在和明显的突发公共事件作全面的调查、分析和归类，对城市的应急活动状况和存在问题进行分析和总结。其次，根据城市公共安全应急规划的目标，统筹规划和合理安排应急活动所需的资源。再次，从发展的角度，以动态的和连续的观点，全面规划应急活动的内容，使之相互协调和同步发展。②结构要科学，脉络要清晰。应急规划是由一系列的应急子规划组合而成，必须要按照规范和科学的方法进行编制，只有这样，才能保持整体的一致性，避免相互之间产生矛盾。

(2) 指导性

应急规划是为应急活动开展提供指导，引导应急活动朝着有利于应急规划目标实现的方向发展，使应急活动能够保持相互协调。但应避免两种情况的发生：一是过于简洁，只讲大的原则，浮于形式，无法向下过渡，无法形成具体的实施方案；二是过于追求详尽，将具体实施的内容也考虑在内，失去了规划的指导意义。

（3）前瞻性

应急规划应紧紧围绕城市整体发展规划和城市公共安全规划的内容，站在可持续发展的高度，通过对城市人口、城市经济、城市文化、自然环境、科学技术和法律政策的把握，利用先进的科学理论与技术进行编制，使其在空间上具有全面性，在时间上具有超前性。

（4）合法性

公共安全应急法律法规是应急活动开展的基石，是制定应急规划的准则。应急活动事关社会稳定和城市良好发展的大事，必须有法律法规来保障；同时，应急活动也必须依法行事，应急规划制定也不例外。对于法律规定的内容，必须按部就班地落实和执行，绝不可在规划中出现逾越法律条款、随心所欲的内容，确保应急活动的合法性、严肃性和权威性。

（5）适应性

应急规划一方面要讲究前瞻性，具有超前意识；另一方面还要讲适应性。尽管城市的发展过程基本雷同，但每个城市的发达程度、中心功能、发展方向、人口构成、文化意识、宗教信仰等多有不同，因此应急规划的侧重点也有所不同，应防止不加分析、不考虑具体情况而盲目照搬的行为。应急规划制定既要借鉴先进的管理经验，还要依据城市本身的特点和具体的实际情况，要适应本地的水土；要坚持实事求是，避免纸上谈兵。

二、应急规划的编制要点

公共安全应急规划编制要点包括以下五个方面。

（1）公共安全的风险分析

风险分析是城市公共安全规划的第一步，包括风险辨识与风险评价。只有在此基础上才能制定出科学合理的城市公共安全规划。风险辨识是在资料收集及现场查看的基础上找出风险之所在和引起风险的主要因素，并对其后果作出定性的估计。风险评价是对城市系统存在的风险进行定性或定量评估，评价城市系统发生事故和灾害的可能性及其严重程度。

（2）应急规划目标的确定

规划目标的确定是制定城市公共安全规划的核心问题。城市公共安全规划目标的确定是以风险理论为指导，在对城市进行风险分析的基础上，针对风险的大小确定安全规划的目标。同时，在调查分析城市系统内自然、社会、经济等方面诸要素及各种因子相互关系的基础上，结合系统内各种资源供给的可能性等，确定城市系统的公共安全规划目标及其指标体系，规划目标的确定要充分借鉴国外城市规划中可接受风险水平的概念。

（3）应急规划的风险减缓

在风险识别、风险评价基础上，要研究的问题是如何有效地减缓这些风险，以达到减少事故发生的概率和降低伤害及损失程度的目的。具体地讲，风险减缓的最终目标是达到预期的安全规划目标。其途径一般是针对现状安全水平与规划安全目标间的差距，找出具体的风险因素所在，积极采取对策措施，从风险的概率及后果两个方面消除或减少风险。即在事故发生前，降低事故的发生概率；在事故发生后，致力于将损失减少到最低限度，从而达到减缓和降低风险、改善现状安全水平的目的，进而实现规划安全目标。

（4）应急规划的应急救援系统

系统事故灾害发生不仅有理论上的必然性，现实中不断发生的各类事故灾害也证明是不可能完全避免的。一旦事故灾害爆发，不仅造成巨大的经济损失、人员伤亡，也造成极坏的社会影响，反过来也会制约经济的增长和社会进步。因此在制定城市公共安全规划时，一方面通过对城市系统进行风险分析、提出规划目标、并采取各种风险减缓措施来消除、减少各种事故灾害的发生，另一方面应积极事先做好各种应对措施，做到有备无患，一旦事故发生能及时、有效地实施应急救援和营救，减少伤亡，减轻事故后果。因此在制定城市公共安全规划时需要建立一套城市事故灾害应急救援系统，制定有效的应急救援计划（预案）。应急救援预案是指用于指导应急救援行动的关于事故抢险、医疗急救和社会救援等的具体方案，是应急救援体系的重要组成部分。同时应急救援计划可指导应急人员的日常培训和演习，保证各种应急资源处于良好的备战状态，而且可以指导应急行动按计划有序进行，防止因行动组织不力或现场救援工作的混乱而延误事故应急，从而降低人员伤亡和财产损失。

事故灾害应急救援是一项涉及面广、专业性很强的工作，单靠城市某一个部门是很难完成的，必须把各方面的力量组织起来，形成统一的救援指挥中心，在中心的统一指挥下，安全、公安、消防、环保、卫生、部队等部门密切配合，协同作战，迅速、有效的组织和实施应急救援，尽可能避免或减少损失。

（5）应急规划的信息管理系统

在制定公共安全应急规划时，必须建立一套公共安全信息管理系统，对城市公共系统存在的各种风险管理必须建立一系列基础数据库和应用网络管理技术；对城市公共安全实行现代化的安全管理。规划的信息管理系统（MIS）主要包括对信息的收集、录入，信息的存储，信息的传输，信息的加工和信息的输出（含信息的反馈）五种功能。它把现代化信息工具——电子计算机、数据通信设备及技术引进管理部门，通过通信网络把不同地域的信息处理中心联结起来，共享网络中的硬件、软件、数据和通信设备等资源，加速信息的周转，为管理者的决策及规划的制定及时提供准确、可靠的依据。城市公共安全信息管理系统是现代化城市公共安全管理中综合处理的枢纽，是公共安全信息管理、安全决策的关键。

三、应急规划的编制步骤

应急规划的编制可分为准备与计划、调研与编写、评审与审批三个阶段。

1. 准备与计划

由政府主管部门提出应急规划任务书。根据应急规划任务书的要求，准备与计划阶段要完成以下工作。

（1）成立规划编制小组

应急规划涉及众多部门和专业领域，需要各方密切配合，共同完成编制工作。成立规划编制小组可形成固定的工作关系，构成紧密的合作形式，保证编制工作的顺利进行。

规划编制小组一般由政府突发公共事件应急事务管理部门、政府突发公共事件应急处置职能部门、政府相关部门、技术专家、管理专家、法律顾问、社会团体、有关企业、科研机构、社会公众代表等部门和人员组成。

（2）任务分解与细化

规划编制小组在对规划任务书理解的基础上，进行任务的分解和细化。首先，将总任务逐步分解为多个子任务，细化到每个子任务能够用具体的数量来衡量任务量，保证各子任务之间有相对的独立性，并列出详细的任务描述清单；其次，对每项子任务提出具体工作要求，包括内容、格式、质量、文字等指标，一方面使编制人员对任务有精细的理解，有助于任务的高质量完成，另一方面便于监督与考核；再次，在前两项工作完成之后，在时间上理顺各项子任务的前后顺序关系，制订出工作流程。

（3）计划制订与工作安排

任务内容与要求明确后，根据现有的人力、物力、资金、信息等资源状况，开始制订工作计划。工作计划可分为总体工作计划、分项工作计划和监察工作计划，可采用文字、图表等表示方式。然后结合任务要求，对任务进行安排和布置。

2. 调研与编写

（1）调研

调研过程要收集大量的信息、数据和资料，需要对它们进行整理、处理和归类。调研可采用填表、问卷、访谈、查阅、实地考察等多种方法相结合的形式，所使用的方法要有利于信息的收集，便于工作的开展。应急规划应关注以下四类信息的收集：

①城市外部环境信息，包括整体形势、政治格局、人员流动、应急管理、应急技术应用、宗教信仰等信息；

②城市内部情况信息，包括自然地理、气候条件、经济基础、地域文化、人口结构、社会发展、技术应用、法制建设等信息；

③城市应急活动信息，包括应急力量、应急资源、应急研究、应急设施等信息；

④其他信息，包括突发公共事件类型、危险源分布等。

（2）分析

在完成信息收集、数据和资料的整理之后，应用相关的理论知识对信息进行全面分析。要建立各种科学的指标评价体系，进行单项指标的评价和总体的评价。

（3）规划编制

在对信息分析的基础上，编写应急规划，组织规划小组成员进行讨论和邀请有关人士发表看法，完善应急规划的内容。在编制规划时，既要有实事求是的态度，又要有创新精神，不可因循守旧、墨守成规。

在编制城市公共安全分区规划时，首先要进行城市区划。城市区划有两种方法，一种是按社会经济特点分区，即功能分区，如居民区、工业区、商业区、娱乐区、文化教育区、经济开发区等；另一种是按行政辖区分区，如天津市的和平区、南开区、河西区、河东区等。行政辖区不仅反映了方便行政的特点，而且也反映了地理位置等特点，按一定层次的行政辖区规划，反映经济、社会上的合理性，而且便于规划的制定和实施。

3. 评审与审批

(1) 评审

为确保应急规划的科学性、合理性和可行性，使之符合城市的实际情况，应依据有关应急的政策、法律、法规、规章、标准和其他有关应急文件，以及城市整体发展规划和城市公共安全要求，组织开展应急规划的评审工作。应急规划的评审分为专家评审和管理评审两类。

专家评审是选择由管理专家、业务专家、法律专家、社会专家、应急专家等权威人士组成的应急规划专家评审小组，从各个角度对应急规划进行评审，保证应急规划的科学、合理、可行。

管理评审是由应急规划制订部门组织公共安全应急管理体系设计的组织、单位、部门、社会人士以及外部相应的组织进行的评审。其目的是为了保证应急规划能够符合管理部门、执行部门和保护对象的实际，得到各方面的认可，便于应急规划的顺利执行。

(2) 审批

应急规划经过专家和管理评审完之后，按照政府管理审批流程完成审批工作。公共安全应急总体规划以政府令的形式颁布实施，其他应急规划根据工作实际需要采用不同的形式发布实施。

第四节　公共安全应急规划的实施

公共安全应急规划实施是对土地、空间及资源加以合理配置及利用，减缓风险。只有实施公共安全规划才能实现应急规划目标，规划的实施过程也是建设城市公共安全系统的过程，进而提高城市的安全水平。

公共安全规划编制的目的是为了实施规划，即把规划变为现实。公共安全规划的实施由政府组织领导，公民、法人和社会团体积极参与并且履行义务和职责。人民政府依法律授权，负责组织编制和实施公共安全规划。所以，政府在实施城市公共安全规划方面居主导地位，而且政府必须建立公共安全规划的制订和管理的专门机构，这些机构主要负责城市公共安全规划制订与年度检查和听证，并且担负着以下职责：

①负责公共安全规划的制订和修改工作。

②每年度进行一次对公共安全规划实施效果的评价；

③提出并采纳改进公共安全规划的建议；

④定期检查公共安全规划以保证其时效性；

⑤适时改进公共安全规划制订委员会；

机构的成员包括了来自安全、公安、环境、公共卫生、公共事务、医疗等部门的各类代表。

第五节　美国应急规划的管理

从 1979 年具有综合应急管理功能的美国联邦应急管理局成立，到 2003 年新的国土安全部接管国家综合应急管理职能的 25 年时间里，美国的各级应急管理体系已经比较完善，尤其是城市应急能力得到了极大的提高，他们在应对各种事件的规范性管理方面值得我国借鉴。

应急规划作为应急管理的核心，贯穿于整个国家的应急防御体系中。减灾规划和应急反应规划是应急防御体系中最常用的两种规划。其中，应急反应总体规划是从联邦、州、市（县）到居民等各级、各部门和各团体最为规范、统一和综合的应急规划并成为各种规划和行动的基本准则。规划本身就是管理中计划职能的具体体现，同时美国对规划的管理也充分利用了计划、组织协调、领导和控制等基本管理职能，使得规划在目标明确、内容综合与多层次兼顾各部门之间相互协调领导工具的统一与规范实施的可控制性方面都得到了切实体现。

美国应急反应规划的宗旨是指导整个国家的应急行动，帮助州和地方政府提高有效的反应能力，以保护公众健康、公共安全和民众财产。该宗旨充分体现了新时期所面临的主要任务。同时国家层次的目标和宗旨始终与各级政府、各层次的目标相一致，并且指导他们的规划与具体行动，使整个国家的应急反应建立在一个统一的体系之内。

一、应急规划主要内容的综合性与多层次性

美国在应急反应规划方面不但做了大量工作，而且将规划作为应急反应的核心，以国家为整体进行的，注重应急管理和应急工作的提前防御。目前美国使用的规划对应急反应过程中的资源配置、人力组织和救助程序以及快速行动都做了具体安排，因此它代表着全国应急反应能力和对应急设施的使用水平。该规划不但对所涉及的救助和反应行动以及步骤进行了比较具体的界定，而且对规划的宗旨、实施、编制基础等都给予了一定程度的说明，使实施规划的人员更能比较清楚地了解规划中的具体细节，非常便于操作。

应急反应规划中对用于救助的资源和救助类型规定得非常详细具体，如对用于救助的资源一般可划分为人力资源、物资供应和应急设施等三部分。其中：人力资源包括对灾害破坏程度评估的专家队伍、应急通讯人员、医疗救助人员、城市搜救人员、应急状态下能源储备供应人员以及与社区应急反应活动联系的人员等；应急反应设备主要指移动厨房、水净化设备、便携式盥洗室和淋浴、帐篷等装备以及必须的补给品；应急反应设施则主要包括野外灾害救助办公室、可移动的指挥中心、灾害恢复建设中心等。

救助类型一般划分为直接救济的快速运送、加速恢复建设和降低灾害破坏以及其他援助等。规划针对各地的不同情况和不同类型的突发事件都做了具体描述与界定，并要求各地政府也以同样详细

的程度分别制订更具体的地方应急反应规划。

美国的应急反应总体规划以基本规划为主，并附以支持功能规划、恢复规划和意外事故反应规划。每种规划都由工作框架、政策、规划假设条件、运行操作概念、反应和恢复行动、责任等六部分组成。

基本规划的工作框架需要提出规划中的具体政策和概念，给出规划假设条件以及反应和恢复建设行动，为援助各州和地方政府提供指导。一般由规划的具体内容、使用范围、应急管理权限与组织机构等部分组成。其中具体内容规定了应急政策、规划假设条件、实施步骤，以及各联邦机构的具体职责；制定应急反应、恢复建设和减灾工作的程序。使用范围明确指出该规划是在发生火灾、洪水等自然灾害和不明原因的爆炸等突发事件时的应急方案，使用的部门涉及所有具有签字权的联邦机构与其他独立机构。应急管理权限与组织机构对应急行动限定了应急管理权限、政策、运行程序以及各种资源的组织，形成了以提供援助为主的国家应急反应框架。根据这个框架所规定的管理权限和政策，联邦政府可以比较顺利地为各州和地方政府的应急反应提供人员、装备、供应设施、管理、技术和咨询顾问服务。框架中所涉及的应急资源主要来自联邦政府、地方政府、州政府、私人部门、部族政府、志愿者组织和国际机构等。这样就形成了以资源组织为核心的国家应急反应工作体系。

二、应急规划的组织充分体现协调性

应急管理是一个从个人、地方到国家，从自然到经济、社会，涉及多方面的复杂而又综合的管理工作，协调组织职能就显得尤为必要。作为在这方面起领导作用的国家机构，联邦应急管理局的组织协调和指挥职能，既包括内部机构之间的协调、上下级各机构之间的协调，还包括不同业务部门之间行动的协调一致。

美国联邦应急管理局与同级别的其他联邦机构、各级地方机构和团体以及与私人部门都保持着良好的合作关系。它不但表现在相互之间的合作，还表现在工作上的互补与协调。尤其是针对应急反应规划，联邦应急管理局为全国的应急管理系统提供统一的应急程序和规范的行动安排。通过该规划，应急管理局为各组织配置资源和救援物资；同时，规划还利用联邦下属的应急事件管理学院进行模拟训练，使各州和地方的应急专家与地方政府官员学会如何与政府、私人和非营利机构进行协作。这些组织协调职能在应急反应规划中都得到了很好的体现。

美国的应急反应规划是在 27 个联邦机构签订协议的基础上，各部门分别承担各自领域的规划内容，经过多次论证而生成的。国土安全部负责协调总体规划包括联邦反应规划主件、相关附件和支持操作程序及其修订。主要执行机构负责救灾援助规划的协调和任务分配。所有职能部门都参与总体规划及其附件和补充内容的编制并参加联邦反应规划的实施、训练和事后评估活动。总体规划编制设有领导小组成员，由各职能部门的负责人组成，在整体层次上指导和监督规划的编制与实施，以及处理应急反应规划涉及的事宜。应急反应队伍有权向规划领导小组提出工作中不能解决的问题，由联邦机构指派代表予以解决随时出现的问题。与此同时在 10 个标准联邦试验区中，每个地区都有一个跨区域机构的指导委员会，来协调跨机构和跨政府部门与救灾规划和实施规划有关的问题。联邦机构指派代表为指导委员会服务，并亲自参加标准试验区的应急准备活动。同时各州应急管理机构也须派出代表参加指导委员会的会议、规划实施和培训活动。

应急反应中资源的调用，需要根据灾情进行先后次序和需求量分配等多方面协调，才能发挥最大效率。这个特点在规划中资源的使用原则方面非常明确地体现了出来。如：按照距离灾害发生地的远近，首先使用灾区现有资源，其次是邻近地区的援助；当一个州的资源出现危机时联邦应急机构应立即进行援助；斯坦福法案要求无论何时联邦机构之间、各援助机构之间都要避免对同一受害者提供重复援助，若有违反受助者须偿还所接受的资源或款项等等。这些原则既规定了不同地区政府、不同部门之间的相互援助，也比较详细地规定了从地方到联邦的各级机构之间的协作，而且还明确了资源组织过程中，资源的所有者与使用者之间以及各种组织之间关系的界定，充分体现了管理过程中的协调职能。

三、应急反应规划实施的有效性

美国应急反应规划中比较强调可操作性及其实施的后果。一般来说，规划可操作性主要取决于两个条件：规划本身的可操作性和操作规划的制度保障。联邦应急规划强调了规划实施的条件，一是针对不同的事件按照该规划对应急行动层次的界定对所需要帮助的地区和受灾者实施帮助；二是在总统宣布重大应急事件的情况下，根据规划对各地方的求助进行积极援助。这样，使其在所有层次的应急反应行动中针对重大事件更具有可操作性。

另一方面，美国在应急反应规划实施方面还建立了许多制度保障，以利用管理中的控制手段保证规划实施的效果。规划中的操作指南决定了规划实施的原则和效果。如联邦反应规划以火灾救援模型为基础，采用的是在意外事件操作系统原则下的多机构协作机制。这种机制利用统一的术语、模式、通信约定命令系统、行动规则和资源管理等规范来控制不同规模和各种意外事件发生时救助需要的人力和设施储备；特定时候，当反应和恢复行动需要同时进行时，所有层次和所有规划的行动都必须保持协调一致。

在实施规划的组织关系上，作为协调者角色的国土安全部具有广泛的行政管理、制订项目和执行专门任务的职能，统管全国以及各级部门、机构的应急工作和应急反应规划。规划采用功能划分的方法将应急反应支持职能划分为 12 个，每种功能都与相应机构对应，具体实施时按照灾害种类采取不同的组合。国防部拥有大量的资源（人员、装备和补给），在重大灾害或紧急事件发生时，可用于支持联邦的应急反应。应急反应规划中这部分资源也算在内。总之，美国应急反应规划不但明确了各部门之间的协作关系，同时还详细规定了在应急事件发生时各部门在实施规划中的具体职责和任务。

四、给我们的启示

美国的应急反应规划仅是各种应急规划中的一种，它所反映出的严密性、统一性、规范性和可操作性都是通过充分运用管理中的计划、组织协调、领导和控制等基本职能而实现的。这就避免了规划中的许多随意性和不确定性。我们的城市管理体系还未完全建立，各项管理职能尚未充分利用，这是导致规划不能贯彻和实施的根源之一。在我国经过 20 余年经济高速增长各项事业取得巨大成功的时刻，应急管理机制的建立又摆在了我们的面前。运用科学发展观对待我国建设过程中的各种事务，需要我们在建立应急管理体系之初就抱着科学规划的态度。相信我们充分运用科学管理手段，能建立起比较完善的应急管理体系。美国应急管理规划能为我们提供经验借鉴。

第八章　突发事件应急急救常识

突发灾害或恶性事故一旦发生，往往来势凶猛，受害面积广泛，瞬间即可造成巨大财产损失和大批人员伤亡。原有的医疗卫生设备、通信设施、交通运输、人力资源以及生命给养系统，也可在灾害发生的刹那间遭到破坏，甚至瘫痪。惨不忍睹的人员伤亡与财产损失给人以莫大的精神刺激，造成严重心理创伤及各种应激性心身疾患；灾后一旦暴发流行病，不仅加重原生灾害的危害与救灾防病的难度，还会对灾民的生命健康构成更严重的威胁。因此，了解和掌握常见突发事故和灾害的防护和救治常识，应用科学的医学方法与技术，及时、有效地加以处置并实施正确的医疗急救十分重要。

第一节　灾害事故现场急救概述

为了将突发公共事故灾害造成的人员伤亡与财产损失减少到最低程度，争分夺秒、及时有效地搞好灾害事故的医疗救援，是灾害事故现场应急急救最重要、最急迫、最关键的措施。灾害事故现场急救的特点和基本原则分别介绍如下。

1. 常见灾害事故现场急救的特点

现场急救是指在事发的现场，对伤员实施及时、有效的初步救护，是立足于现场的抢救。突发公共事故灾害一旦发生，受害面积极广，瞬间即可造成巨大财产损失和大批人员伤亡，而事故发生后的几分钟、十几分钟，则是抢救危重伤员最重要的时刻，医学上称之为“救命的黄金时刻”。在此时间内，抢救及时、正确，生命有可能被挽救；反之，生命丧失或病情加重。因此，采取及时、准确的现场急救非常重要。常见灾害事故现场医疗急救的主要特点有以下几个方面。

（1）突然性与急迫性

各种灾害的发生往往出人意料，具有突然性、急迫性、广泛性和严重性的特点。世界上发生的各种灾害大多是突然发生的，在短短几天、几小时甚至几分钟之内即造成人员和财产的惨重损失。因此，灾害事故现场医疗急救具有突然性、急迫性的特点。

（2）复杂性与不测性

灾害事故致人伤害的性质、种类、程度是极其复杂而且变化莫测的，这一切都使得灾害事故医疗卫生救援工作变得十分复杂而又难以预测。

（3）综合性与艰巨性

灾害事故医疗卫生救援工作是一项错综复杂的综合性工程，它需要整个救灾系统，如排险、运输、通讯、给养、后勤、公安、法制等各个部门的默契配合，才能完成紧急、艰巨、复杂的医疗急救任务。

（4）救治环境的恶劣性

一般，灾区生态环境往往遭到严重破坏，公共设施无法运行。缺电，少水，食物、药品供给不足，生活条件十分艰苦，救治环境也十分恶劣。

（5）伤情的复杂性

因灾害原因和受灾条件的不同，通常多发伤较多见。

（6）危害的持续性

各种灾害发生后往往伴发多种次生灾害，造成持续性的危害。

2. 灾害事故现场急救的基本原则

现场急救的基本原则是先救命，后治伤。现场急救目的是挽救生命，减轻伤残。在生命得以挽救，伤病情得以防止进一步恶化这一最重要、最基本的前提下，还要注意减少伤残的发生，尽量减轻病痛，对神志清醒者要注意做好心理护理，为日后伤员身心全面康复打下良好基础。

(1) 自救、互救

①紧急呼救

当灾害事故发生时，应尽快拨打120、110电话呼叫急救车，或拨打当地担负急救任务医疗部门的电话。

②先救命后治伤

先重伤后轻伤，这是灾害事故现场抢救工作中的一条最基本的原则。在事故的抢救工作中不要因忙乱而受到干扰，被轻伤员喊叫所迷惑，使危重伤员落在最后抢出，处在奄奄一息状态，或者丧命，故一定要本着先救命后治伤的原则开展抢救工作。

③先抢后救，抢中有救，尽快脱离事故现场

在可能再次发生事故或引发其他事故的现场，如失火可能引起爆炸的现场，应先抢后救，抢中有救，尽快脱离事故现场，以免发生爆炸或有害气体中毒等。

④先分类，再运送

如果未经检伤和任何医疗急救处置就急送医院，后果十分严重。因此，必须坚持先进行伤情分类，把伤员集中到标志相同的救护区（为便于准确地救护和转运伤员，可用彩旗显示救护区位置。不同类别的救护区插不同色彩旗，致命伤为黑旗，危重伤为红旗，中重伤为黄旗，轻伤为绿旗），有的伤员需等待伤势稳定后方能运送。

⑤医护人员以救为主，其他人员以抢为主

救护人员应各负其责，相互配合，以免延误抢救时机。通常先到现场的医护人员应该担负现场抢救的组织指挥职责。

⑥尽力保护好事故现场

(2) 伤员分类的等级和处理原则

救护中应减少抢救的盲目性，节省时间，较准确地按伤情分别进行有组织的救护，最大限度地发挥有限医护人员的作用，把救护力量投入到最需要救护的伤员身上。

伤员量大时，必须进行伤情分类，可参考表 8-1 的伤情分类方法进行，在救援预案中应予以明确。伤员分四类验伤，Ⅰ类伤员尽快转送医院及时进行抢救，可明显降低死亡率。

表 8-1　伤情分类

类别	程度	标志	伤情
Ⅰ	危重伤	红色	严重头部伤、大出血、昏迷、各类休克、严重挤压伤、内脏伤、颈部伤、呼吸道烧伤、大面积烧伤（30%以上）等
Ⅱ	中重伤	黄色	胸部伤、开放性骨折、小面积烧伤（30%以下）、长骨闭合性骨折
Ⅲ	轻伤	绿色	无昏迷、休克的头颅损伤和软组织伤
Ⅳ	致命伤	黑色	按有关规定对死者进行处理

(3) 伤员转送

紧急情况发生时，发生人员死亡和受伤难以避免。及时运送伤员到医疗技术条件较好的医院可减少伤亡。要切记：

①搬运伤员时要根据具体情况选择合适的搬运方法和搬运工具；

②在搬运伤员时，动作要轻巧、敏捷、协调；

③对于转运路途较远的伤员，需要寻找合适的、轻便且振动较小的交通工具；

④途中应严密观察病情变化，必要时进行急救处理；

⑤伤员送到医院后，陪送人员应向医务人员交代病情及急救处理经过，便于进一步的伤情处理。

（4）复合伤员急救现场救护原则

①准确判断伤情。不但应迅速明确损伤部位，还应确定其损伤是否直接危及患者的生命，是否需优先处理。

救护顺序一般为心胸部外伤——腹部外伤——颅脑损伤——四肢、脊柱损伤等。

②迅速而安全地使伤员离开现场。搬运过程中，要使伤者保持呼吸道通畅和适当的体位。

③心搏和呼吸骤停时，立即对伤者实施心肺复苏术。

第二节　灾害事故现场急救的基本技术

一、心肺复苏术

抢救生命最重要的技术是心肺复苏术。心肺复苏，国际代称CPR。在日常生活中，健康人出现心脏骤停（如触电、溺水、高空坠落、交通事故、心脏疾病、自然灾害及意外事故等所造成的心脏骤停）时，必须采取胸外按压、人工口鼻呼吸、心内注射、气道开放等抢救过程，使病人能在最短的时间内得救。在抢救过程中胸外按压的位置、按压的强度以及按压的频率是否正确，人工呼吸吹入的空气量是否足够、吹气频率及其他规范动作是否正确，是抢救病人成功的关键。

现场心肺复苏主要由畅通气道（A，Airway）、人工呼吸（B，Breath）和胸外心脏按压（C，Circulation）三部分组成，简称心肺复苏ABC三部曲。

（1）A（assessment＋airway）：从判断神志到开放气道，并确定有无自主呼吸。

①迅速确定伤员是否存在意识（判断神志），呼叫或轻拍伤者

面部。

②迅速使伤员处于平卧位（放置体位）。

③如果伤员昏迷，则应立即畅通呼吸道，清除口腔异物，使伤员保持头后仰、举颌的姿势，可能时施行环甲膜穿刺或气管内插管。

(2) B (breathing)：即人工呼吸。

①如果伤员自主呼吸停止，则维持头部后仰位。

②进行人工呼吸。可采用口对口呼吸，也可用简易呼吸器。

(3) C (circulation)：判断心跳是否存在，并根据判断结果决定是否进行胸外心脏按压。

①如果触摸伤员颈动脉或股动脉无搏动，则应进行胸外心脏按压。

②胸外心脏按压要求定位、姿势及手法正确，每进行心脏按压15次，应进行人工呼吸2次，心脏按压的频率为80～100次/min。

二、现场急救时对伤员的观察与检查

现场急救，受客观条件的限制对伤员不容许像在医院中那样进行全面细致地检查，这就要求救护人员应该抓重点。

①心跳。正常人每分钟心跳60～100次。严重创伤、大出血等患者，心跳多增快，但力量较弱，触诊时感觉脉搏细而快，心跳每分钟120次以上时多为早期休克。当患者死亡时，心跳停止。

②呼吸。正常人每分钟呼吸16～20次，垂危患者的呼吸多变快、变浅、不规则。当患者临死前，呼吸变缓慢、不规则直至停止呼吸。

③瞳孔。正常人两个眼睛的瞳孔是等大、等圆的，遇到光线照来时可以迅速收缩。当患者受到严重伤害时，两侧的瞳孔可能不一般大，可能缩小或散大。

第三节　危险化学品事故的急救

危险化学品具有易燃、易爆及毒性、腐蚀性等特征，在其生产、储存、运输、经营、使用过程中极易发生具有严重破坏性的火灾、爆炸、毒物泄漏等重大事故，造成人员伤亡或者财产损失，严重威胁职工的生命和国家财产的安全。

危险化学品事故主要是指：一是危险化学品发生了意外的、人们不希望的变化，包括化学变化、物理变化以及与人身作用的生物化学变化和生物物理变化等；二是危险化学品的变化造成了人员伤亡、财产损失、环境破坏等事故后果。危险化学品事故最常见的模式是危险化学品发生泄漏而导致的火灾、爆炸、中毒事故，这类事故的后果往往非常严重。

一、危险化学品事故现场急救要点

（1）现场急救注意事项：选择有利地形设置急救点；做好自身及伤病员的个体防护；防止发生继发性损害；应至少 2～3 人为一组集体行动，以便相互照应；进入毒物污染区要注意安全。对于高浓度的硫化氢、一氧化碳等毒物污染区以及严重缺氧环境，必须先予以通风，参加救护人员需佩戴供氧式防毒面具。其他毒物区也应采取有效防护措施方可入内救护，同时应佩戴相应的防护用品、氧气分析报警仪和可燃气体报警仪。所用的救援器材需具备防爆功能。

（2）现场处理：迅速将患者脱离现场至空气新鲜处，中毒者脱离污染区后，应在现场立即着手急救。呼吸困难时给氧，呼吸停止者赶快做人工呼吸，最好用口对口吹气法。剧毒品不适宜用口对口法时，可用史氏人工呼吸法。心脏停止跳动的，立即拳击心脏部位的胸壁或作胸外心脏按摩；人工呼吸与胸外心脏按摩可同时交替进行，直至恢复自主心搏和呼吸。还可直接对心脏内注射肾上腺素或异丙肾上腺素，抬高下肢使头部低位后仰。急救操作时动作不可粗暴，造成新的损伤。皮肤被污染时，脱去被污染的衣服，用流动清水冲洗，冲洗要及时、彻底、反复多次；头面部灼伤时，要注意眼、耳、鼻、口腔的清洗；当人员发生冻伤时，应迅速复温，复温的方法是采用40～42℃恒温热水浸泡，使伤者体温提高至接近正常，在对冻伤的部位进行轻柔按摩时，应注意不要将伤处的皮肤擦破，以防止感染；当人员发生烧伤时，应迅速将患者衣服脱去，用流动清水冲洗降温，用清洁布覆盖创面，避免创面污染，不要任意把水疱弄破，患者口渴时，可适量饮水或含盐饮料。眼部溅入毒物时，应立即用清水冲洗，或将脸部浸入满盆清水中，张眼并不断摆动头部，稀释洗去毒物。

(3) 彻底清除毒物污染，防止继续吸收。脱离污染区后，立即脱去被污染的衣物。对于皮肤、毛发甚至指甲缝中的污染，都要注意清除。对能由皮肤吸收的毒物及化学灼伤，应在现场用大量清水或其他备用的解毒、中和液冲洗。毒物经口侵入体内后，应及时彻底洗胃或催吐，除去胃内毒物，并及时中和解毒药物，减少毒物的吸收。

(4) 使用特效药物治疗时，对症治疗，严重者送医院观察治疗。急救之前，救援人员应确信受伤者所处环境是安全的。另外，实施口对口的人工呼吸及冲洗污染的皮肤或眼睛时，要避免进一步受伤。

二、危险化学品中毒事故的现场急救

1. 中毒急救治疗的一般原则

(1) 经呼吸道吸入中毒

呼吸道吸入中毒的急救治疗，应当首先保持伤者的呼吸道通畅。

(2) 经皮肤吸收中毒

经皮肤吸收毒物，或腐蚀造成皮肤灼伤的毒物，应立即脱去被污染的衣物。用大量清水冲洗皮肤，也可用微温水，禁用热水。冲洗越早、越彻底越好。

2. 中毒急救要点

发生危险化学品中毒时，急救人员应及时采取以下措施。

(1) 将伤员迅速移离中毒现场，至空气新鲜场所给予吸氧，脱除被污染的衣物，用流动清水及时冲洗皮肤，对于可能引起化学性烧伤或能经皮肤吸收中毒的毒物更要充分冲洗，一般不少于20 min，并考虑选择适当中和剂中和处理；眼睛有毒物溅入或引起灼伤时要优先迅速冲洗。

(2) 保护呼吸道通畅，防止梗阻。密切观察患者意识、瞳孔、血压、呼吸等生命体征，发现异常立即处理。

(3) 中止毒物的继续吸收。经口中毒，毒物为非腐蚀性，立即用催吐或洗胃以及导泻的办法使毒物尽快排出体外；腐蚀性毒物中毒时，一般不提倡用催吐与洗胃的方法。

(4) 尽快排出或中和吸入体内的毒物，采取解除或对抗毒物毒性的措施。通过输液、利尿加快代谢，用排毒剂和解毒剂清除吸入体内的毒物。

(5) 对症治疗，支持治疗。保护重要器官功能，维持酸碱平衡，防止水电解质紊乱，防止继发性感染以及并发症和后遗症。

三、危险化学品烧伤事故的现场急救

某些危险化学物质引起的皮肤和组织损害，称为化学烧伤，其病理和临床过程与热力烧伤有相似之处，故化学烧伤属一般烧伤范畴。化学物质侵入人体后，可产生局部和全身损害，其损害程度与化学物品种、浓度、接触时间长短、面积大小以及现场急救措施是否及时、准确、有效等因素有关。

化学烧伤的现场早期处理极为重要，与一般热力灼伤的原则相同，除应迅速撤离致伤环境、镇静、止痛、保护创面、抗休克、保持呼吸道通畅外，还应立即用大量流水冲洗创面，再以药物中和。常见化学烧伤创面的急救处理见表8-2。

表 8-2　化学烧伤创面的急救处理

化学物质	清洗剂	中和剂	清创要求
硫酸	水	5%碳酸氢钠溶液	去除外源性脏物及剪除已破之表皮
硝酸	水	5%碳酸氢钠溶液	去除外源性脏物及剪除已破之表皮
盐酸	水	5%碳酸氢钠溶液	去除外源性脏物及剪除已破之表皮
三氯醋酸	水	5%碳酸氢钠溶液	去除外源性脏物及剪除已破之表皮
酚	水、乙醚或酒精	5%碳酸氢钠溶液，饱和硫酸钠溶液湿敷	去除外源性脏物及剪除已破之表皮
氢氟酸	水	5%碳酸氢钠溶液，创面用氧化镁甘油糊膏，局部动脉注射10%葡萄糖酸钙	去除外源性脏物及剪除已破之表皮
氢氧化钠	水	0.5%～5%醋酸或5%氯化铵或10%枸橼酸	去除外源性脏物及剪除已破之表皮
氢氧化钾	水	0.5%～5%醋酸或5%氯化铵或10%枸橼酸	去除外源性脏物及剪除已破之表皮
石灰	擦去石灰粉末，然后以大量流水冲洗	0.5%～5%醋酸或5%氯化铵或10%枸橼酸	去除外源性脏物及剪除已破之表皮
氨水	水	0.5%～5%醋酸或5%氯化铵或10%枸橼酸	去除外源性脏物及剪除已破之表皮
磷	水	使用硫酸铜溶液，使磷颗粒容易清除，再用5%碳酸氢钠溶液湿敷一日，无碳酸氢钠溶液可以用湿布敷之	移除磷颗粒
氰化物		先用1∶1000高锰酸钾冲洗，然后用5%硫化铵溶液湿敷	

（1）“灭火”，所谓“灭火”，是把化学物质尽快从烧伤的皮肤上消除。最简单而有效的“灭火”方法是脱去被污染的衣服，快速地用大量流动清水冲洗被化学物污染而受伤的皮肤和眼睛，其目的一是起稀释作用，二是用机械作用，将化学物质从创面、黏膜上冲洗干净，因此水要充足，时间要长，一般应在 20 min 以上。其冲洗时间可参考被烧伤皮肤 pH 值恢复正常为标准。如同时伴热力烧伤，冲洗尚有冷疗的作用。头面部烧伤要注意眼、鼻、耳、口腔内的清洗，尤其是眼，应首先冲洗，但动作要轻巧。有些化学物质应按其理化特性分别处理，如四氯化钛（发烟剂）、金属钠和石灰等，沾染皮肤可引起烧伤，但由于这些物质遇水后水解产生大量热更会加重皮肤烧伤，因此不能立即用水清洗，应尽快用布（或纸）把化学物吸掉，再用水彻底清洗，随着持续的大量流动水冲洗，热量也可逐渐消散。

（2）解毒。根据致伤物质的性质，及时采用解毒剂及对抗药物的治疗，或加速化学毒物从体内排泄。在现场无法选用适当解毒剂或在医院一时无法肯定何种毒物性质时，可先采用大量高渗葡萄糖及维生素 C 静脉注射、给氧、输新鲜血液等方法。如无禁忌，可及早使用糖皮质激素和利尿剂，然后根据病情及毒物选用解毒剂。同时根据化学毒物对体内受累的靶器官，早期采用预防性治疗的对症处理，例如磷烧伤应注意保护肝、肾功能；苯酚烧伤应保护肾功能；氨烧伤应防治肺水肿及低氧血症；氯化钡烧伤应防治低血钾及心肌损害等。应注意烧伤的补液量与速度问题，并应细致地加强医学监护，对出现任何一点微小变化的症状、体征及实验室检查，均应及时处理，防止治疗矛盾再造成医源性病变。

第四节　火灾、爆炸事故现场医疗急救

一、火灾事故及现场医疗急救

火灾是一种在时间和空间上失去控制的燃烧现象。多少年来，

火灾一直是人们所遭遇的最主要灾害之一，它严重危害着人们的生命财产，直接影响社会发展和稳定。而且，随着城市经济建设的快速发展，物质财富的急剧增多和新能源、新材料、新设备的广泛开发利用，以及城市建设规模不断扩大和人民物质文化生活水平的提高，火灾发生频率越来越高，造成的损失也越来越大。目前，火灾已经成为我国发生频率最高、破坏性最强的灾种之一。

1. 火灾的逃生与自救基本常识

发生火灾时，应当保持沉着、冷静，切忌盲目乱跑，更不要大声叫喊，否则火区内的烟雾和火焰会随着叫喊而吸入呼吸道，造成伤害。

（1）被火围困的逃生和自救

在烟气较大的情况下，通常的做法是及时地喷水，可以有效地降低浓烟的温度，抑制浓烟蔓延的速度；用毛巾或布蒙住口鼻，可以过滤烟中的微碳粒，减少烟气的吸入；关闭与着火房间相通的门窗，能减少浓烟的侵入；从烟中出逃，如烟不太浓，可俯身行走；如烟较浓，须匍匐爬行，在贴近地面的空气层中，烟害往往是比较轻的；若火势来自门外，开门前应先用手探察门的温度，如已发烫，不宜开门；楼梯已着火，火势尚不很猛烈时，披上浸湿的外衣、毛毯或棉被冲下楼梯；若房间火盛，门被烈火封住或楼梯已被烧断，无法通行时，利用阳台或流水管向下滑；生命受到威胁又无路可逃时，用绳子或床单撕成条状连接起来，一端拴在门窗栏杆或暖气上，沿此向楼下滑。

（2）身上着火的自救

人身上着火，一般是衣服着火，奔跑等于加速了空气流通，火得到了更多的氧气，因此越烧越烈。正确的方法应该是脱去衣服帽子，如果来不及脱衣服，可以卧倒在地上打滚，把身上的火苗压熄。

2. 具体情况的火灾自救、互救

（1）楼内房间被火包围

楼房发生火灾后，能冲出火场就要迅速冲出火场，能转移就要设法转移。火势猛烈，实在没有通路逃离时，可以采用下列方法等待救援：

①紧闭房门，用衣服将门窗封堵住，同时要不断地向门上、窗上泼水。

②室内一切可燃物，如床、桌椅、被褥等，都需要不断向上泼水。

③不要躲到床下、柜子或壁橱里。

④设法通知消防人员前来营救。要俯身呼救，如喊声听不见，可以用手电筒，或挥动鲜艳的衣衫、毛巾及往楼下扔东西等方法引起营救人员的注意。

（2）教学楼起火

①当发现楼内起火时，切忌慌张、乱跑，要冷静地探明着火方位，确定风向，并在火势未蔓延前，朝逆风方向快速离开着火区域。

②起火时，如果楼道被烟火封死，应该立即关闭房门和室内通风孔，防止进烟；随后用湿毛巾堵住口鼻，防止吸入毒气，并将身上的衣服浸湿，以免引火烧身。如果楼道中只有烟而没有火，可在头上套一个较大的透明塑料袋，防止烟气刺激眼睛和吸入呼吸道，并采用弯腰的低姿势，逃离烟火区。

③发生火灾时，不能乘电梯，因为电梯随时可能发生故障或被火烧坏，应沿安全通道朝底楼跑。

（3）电影院、商场等公共场所着火

进入电影院、商场，首先要观察太平门的位置，了解紧急救生路线，这样，万一发生危险，也有望从容脱险；烟火起时，不要惊慌，应辨明方向，认准太平门、安全出口的准确位置，选好逃离现场的路线；沿着疏散通道往外走，千万不要来回跑；不要往舞台上跑，因为舞台上没有安全出口，而且围墙很高；如果烟雾太大或突然断电，沿着墙壁摸索前进，不要往座位底下、角落里或柜台下乱钻。

3. 火灾事故现场医疗急救要点

（1）迅速移出伤员。应使伤员立即离开烟雾环境，置于安静通风凉爽处，解开衣领、裤带，适当保温。

（2）迅速抢救生命。使伤者保持呼吸道通畅，对呼吸停止者实行人工呼吸，给予吸入高浓度氧气，尤其是缺氧、氧化物、一氧化碳等中毒患者。

（3）保护创面。创面要用清洁的被单或衣服简单包扎，尽量不弄破水痕，保护表皮。严重烧伤者不需要涂抹任何药粉、药水，以免给入院后的诊治造成困难，影响诊疗效果。眼部烧伤时可用生理盐水冲洗，用棉签拭除异物，涂抗生素眼膏。

4. 火灾事故各类伤情的急救

火灾事故致人的灾害后果主要是热力烧伤、吸入性损伤、电烧伤等。烧伤后急救的原则是迅速移除致伤源，终止烧伤，脱离现场，并及时给予适当的处理。烧伤病人的现场急救是烧伤治疗的起始和基础，对以后的治疗和病人的生命安全都有十分重要的影响。

（1）热力烧伤的现场急救

热力烧伤一般包括热水、热液、蒸气、火焰和热固体，以及辐射所造成的烧伤。热力烧伤急救有效的措施为立即去除致伤因素，并给予降温。如热液烫伤，应立即脱去被浸渍的衣物，使热力不再继续作用，并尽快用凉水冲洗或浸泡，使伤部冷却，减轻疼痛和损伤程度。火焰烧伤时，切忌奔跑、呼喊、以手扑火，以免助火燃烧而引起头面部、呼吸道和手部烧伤，应就地滚动，或用棉被、毯子等覆盖着火部位，适宜水冲的，以水灭火，不适宜水冲的，用灭火器等灭火。

去除致伤因素后，创面应用冷水冲洗。这样做的好处是能防止热力的继续损伤，可减少渗出和水肿，减轻疼痛。具体方法是，烧伤后创面立即浸入自来水或冷水中，水温要求不严格，15～20°C左右即可，亦可用纱布垫或毛巾浸冷水后敷于局部0.5～1 h，或更长，直到停止冷疗后创面不再感觉疼痛。创面再用无菌敷料，没有条件的可用清洁布单或被服覆盖，尽量避免与外界直接接触，尽快送医院诊治。

(2) 吸入性损伤的现场急救

吸入性损伤是指热空气、蒸气、烟雾、有害气体、挥发性化学物质等致伤因素和其中某些物质中的化学成分被人体吸入所造成的呼吸道和肺实质的损伤以及毒性气体和物质吸入引起的全身性化学中毒。

吸入性损伤主要归纳为以下三个方面。①热损伤，吸入的干热或湿热空气直接造成呼吸道黏膜、肺实质的损伤。②窒息，因缺氧或吸入窒息剂引起窒息是火灾中常见的死亡原因。在燃烧过程中，尤其是密闭环境中，大量的氧气被急剧消耗，而产生高浓度的二氧化碳，可使伤员窒息；另一方面，含碳物质不完全燃烧，可产生一氧化碳，含氮物质不完全燃烧可产生氰化氢，两者均为强力窒息剂，人体吸入后可引起氧代谢障碍，导致窒息。③化学损伤，火灾烟雾中含有大量的粉尘颗粒和各种化学性物质，这些有害物质可通过局部刺激或吸收引起呼吸道黏膜的直接损伤和广泛的全身中毒反应。

现场急救人员应迅速使伤员脱离火灾现场，置于通风良好的地方，清除口鼻分泌物和碳粒，保持呼吸道通畅，有条件者给予导管吸氧，判断是否有窒息剂如一氧化碳、氰化氢等引发中毒的可能性，及时送医疗中心进一步处理，途中要严密观察，防止因窒息而死亡。

（3）电烧伤的现场急救

电烧伤时，首先要用木棒等绝缘物或橡皮手套切断电源，立即进行急救，维持病人的呼吸和循环。在出现呼吸和心跳停止者，应立即进行口对口人工呼吸和胸外心脏按压，不要轻易放弃。

（4）烧伤伴合并伤的现场急救

火灾现场造成的损伤，往往还伴有其他损伤，如煤气、油料爆炸，可伴有爆震伤；房屋倒塌、车祸时可伴有挤压伤；另外，还可造成颅脑损伤、骨折、内脏损伤、大出血等。在急救中，对危及病人生命的合并伤，应迅速给予处理，如活动性出血，应给予压迫或包扎止血；开放性损伤争取灭菌包扎或保护；合并颅脑、脊柱损伤者，应在注意制动下小心搬动；合并骨折者，给予简单固定等。

经过现场急救后，为使伤员能够得到及时、系统的治疗，应尽快转送医院，送医院的原则是尽早、尽快、就近。

火灾烧伤后现场急救是一项必要又具有重要意义的社会工作，需要多方力量的密切配合。当发生大的火灾，有较重大人员伤亡时，现场急救工作应摆在突出位置。国外一些消防队，队员多有良好的现场救治知识，出火场时常配备必要的医护专业人员和救治设备或与医疗急救联动，值得借鉴推广。

二、爆炸事故及现场医疗急救

爆炸是物质由一种状态迅速转变为另一种状态，在瞬间造成大量能量突然释放并对外做功的现象，它是由于限定空间的压力急剧升高的结果。火灾与爆炸这两种常见灾害之间存在着紧密联系，它们经常是相伴发生的。爆炸灾害也会对人类的生命财产造成极其严重的破坏，尤其是爆炸品的失控爆炸，可以造成巨大的财产损失和大量的人员伤亡。1984 年 11 月 19 日，墨西哥的墨西哥城国营炼油厂发生液化石油气蒸气云爆炸，造成 452 人死亡，4 248 人受伤，附近的建筑物也受到严重破坏。随着科学技术的发展，爆炸性物品的种类越来越多，而且使用的场合也越来越广，造成的爆炸事故不断发生。

1. 爆炸事故的致伤特点

（1）爆炸事故很容易导致冲烧毒复合伤。冲烧毒复合伤是所有复合伤中最严重的一种，伤情最重、最难急救；离爆心越近，发生冲烧毒复合伤的机会越多。

（2）致伤因素多，伤情复杂。爆炸产生的热辐射可引起体表和呼吸道烧伤；冲击波除引起原发冲击伤外，爆炸引起的玻片和砂石可使人员产生玻片伤和砂石伤；建筑物倒塌、着火可引起挤压伤和烧伤；毒剂中毒除引起肺损伤外，有的还可引起神经系统的损伤。

（3）外伤掩盖内脏损伤，易漏诊、误诊。单纯的冲击波超压致伤时，体表多完好无损，但常有不同程度的内脏损伤，即呈现外轻内重的特点。当冲击伤合并烧伤或其他创伤时，体表损伤常很显著，此时内脏损伤却容易被掩盖，而决定伤情转归的却常是严重的内脏损伤。如果对此缺乏认识，易造成漏诊、误诊而贻误抢救时机。

（4）杀伤强度大，作用时间长。爆炸事故致冲烧毒复合伤的早期并发症凶险，晚期并发症增多；杀伤面积大，损伤部位多，造成多部位伤的比例增加；随着休克、出血、昏迷等并发症和冲击伤、多部位伤、烧伤的增多，重伤的比例也相应增加。

2. 爆炸事故现场医疗急救要点

（1）立即阻断致伤因素，迅速脱离爆炸事故现场。热辐射烧伤时，应尽快脱去着火的衣服，如来不及脱衣服，可就地迅速卧倒，慢慢滚动压灭火焰。因有毒气体中毒时，应立即终止接触毒物，快速有效地切断毒物进入途径，伤员应立即撤至上风向的安全地域。对溅到皮肤和眼中的氮氧化物，可用大量水冲洗，眼内滴硫酸阿托品及抗菌素溶液预防眼部感染。对处在爆炸事故现场的伤员，均应考虑有冲击伤的可能性，应密切注意观察。

（2）及早、全面诊断。爆炸事故致复合伤的部位、类型、程度对危及生命及肢体存活的重要血管、内脏、颅脑损伤及中毒、窒息等，在休克复苏的同时，应优先处理；不危及生命或肢体存活的复合伤，应待烧伤休克及中毒症状基本被控制、全身情况稳定后再进行处理。

（3）迅速抗休克、抗中毒治疗及纠正脑疝，同时防治肺水肿和脑水肿严重爆炸复合伤。例如，抗休克的重要措施为迅速建立两条以上静脉通道，进行扩容、输血及足够的氧气吸入，应在积极抗休克的同时果断手术，剖胸或剖腹探查以紧急控制来势凶猛的部位伤。

（4）皮肤染毒，首先迅速、及时洗消是关键，再加以特效抗毒药的快速应用。

（5）紧急手术治疗的顺序应遵循首先控制对生命威胁最大的创伤的原则来决定手术的先后。一般是按照紧急手术（心脏及大血管破裂）、急性手术（腹内脏器破裂、腹膜外血肿、开放性骨折）和择期手术（四肢闭合性骨折）的顺序，但如果同时都属急性时，应先是颅脑手术，然后是胸、腹、盆腔脏器手术，最后为四肢、脊柱手术等。提倡急诊室内手术。对于严重复合伤伤员来说时间就是生命，如心脏大血管损伤，手术越快越好。

（6）对症治疗和支持疗法是冲烧毒复合伤救治的一个重要方面，其基本的原则如下：①密切观察伤情变化，特别是冲击伤引起的动脉气体栓塞、迟发性胃肠道穿孔，中毒引起的迟发性肺水肿等；②维持水、电解质及酸碱平衡，及时纠正低氧血症；③脏器功能支持，预防器官功能障碍的发生，如充分有效的复苏、清除和引流感染灶以及循环、呼吸和代谢的支持等；④适时适量补充血浆或白蛋白等；⑤有效控制抽搐与惊厥，当给予维生素 B_6 仍不能止症时，可肌内注射苯巴比妥钠 0.2 g；⑥抗氧化剂的应用，如维生素 C、维生素 E、谷胱甘肽类脂酸或牛磺酸单独或联合应用，有助于减轻氮氧化物引起的肺效应。

（7）注意爆炸事故给公众造成的心理危害程度。突发爆炸事故给伤员造成的精神创伤是明显的。对伤员的救治除现场救护及早期治疗外，还要重视爆炸事故给公众在精神上造成的创伤，并采取正确的应对策略。

第五节　道路交通、空难事故医疗急救

一、道路交通事故医疗急救

道路交通事故，如行人、自行车被机动车撞伤，摩托车、汽车翻车伤及车内人员等，已成为当今社会公害，成为城市人口死亡的四大原因之一。我国汽车保有量大，城镇居民交通法规意识不强，每年发生大量的道路交通事故，例如，2009 年共发生道路交通事故 23.8 万起，造成 67 759 人死亡、275 125 人受伤、直接财产损失 9.1 亿元。

道路交通事故造成的伤害大体可分为减速伤、撞击伤、碾挫伤、压榨伤及跌扑伤等，其中以减速伤、撞击伤为多。减速伤是由于车辆突然而强大的减速所致伤害，如颅脑损伤、颈椎损伤，主动脉破裂、心脏及心包损伤，以及“方向盘胸”等。撞击伤多由机动车直接撞击所致。碾挫伤及压榨伤多由车辆碾压挫伤，或被变形车厢、车身和驾驶室挤压使伤害同时发生于一体。因此，道路交通事故伤亡及经济损失均很严重，需要政府、公安、急救、医疗部门多系统联合救护。

1. 道路交通事故创伤发生的特点

（1）发生率高，在临床医学上属常见病、多发病。

（2）伤情复杂。往往是多发伤、复合伤并存，表现为多个部位

损伤，或多种因素的损伤。

（3）发病突然，病情凶险，变化快。休克、昏迷等早期并发症发生率高。

（4）现场急救至关重要。往往影响着临床救治时机和创伤的转归。

（5）致残率高。

这些都要求现场急救人员、事故处理人员、医务人员等有关工作人员尽最大努力争取时间，抢救伤员生命，避免或减少并发症的发生。

2. 道路交通事故受伤人员的现场急救

成功的道路交通事故现场急救主要包括正确的现场组织、正确的伤情判断和在此基础上实施的及时正确的抢救措施。现场急救措施主要包括通气、止血、包扎、固定及转运四大技术。

（1）正确的现场组织

临时组织救护小组，统一指挥，避免慌乱，要立即扑灭烈火或排除发生火灾的一切诱因，如熄灭发动机、关闭电源、搬开易燃物品，同时派人向急救中心呼救。指派人员负责保护肇事现场，维持秩序。开展自救互救，做好检伤分类，以便及时救护。

（2）正确判断伤情

正确判断伤者的伤情是现场急救的首要任务。其次是使开放性创面免受再污染、减少感染，以及防止损伤进一步加重。如果现场有多位或成批伤员需要救治，急救人员不应急于去救治某一个危重伤员，应首先迅速评估所有的伤员，以期能发现更多的生命受到威胁的伤员。

伤情评估可依 A、B、C、D、E 的顺序进行：

A 气道情况（Airway）：判断气道是否通畅，查明呼吸道有无阻塞。

B 呼吸情况（Breathing）：呼吸是否正常，有无张力性气胸或开放性气胸及连枷胸。

C循环情况（Circulation）：首先检查有无体表或肢体的活动性大出血，如有则立即处理；然后是血压的估计，专业医护人员可使用血压计准确计量。

D神经系统障碍情况（Disability）：观察瞳孔大小、对光反射、肢体有无瘫痪，尤其注意高位截瘫。

E充分暴露（Exposure）：充分暴露伤员的各部位，以免遗漏危及生命的重要损伤。

在伤情评估的过程中，主要注意以下几个方面：

①判断伤者有无颅脑损伤：颅脑损伤在交通事故中十分常见，一旦发生，其致死率和致残率很高，因此不容忽视。交通事故中，某些人员可能由于惊吓和紧张，导致其对外界事务反应迟缓，但这并不表示有实质性的颅脑损害。因此，对伤者首先应大声呼唤或轻推，判断其是否清醒，有无昏迷。此时需要注意的是，在轻推伤者时，严禁用力摇动伤者，防止造成二次损伤。对于清醒的伤者，应询问其在事故中头部有无碰撞，有无头痛、头晕、短暂意识丧失等症状，并注意检查伤者有无头部的表浅损伤，如头皮血肿、头皮裂伤等。如果伤者出现上述情况，即使当时没有其他不适，也需将其送往医院进行检查。

②判断伤者有无脊柱损伤：脊柱和脊髓损伤在交通事故中致残率很高，与其他交通事故创伤不同的是，大多数交通事故导致的人身伤害均有比较明显的伤害暴力与身体接触过程，如头部被车辆撞击或头部撞击到硬质物体（如车窗）或地面等，而脊柱损伤可能源于车辆的突然加速或减速运动。例如在车辆突然停止（正面碰撞）或突然向前方运动（被其他车辆追尾）过程中，驾乘人员的头部容易出现前后的挥鞭运动，特别是乘坐无头枕座椅的驾乘人员，极易出现颈部伤。而对脊柱骨折伤者不正确的搬运，很可能导致伤者的脊髓受损，造成伤者截瘫，给伤者及其家庭造成极大的痛苦。因

此，对于每个伤员，在搬动之前，必须确定其是否有脊柱损伤。如果伤者出现颈后、背部或腰部疼痛，棘突压痛，均提示有可能出现脊柱受损。对于昏迷的伤者，现场急救和搬运中，应按照有脊柱损伤处理。

③判断有无骨折：受伤部位疼痛、压痛、肿胀，均可怀疑有骨折；如果出现轴向叩击痛（如叩击伤者足底导致其大腿疼痛）则高度怀疑疼痛部位有骨折存在；如果出现局部畸形和异常活动，则基本可以确定骨折的存在。

④判断有无胸、腹部脏器损伤：如果伤者出现胸部疼痛、压痛、呼吸困难等，提示有胸部损伤存在；如伤者出现腹痛、腹部压痛，肝、脾、肾区叩击痛，则应怀疑伤者有相应的脏器损伤。

在伤情的判断过程中，要求检查者采用的方法要简单、有效，检查手法准确，轻柔，防止增加伤者的痛苦并造成二次损伤。发现有怀疑颅脑损伤或胸、腹部脏器损伤的伤者，应尽快通知警方和急救中心，说明情况。

（3）正确进行现场急救

如果受伤者在车内，并且无法自行下车时，应尽快将其从车内拖出；如果伤者在车行道上，应迅速将伤者拖离车行道，拖动中要注意不要触及伤者要害部位和伤口；如果伤者由于暴力刺激大脑产生昏迷或由于天气炎热、天气寒冷、缺氧及各种原因中毒产生昏迷时，应立即进行抢救。

①通气。通气指保证伤员有通畅的气道。可采取如下措施：a. 解开衣领，迅速清除伤员口、鼻、咽喉的异物、凝血块、痰液、呕吐物等；b. 对下颌骨骨折而无颈椎损伤的伤员，可将颈项部托起，头后仰，使气道开放；c. 对于有颅脑损伤而深昏迷及舌后坠的伤员，可将舌拉出并固定，或放置口咽通气管；d. 对喉部损伤所致呼吸不畅者，可作环甲膜穿刺或切开；e. 紧急现场气管切开置管通气。

②止血。止血是现场急救首先要掌握的一项基本技术，其主要目的是阻止伤口的持续性出血，防止伤者出现因失血导致的休克和死亡，为伤者赢得宝贵的抢救时间，从而挽救伤者的生命。

在现场急救止血过程中，一般首先应判断伤者出血的原因：毛细血管破裂导致的出血多呈血珠状，可以自动凝结，在现场无需特殊处理，或给予局部压迫即可达到止血的目的；静脉破裂的出血多为涌出，血色暗红，大静脉破裂导致的出血比较快速；动脉破裂导致的出血多为喷射状或快速涌出，血色鲜红。

止血的方法主要有以下方法。

a. 局部压迫止血：是最简单有效的方法，对于绝大多数伤口的出血均可达到良好的止血效果。方法是使用纱布、绷带、三角巾、急救包等对伤口进行加压包扎。如果在事故现场无上述材料，可以使用清洁的毛巾、衣物、围巾等覆盖伤口，包扎或用力压迫。在对肢体伤口的加压包扎过程中，加压力量达到止血目的即可，不宜过大，防止影响肢体的血液循环。

b. 加垫屈肢止血法：在上肢或小腿出血，没有骨折和关节损伤时，可采用屈肢加垫止血。如上臂出血，可用一定硬度、大小适宜的垫子放在腋窝，上臂紧贴胸侧，用三角巾、绷带或腰带固定胸部；如前臂或小腿出血，可在肘窝或腘窝加垫屈肢固定。

c. 动脉压迫止血：对于局部压迫，仍然无法达到止血目的的伤者，可以采用动脉压迫止血的方法。简单地说，就是依靠压迫出血部位近端的大动脉，阻断出血部位的血液供应以达到止血目的。

(a) 压迫腋动脉：在伤者腋下触摸到腋动脉搏动后，以双手拇指用力向伤者肩部方向压迫该动脉，可以达到该侧上肢止血的目的。

(b) 压迫肱动脉：在上臂内侧触及肱动脉搏动后，将该动脉用力压向肱骨。此法用于阻止前臂伤口的出血。

(c) 压迫桡动脉及尺动脉：在腕部掌侧触摸到桡动脉和尺动

脉，同时压迫，阻止手部的出血。

（d）压迫指动脉：用手捏住伤指指根两侧，可以阻止手指出血。

（e）压迫股动脉：在腹股沟（大腿根部）中点可以触及股动脉搏动，用力下压，可以阻断同侧下肢的出血。

（f）对于前臂或手部出血者，还可采用在肘前放置纱布卷或毛巾卷，用力曲肘固定，达到止血目的。

d. 止血带止血：如果采用局部压迫止血无法达到目的，而压迫动脉不便于伤员的转运时，可以使用专用止血带进行止血。在使用止血带的过程中，应注意力量足够。如果力量不足，可能导致止血带没有阻断动脉血流，而仅使静脉回流受阻，导致伤口出血更加凶猛，加速伤者的失血。

如果在交通事故现场没有止血带，可以使用绷带、绳索、领带、毛巾、围巾、衣物等替代。需要特别指出的是严禁用铁丝作为止血带使用。

③包扎。包扎的主要目的是：a. 压迫止血；b. 保护伤口，减轻疼痛；c. 固定。

现场包扎使用的材料主要有绷带、三角巾、十字绷带等。如果没有这些急救用品，可以使用清洁的毛巾、围巾、衣物等作为替代品。包扎时的力量以达到止血目的为准。如果出血比较凶猛，难以依靠加压包扎达到止血目的时，可使用动脉压迫止血或使用止血带。

在包扎过程中，如果发现伤口有骨折端外露，请勿将骨折折断端还原，否则可能导致深层感染。

④固定。固定的主要目的是防止骨折端移位导致的二次损伤，同时缓解疼痛。

在现场急救中，固定均为临时性的，因此一般以夹板固定为主，也可以用木板、竹竿、树枝等替代。固定范围必须包括骨折邻近的关节，如前臂骨折，固定范围应包括肘关节和腕关节。

如果事故现场没有这些材料，可以利用伤者自身进行固定：上肢骨折者可将伤肢与躯干固定；下肢骨折者可将伤肢与健侧肢体固定。

⑤转运。转运是现场急救的最后一个环节。正确及时的转运可能挽救伤者的生命，不正确的转运可能导致在此之前的现场急救措施前功尽弃。

a. 昏迷伤者的转运：在昏迷患者的转运过程中，最为重要的是保持伤者的呼吸道通畅，方法是使患者侧卧，随时注意观察伤者。如果伤者出现呕吐，应及时清除其口腔内的呕吐物，防止误吸。

b. 对于有脊柱损伤的伤者，搬动必须平稳，防止出现脊柱的弯曲。一般使用三人搬运法，严禁背、抱或二人抬，正确方法可由数人共同进行，使伤者身体平直，用均衡协调的力量抬起或滚动，采用俯卧位放置在木板或硬质担架上。不论在何种情况下，抢救人员特别要预防伤者颈椎错位、脊髓损伤，须注意：(a) 凡重伤员从车内搬动、移出前，首先应在地上放置颈托，或行颈部固定，以防颈椎错位，损伤脊髓，发生高位截瘫；一时无颈托，可用硬纸板、硬橡皮、厚的帆布，仿照颈托，剪成前后两片，用布条包扎固定；(b) 对昏倒在座椅上的伤员，安放颈托后，可以将其颈及躯干一并固定在靠背上，然后拆卸座椅，与伤员一起搬出；(c) 对抛离座位的危重、昏迷伤员，应原地上颈托，包扎伤口，再由数人按脊柱损伤的原则搬运伤员。动作要轻柔，腰臀部托住，搬运者用力要整齐一致，平放在木板或担架上。注意，对怀疑有脊柱骨折或不能除外脊柱骨折者，必须按照有脊柱骨折对待。

c. 对于使用止血带的伤者，必须在显著部位注明使用止血带的时间。如无条件，需向参与转运者说明止血带使用的时间。

二、空难事故医疗急救

空难是突发航空事故引起的后果。突发航空事故主要致伤因素有机械伤、烧伤、窒息、气体中毒、减压病等。空难事故的医疗急救主要针对民航商业运输的飞行事故而言，属于灾难医学范畴，与日常医学急救常规有所不同，必须采用灾害的急救原则和方法。

1. 空难事故医疗救护的特点

（1）事故发生的突然性，毫无规律可循；

（2）事故性质的严重性，其救治对象往往是相对大规模人群，伤者情况错综复杂，涉及的问题广泛，以严重多发伤、复合伤、烧伤、气体所致窒息为常见；

（3）抢救工作的困难性，有时在交通极为不便的山区、水中或沼泽地带，尽管在机场和机上都有救生救护设施，但是空难一旦发生，主要靠现场救护；

（4）突发航空事故的紧急救援除医疗救护外，还包含社会学、心理学、管理学等方面的内容。

2. 空中急症的医疗急救

当在空中出现急症时，哪怕是简陋的现场紧急救护也会显得特别重要，空中救护的目的是给患者以持续的生命支持，为进一步的治疗赢得时机。对于危及生命的急危重症，如果继续飞行会危及生命，机组往往会采取紧急措施，即到最近的机场备降。

（1）患者出现异常情况的表现

胸痛、腹痛或头痛、昏迷、呼吸声音的消失、躯体较长时间的不活动、颜面及嘴唇颜色的异常改变、痛苦表情的出现、面部及躯体大汗淋漓、衣物和地面的非正常性潮湿、呼吸急促或喘气、震颤、突然性摔倒或身体萎顿、呻吟、微弱的呼救或求救动作、异常气味等。

（2）把握重点

正确判断患者的生命体征，例如意识状态、瞳孔变化、呼吸、心率、血压。如果患者能够正确回答问题，说明患者意识是清醒的；如果患者对摇动还有反应，但不能够正确回答问题，证明患者意识还是存在的，但病情比较严重；如果患者意识丧失，呼吸、大动脉搏动消失，可以初步判定患者属于猝死，应该立即进行心肺复苏，即人工呼吸和胸外按压，迅速开展抢救；如果患者疼痛剧烈、大汗淋漓、面部颜色改变，则可以初步判断发生与疼痛有关的疾病如心绞痛、结石等。

（3）抢救措施

飞机上空间相对较狭小，不可能为救护提供充足的空间。有许多疾病应该选择在患者的座位上进行，尽量减少患者的移动，减少对患者的病情造成不利的影响，如心肌梗死等。如果患者生命垂危，必须立即进行抢救，抢救需要较大的空间环境，如猝死的心肺复苏等，则应该将患者移到比较宽敞的位置，如飞机的前部（震动较轻，受气流影响较小，救护设备容易展开），并对乘客的座位进行必要的调节，给抢救挪出较大的空间。

科学地进行人工呼吸和胸外按压，常常是患者得以重生的关键。先进的心电监护除颤仪对猝死的患者作用非常大。除颤的正确方法是，敞开患者胸部的衣物，在除颤电极上涂抹导电油，选择适当的能量进行充电，然后将电极分别紧密按在患者的胸骨右侧二、三肋间和心尖区进行放电除颤，必要时可以重复进行。

飞机降落后，后续救援人员迅速展开救治和转运。转送运输组由医护人员、司机和救护车组成。按伤情分类及抢救情况，以先重伤、后轻伤原则转运，并负责转运途中的救护工作。

第一现场医务人员要掌握四种特殊技术：一是登机抢救技术，特别是在烟雾和毒气存在时的抢救技术；二是现场初步急救技术；三是对伤员分类运送技术，尽快将伤员分类，并用不同交通工具尽快运送到医院；四是特殊抢救技术，包括航空中毒和严重烧伤、休克处理。在整个过程中坚持先抢后救、抢中有救，先救命后治伤、先重伤后轻伤，先分类、后运送的救护原则。

3. 空难的医疗急救

空难有可能发生在任何时间和地点，医疗救护工作在接到指令后一定要在最短时间内到达现场，要有专人指挥并接受现场指挥部的调度。首先将患者脱离现场，移至上风处至少 100 m 左右的地点集中，警惕飞机第二次爆炸，避免患者再受伤及医护人员受伤。由于短时间内有大批伤员，救治力量肯定是有限的，存在着伤员救治需要与可能之间的矛盾，因此，必须进行快速、准确验伤、鉴别和伤情分类。

（1）严防重大漏诊

①颅脑或颌面外伤要注意是否合并颈椎骨折或脱位，颅脑外伤一旦发生血压下降应立即想到内脏出血的可能，腹部穿刺可定性诊断。

②下胸部骨折要注意有无肝脾破裂；左侧的多发性肋骨骨折及血气胸需检查心电图，注意有无心肌挫伤、心包填塞等情况。

③严重腹部挤压伤要检查有无膈肌破裂。

④骨盆骨折要注意有无后尿道损伤，可试行留置导尿管。

⑤判断肱骨近端骨折合并肩关节脱位。

（2）抢救措施

①保持患者呼吸道通畅，尤其是头面部、颈胸部外伤伴昏迷或窒息者，让伤者处于侧卧位，清除口腔和气管内异物，防止舌后缀，解开衣领，必要时做环甲膜穿刺或气管切开术，进行机械通气。

②有呼吸、心搏骤停的伤者必须立即进行心肺复苏、脑复苏。

③颅脑开放伤性脑膨出、腹部开放伤脏器脱出，应给予无菌包扎；对于颅底骨折和脑脊液漏的患者切忌填塞，以免导致颅内感染；颅脑外伤、血压稳定可暂行脱水治疗。

④控制可见的出血，可根据情况行填塞压迫止血或止血带止血，原则上尽量缩短使用时间，做好标记，一般以不超过1h为宜。

⑤开放性气胸，特别是张力性气胸应做相应紧急处理。

⑥骨折固定与搬运。长骨干骨折应跨关节固定；怀疑脊柱骨折应保持脊柱在水平位搬运；头颈部外伤或昏迷者应使用颈托，以防高位截瘫。

⑦对烧伤、爆炸伤患者进行前文所述的相应的医疗急救措施。

第六节　地震灾害现场医疗急救

地震是一种突发性的自然灾害，在极短的时间内会引起地面剧烈震动，并形成地表断裂和变形，引起建筑物倒塌和损坏，造成人身伤亡及大量社会物质损失。

我国是地震多发国家，2008年我国境内共发生5级以上地震99次。其中，5月12日四川汶川8.0级地震造成近69 227人死亡，17 923人失踪，373 643人受伤，地震造成直接经济损失8 451亿元。汶川地震是我国30年来遭受的最为严重的地震灾害，是近10年来最为严重的自然灾害，给灾区人民带来极大的伤痛和苦难。

一、地震造成的伤情的特点

（1）地震造成的灾害往往突然，会产生大批伤员；

（2）伤情以多发伤多见，因为房屋倒塌可造成人体砸伤、压伤，如头颅、胸腹、四肢、脊柱均可受伤，由于挤压还可造成脏器的损伤。例如，人体在地震时被挤压，除有外伤外，由于肌肉组织缺血坏死、肢体肿胀及急性肾功能衰竭，伤者往往还有尿毒症的症状。

二、地震现场急救注意的原则

（1）对于现场急救来说，时间就是生命。救护人员要尽可能达到“快速反应、有效救治”的目的。应先救命、后治伤，先抢后救、抢中有救，这是地震现场急救最重要的原则。特别要注意清除伤患者口鼻中的泥土，保持呼吸道通畅。

(2) 应用加压包扎法止血，如加压包扎仍无效时，可用止血带，应注明时间，并加标记；对开放性创面给予包扎，骨折应予固定。

(3) 脊柱骨折在地震中十分常见，在现场又难以确诊，因此要严加注意，要采用硬质担架并将伤员固定在担架上。

(4) 在群众自救、互救基础上，对需要进行医疗救护的伤员必须进行初步分类，分清轻重缓急。对严重威胁生命的重伤员，如窒息、骨折、大出血、昏迷等，先行抢救。在交通运输条件许可下，必须实施分级医疗救护，以减轻灾区救护任务的压力。

(5) 救出伤员后，及时检查伤情，遇颅脑外伤、神志不清、面色苍白、大出血等危重症应优先救护外伤，出血给予包扎、止血，骨折给予固定。

(6) 当病人被压埋在废墟下时，至关重要的是精神上不能崩溃，要给他生存所需要的勇气和毅力。地震时强烈的精神刺激可使在场者出现精神应激反应，常见的症状是疲劳、淡漠、失眠、迟钝、易怒、焦虑、不安等，要加以医学和心理处理，同时要注意后期跟踪治疗。

三、危重伤员的现场救护

(1) 呼吸心跳停止者，在现场立即进行心肺复苏，重伤者如呼吸、心跳停止及大出血、头痛、内脏受伤等应优先抢救。心肺复苏具体步骤如下：

①判断意识：用 5～10 s 的时间轻摇患者身躯，按压人中穴、合谷穴看患者有无意识。若没有，立即将其放正，平卧于硬板上或地面上，保护颈部，使头、颈、躯干无扭曲。

②开放气道：清除口腔内各种异物，采用仰头抬颈手法、压额抬颏法、托颌法等方法使头向后仰，防止舌根后坠而阻塞气道。

③判定呼吸：在开放气道的情况下，用 3～5 s 时间，了解患者有无呼吸。操作者用自己的一侧脸颊靠近患者的口鼻处，感受有无气流，用耳听有无呼吸音，观察有无胸廓起伏。确认无呼吸时，操作者立即实施人工呼吸。

④人工呼吸方法：在开放气道的情况下，用一手的拇指、食指捏紧被救者鼻孔，另一手揿住下巴向下向后使其口张开，然后操作者吸一口气，用嘴将病人的嘴包住吹气，吹气后，捏病人鼻孔的手应松开，嘴离开病人的嘴，让其胸廓自行回缩，呼出吹入的气体，每次连续吹 2 次，每分钟吹 10～12 次（1 次 5～6 s）。

⑤胸外心脏按压（人工循环）的方法：当病人出现无意识、无呼吸、瞳孔散大、面色紫绀或苍白，即可判定心脏停搏，而无需再触摸大动脉来判断病人有无心脏搏动；让心跳呼吸停止的病人立即平卧在平硬物上，操作者在病人一侧，双肘关节伸直，将一手掌根部平放在病人胸骨下 1/3 段，两乳房间，另一手重叠在上，靠自己的臂力和体重，用双手掌根部用力向下压，每分钟 100 次有规律地进行一压一松。

（2）开放性创伤、外出血者应首先抬高患肢，对开放性骨折不应做现场复位以防止组织再度受伤，用清洁纱布或干净的布单等覆盖创面，做简单固定后再进行运转。现场的止血包扎不仅可以止住病人伤口的出血，还可以保护伤口，为后续的治疗创造有利条件。大面创伤者要保持创面清洁，采用压迫止血和止血带止血，压迫材料可用纱布、棉垫或者干净毛巾、枕巾、布块等覆盖在创口上，用绷带或布条包扎，若没有绷带、布条固定时可用手直接按压。对大面积创伤和严重创伤者，给予口服糖盐水预防休克。极度衰弱及低血容量的患者要补充能量及扩充血容量，休克伤员取卧位，对伴有胸腹外伤者要迅速护送转至医疗单位。

第七节　洪涝灾害现场急救

在各种自然灾害中，洪涝是一种常见且又危害极大的灾害。洪水出现频率高，波及范围广，来势凶猛，破坏性极大。21 世纪以来，世界各国曾先后发生过近 40 次特大洪涝灾害，每次都导致上万人的死亡和千百万人的流离失所。在近几十年中，洪涝发生频次与灾害损失都在逐年增加。

中国自古就是洪涝灾害严重的国家。据不完全统计，在从公元前 206 年到 1949 年的 2155 年间，共发生较大水灾 1 092 次，死亡万人以上水灾每 5～6 年即出现一次，这种局面到现代尚无根本的改变。

洪涝灾害不但直接引起人员伤亡和财产损失，还造成一系列其他灾害如滑坡、泥石流、疫病的出现，所以完善的洪涝灾害应急反应系统和进行突发洪涝水灾时的医疗急救十分重要。

洪涝灾害的现场急救要做到以下几点：

（1）做好有序撤退、自救、互救，减少伤亡。一旦发生洪灾，形势十分紧急，医务卫生人员应根据当地政府的安排立即组织居民有序撤退，把灾民尽快转移到地势较高的安全区，用最安全、快捷的方法将落水难民救至舰船上。

（2）落水者的营救

①缓慢接近目标。发现落水难民后，担任援救的舰船应备小艇携带各种捞救器材，缓慢接近目标。

②直接进行捞救。应用有效的捞救器材直接进行捞救。将落水难民移上担架，迅速由医疗救护人员对伤情进行初步检查、会诊确认。

（3）如果发现落水难民发生淹溺伤情，应立刻做俯卧人工呼吸。

（4）具体施救方法如下：

①救护者一腿跪地，另一腿屈膝，将淹溺的难民的腹部置于救护者屈膝的大腿上，将头部下垂，然后用手按压背部使呼吸道及消化道内的水倒排出来。

②抱住淹溺的难民两腿，腹部放在救护者的肩上并快步走动。

③如呼吸、心跳已停止，应立即进行心肺复苏术、胸外心脏按压术和口对口人工呼吸。要坚持较长的时间，切不可轻易放弃。

④呼吸、心跳恢复后，人工呼吸节律可与淹溺的难民的呼吸节律一致，给予辅助，待自动呼吸完全恢复后可停止人工呼吸，同时用干毛巾向心按摩四肢及躯干皮肤，以促进血液循环。

第八节　人为恐怖袭击事故现场急救

近年来，各类恐怖袭击活动在世界范围内蔓延和加剧，威胁各国安全，并造成人民群众生命与财产的重大损失。例如，2001 年“9・11”美国连环恐怖事件中有 3 000 余名无辜民众死亡；2004 年“3・11”马德里列车爆炸恐怖袭击事件中近千群众伤亡。目前，各国政府已将反恐怖斗争作为国家安全的重要任务之一。作为各类恐怖袭击事件中重要环节之一的应急医学救援，在抢险救援伤员中更担负着重要使命。

恐怖袭击分为常规手段和非常规手段两类。常规手段包括炸弹爆炸、枪击、劫持人质和纵火等；非常规手段包括核辐射恐怖袭击、化学恐怖袭击和生物恐怖袭击等。这里重点介绍生物恐怖袭击事故的现场急救。

一、生物战剂危害特点

生物武器有病毒、细菌、衣原体、立克次体、真菌和毒素六大类。侵入人体途径有呼吸道、消化道、皮肤等。致伤特点是具有传染性，可造成疾病流行，有的还可能造成持久危害，能在宿主和传播媒介中生存繁衍，形成自然疫源地。生物战剂危害特点有：

（1）有致病或致死作用。有传染性，可造成流行，有的还可造成持久危害。生物恐怖攻击时使用的生物剂对人的致病力要比化学剂强得多，只要吸入微量或少量沾染，或被带毒的蚊虫叮咬一次即可发病。

（2）污染范围广，不易被发现。在气象、地形适宜的条件下施放生物战剂溶胶，可造成较大范围的污染。

（3）生物战剂进入到人体后要经过一个潜伏期才能造成伤害。若在此潜伏期内采取有效措施，就能免除或减轻其危害程度。

二、生物战剂伤害救护

（1）隔离。传染病员一般就地隔离治疗，不要后送。特殊情况下需要后送时，应在严密防护条件下专人专车后送。

（2）进行病原体检验，及时明确诊断。发现烈性传染病要建立严格隔离、消毒制度。加强卫生整顿、免疫接种、药物预防等措施。做好医学观察和留验，防止传染病扩散。

（3）在病原体未查明前，应考虑使用广谱高效抗感染药。病原体查明后，按传染病常规治疗方法进行。

（4）必须应用个人、集体防护器材。对生物战剂气溶胶，个人可使用相应防毒面具、防护口罩及各种简便器材以防止从呼吸道吸入，使用防毒衣、防疫服、塑料布、防护眼镜等保护皮肤。涂抹驱避剂，使用驱蚊网进行防护。

（5）除做好一般性预防接种外，有条件时应进行针对性的特异性免疫。

（6）在潜伏期内给予抗感染药物，防止发病或减轻症状。

（7）做好检疫工作，及时向上级主管部门报告疫情，处理污染区及疫区。实施检疫应根据污染区或疫区的具体情况、生物战剂的种类和施放方式等，分别采用封锁、限制出入、隔离治疗、隔离留验、终末消毒或扑灭以及解除封锁等不同措施进行卫生整顿和必要的卫生处理。

第九节　突发公共卫生事件的预防与急救

突发公共卫生事件是指突然发生，造成或者可能造成社会公众健康严重损害的重大传染病疫情、群体性不明原因疾病、重大的食物和职业中毒以及其他严重影响公众健康的事件。

突发公共卫生事件包括：

(1) 重大传染病疫情：禽流感、口蹄疫、疯牛病、甲型 H1N1 流感。

(2) 群体不明原因疾病：是指在短时间内，某个相对集中的区域内同时或者相继出现具有共同临床表现病人，且病例不断增加，范围不断扩大，又暂时不能明确诊断的疾病。

(3) 中毒：食物中毒、职业中毒、农药中毒，环境中有毒气体中毒。

(4) 其他严重影响公众健康的事件：自然灾害、人为灾害引起的疫情；恐怖袭击、放射性物质泄漏事件；免疫接种事故、重大群体性医院感染。

一、突发公共卫生事件的预防

突发公共卫生事件应急处置工作的目的，是运用“三级预防”的理念，通过有组织地实施预防控制策略，有效地防止突发公共卫生事件的发生和发展，防患于未然，以减少或消除其危害程度，保障公众健康。具体必须重点做好以下工作。

(1) 开展防范突发公共卫生事件的健康教育，普及相关知识。突发公共卫生事件健康教育工作包括培训健康教育队伍，经常性的开展对公众突发公共卫生事件应急知识健康教育，健康教育工作的督导、评估。

(2) 建立突发公共卫生事件监测预警系统，开展预测、预报工作。认真落实疫情和突发公共卫生事件24小时值班制度，做好记录、初步核实和报告工作；建立突发公共卫生事件监测预警系统，开展系统的监测，及时发现突发公共卫生事件相关线索，并做出科学的预测、预报。

（3）做好突发公共卫生事件应急准备，分级负责、反应及时、措施果断。突发公共卫生事件应急准备工作应当遵循预防为主、常备不懈的方针，贯彻统一领导、分级负责、反应及时、措施果断、依靠科学、加强合作的原则。包括三个步骤：①参与制定应急预案和技术方案；②应急物资的储备；③组建突发公共卫生事件应急处置专业队伍，对相关人员进行培训和应急演练。

（4）规范突发公共卫生事件报告工作，及时提供准确信息，快速做出反应。突发公共卫生事件报告的内容包括：发生的时间、地点、事件的性质、发病人数、死亡人数、主要病征、受威胁人数、事件的可能原因、已采取的应急措施、控制效果、现状和趋势、需要解决的问题等，以及报告的时间、报告人、联系电话等。报告方式有电话报告、传真报告、电子邮件报告、口头报告、书面报告等。

（5）开展检验检测，及时查明事件发生原因，明确诊断。

（6）开展现场控制，采取有效措施，及时控制和消除突发公共卫生事件的危害。

二、突发公共卫生事件的急救

突发公共卫生事件的急救指将病人经紧急处理后再送至医疗机构的院前抢救治疗，包括通风、吸氧、呼吸面罩、心肺复苏、止血制动输液等现场处理措施。现场急救的目的主要是维持病人的基本生命体征，减轻痛苦，缓解症状，快速转运。同时，需注意与传染病人的隔离，做好自身防护，结束后认真对相关物品彻底消毒。现场急救时间不宜过长，力争快速转运或边抢救边转运至接收医院。

（1）标记

伤员如果太多，救护车辆暂时不足，伤员无法及时运送时，由2～5名有经验的医师负责现场检伤，按轻、重、缓、急分别处理。用绿、黄、红、黑四种不同颜色标记分别区分轻、中、重、死亡四种病情，并将各标记挂在相应伤员的胸前或缚在手腕上、烧伤病人注明有无呼吸道烧伤，救护车按重、中、轻的先后顺序转运伤员。

（2）转送

伤员经过检伤后，除一些必须进行现场急救的伤员外，其余的尽快送往合适医院，应该在到达医院前将病者的伤（病）情预先通知急诊室。转送完毕立即告之调度以接受新的指令。转送原则包括：

①专科伤员：如大面积烧伤、颅脑伤、胸外伤、化学毒物中毒为主的伤员直接送往市内最大较近的专科及特色医院；

②重伤员：就近送往技术力量较强的省、市级医院及医学院附属医院（三级甲）；

③中度和轻度伤员：可送往二级以上市级医院；

④死亡者：就地等待善后处理。

三、食物中毒现场急救

食物中毒是人们进食有毒有害食物引起的急性食源性疾病的总称。它包括食入被污染的或腐败变质的食物；饮用含有大量化学毒物或病原微生物的水等引起的疾病。

1. 食物中毒的特点和症状

食物中毒的特点是潜伏期短、突然地和集体地暴发，多数表现为肠胃炎的症状，并和食用某种食物有明显关系。

由细菌引起的食物中毒占绝大多数。由细菌引起的食物中毒的食品主要是变质的动物性食品（如肉类、鱼类、奶类和蛋类等）和植物性食品（如豆制品等）。

食物中毒者最常见的症状是剧烈的呕吐、腹泻，同时伴有中上腹部疼痛。食物中毒者常会因上吐下泻而出现脱水症状，如口干、眼窝下陷、皮肤弹性消失、肢体冰凉、脉搏细弱、血压降低等，最后可致休克（休克症状，如手足发凉、面色发青、血压下降等）。

2．急救措施

（1）发现人员食物中毒时，尽快催吐。可以用筷子或手指轻碰患者咽壁，促使排吐。如毒物太稠，可取食盐 20 g，加冷开水 200 mL，让患者喝下，可多喝几次即可呕吐。

（2）对沙门氏菌食物中毒患者，须皮下注射阿托品 0.5 mg。腹痛甚者，用手导引或针刺足三里、天枢等穴，每次 20～30 min，每天 2～3 次，并用马齿苋 30～60 g 水煎服。

（3）对大肠杆菌食物中毒患者，要及早应用卡那霉素 1～1.5 g/日，分 2～3 次肌肉注射。手导引足三里、天枢穴或用手点揉、针灸上述穴位，可以止泻止痛。

（4）对嗜盐菌食物中毒患者，及早给氯霉素 1～2 g，每日分 4 次口服，并速给 5%～10%葡萄糖 1 000 mL 静脉点滴。

（5）对肉毒杆菌食物中毒患者，使他保护呼吸通畅，吸氧，必要时人工呼吸；迅速用多价肉毒抗毒血清（A、B 及 E 型）5 万～10 万单位肌肉注射，必要时 6 小时后再重复注一次，对肉毒杆菌食物中毒有特效。用1：2 000～1：5 000 高锰酸钾溶液洗胃。用盐酸胍 15～30 mg/日，分 2 次口服，对神经症状效果良好。

第十节　气象防灾减灾常识

我国是世界上受自然灾害影响最为严重的国家之一，灾害种类多，灾害发生频度高，灾害损失严重。由于受灾害影响的人口大体在2亿左右，占全国人口的1/7以上，自然灾害在中国有着较强的社会性。很多时候自然灾害的降临不是突然的，而是事先常会出现某些异常自然现象，如1973年2月6日四川炉霍发生7.9级地震，震前几小时风尘大作，风向紊乱，上下乱窜。因此，除了做好气象灾害的监测、预警工作外，人们可以通过仔细观察分析这些自然界的异常现象，来判定某些灾害的来临，提前采取防范措施，降低或避免生命和财产损失，对防灾减灾意义重大。

一、气象灾害的种类和危害

气象灾害从大的方面可以分为天气灾害和气候灾害两类。

天气灾害：指大范围或局地性、持续性或突发性、短时间强烈的异常天气而带来的灾害，如大范围的寒潮、台风等天气灾害或局地区域所发生的暴雨、冰雹、龙卷风等灾害。

气候灾害：指大范围、长时间的、持续性的气候异常所造成的灾害，如长时间气温偏高、偏低，降水量偏多、偏少而形成的洪灾、干旱、低温冷害等灾害。

我国地域辽阔，东部处于东亚季风区，而西部地处内陆，天气气候复杂，是世界上自然灾害发生十分频繁、灾害种类甚多、造成损失十分严重的少数国家之一。一般来说，我国西北地区及内蒙古、西藏、四川等省（区）属大陆性气候，常年干旱，冬季冻害严重。青藏高原是全国降雹最多的地区，南疆和内蒙古、甘肃两省（区）西部沙尘暴发生最频繁。东北、华北、西北东部及黄淮北部一带，干旱和霜冻发生较为频繁。江淮、江南、华南是全国暴雨洪涝、台风（热带气旋）灾害最为严重的地区，也是雷雨大风、龙卷风等灾害性天气多发区。西南地区中东部一带地形复杂，干旱、暴雨及引发的泥石流、崩塌、滑坡和冰雹、低温阴雨等灾害发生频繁，表8-3为主要气象灾害分类及其危害表。

表 8-3　主要气象灾害及其危害表

灾类	灾种	天气现象	直接危害	次生灾害
洪涝	洪水雨涝	暴雨、大雨	河水泛滥、山洪暴发、城市积水，内涝、渍水，毁坏庄稼、建筑、物资，造成人员伤亡、疾病，作物歉收或绝收，交通、通信受阻	农林灾害，地质灾害（泥石流、滑坡、水土流失），水圈灾害（洪水、内涝）
干旱	干、热风热浪	少雨、久晴、高温	旱灾、城镇用水缺乏，疾病、灼伤、作物逼熟	农林灾害（虫害，林、草火灾），地质灾害（土地荒漠化）
台风	台风	狂风、暴雨	海难，河水泛滥、山洪暴发、城市积水，内涝、渍水，毁坏庄稼、建筑、物资，造成人员伤亡、疾病，作物歉收或绝收，交通、通信受阻	地质灾害（泥石流、滑坡、水土流失），水圈灾害（洪水、内涝、巨浪、风暴潮）
冷冻害	冷害、冻害、冰害、冻雨、雪害、风害	强冷空气、寒潮、霜冻、积雪吹雪、大风	作物歉收，人畜、庄稼、经济林木冻害，牧场积雪、牲畜死亡，雪崩，电线、道路结冰，交通，通信、送电受阻，海难	农林灾害（庄稼、林木冻害，牧业受损），水圈灾害（江、河、湖、海结冰，巨浪）
风暴	雹害、风害、龙卷风、雷击	强对流天气	毁坏庄稼、建筑、物资，人畜伤亡，山洪暴发，交通、通信受阻，交通事故、空难、火灾	农林灾害（森林、草原火灾），地质灾害（泥石流、滑坡，刮走地表土）
连阴雨	连阴雨	阴雨、低温、潮湿	影响作物正常生长发育，烂秧，物资霉变	农林灾害（病虫害）
其他	沙尘暴、浓雾静风	强风、浓雾、烟雾、静风、大气污染	沙流淹没农田，毁坏庄稼、建筑、物资，人畜伤亡，危及人体健康，交通、通信受阻，交通事故，空难，人体疾病	地质灾害（沙丘移动，土壤沙化）

二、灾害的前兆

1. 地震前的征兆

地震是地球深处能量集中释放而引起的地壳强烈运动，因此，震前常出现某些异常自然现象，这叫做地震前兆。下面介绍几种地震前兆。

（1）小震报大震。如唐山大地震以前，曾发生几次小地震，但未能引起人们的重视。

（2）地下水异常。如井水水位突然升高或降低，水突然变苦或变甜、变色、变浑浊或变清，甚至翻旋、冒泡等。

（3）动物反应异常。如牛、羊、骡马不进圈，家禽不吃食，大猫衔小猫，鱼跃水面，蜜蜂群迁，鸽子惊飞等。

（4）出现地声。在地震发生时，常有由远及近的响声，听起来有如闷雷滚滚而过，或是载重车辆疾驶而过，或是千军万马在地下奔腾。声调越沉闷，说明地震越大。

（5）出现地光。地震前天空往往有发光现象，称地光，颜色较多是像闪电那样的蓝白色，再就是红色、紫色、白色、橙色、黄色、绿色等。

（6）植物开花异常。植物的花季是稳定的，而花季突然异变，也可能预示地震将要发生。

（7）地面断裂。若地面突然断裂，也可能是地震诱发。

2. 火山爆发的前兆

火山爆发几个月前就有很多征兆，根据国内外的经验，可以通过如下方法来判断。

（1）频繁地震

火山爆发前常有微震，火山岩外壳出现破裂，火山震动有所增加，表明火山接近喷发，地震仪能够监测到，因此国外一般在活动火山的周围均设有地震站。如圣海伦斯火山在 1980 年 5 月大爆发前曾监测到每天 3 级地震达 30 次之多，苏弗里埃尔火山在 1978 年 4 月大爆发前，可感地震每小时达 15 次。

（2）地质地形变化

由于火山爆发前，地下岩浆的活动剧烈，产生地应力，使地质地形有所改变，出现地裂、塌陷、位移等。火山喷发几个月前就有征兆，因为在突然喷发以前，岩浆会从下面向外挤压，在火山的一侧产生一个可看得见的圆丘。小的火山岩喷发会使圆丘增加隆起程度，使它更不稳定，直到最后发生崩溃，产生巨大爆炸释放压力。但是它什么时候会突然爆发，很难准确预测。

（3）气味异常

在火山爆发以前，岩浆早就在地下大量聚集，并且向地表迫近。这时岩浆中的气体和水蒸气有一部分先行飘散出来，在这些气味中，有硫黄的蒸气和许多含硫的气体，因此，人们通常可以嗅到难闻的气味。

（4）地温、气温、水温升高

火山爆发前，由于岩浆活动，导致附近的地温、气温、水温升高，冰雪融化。地下水温会比平时要高，或出现异常。许多高大的火山常年处于雪线以上，如果火山上的冰雪融化，预示着其将要爆发。

（5）动物异常

和地震之前的情况相似，有些动物会出现烦躁不安、逃跑狂叫、失控、攻击人、集体迁移、死亡等异常现象。飞鸟惊慌，可能不辨方向自撞树木而死。

（6）其他征兆

①银器变黑——硫和银化合能生成黑色的硫化银，所以火山爆发前银器的表面会变黑。

②火山口有气体冒出或比以前的气体冒出速度加快。

③会有地光或彩云出现。

④周围的电磁波发生异常变化。

3. 台风的前兆

台风，是一种热带气旋，它是发生在热带或副热带洋面上急速旋转的低压涡旋，常伴有狂风、暴雨和风暴潮。台风带来的狂风暴雨以及引发的巨浪、风暴潮等灾害，具有很强的破坏力，严重威胁着沿海地区人民群众的生命和财产安全。因此，在台风来临时，一定要提高自我防范意识，避免人身伤害，减少财产损失。台风来临前也是有一定征兆的，这可以帮助人们提前采取预防措施。

(1) 高云出现：台风最外缘是卷云、白色羽毛状或马尾状等甚高之云。当此种云在某方向出现，并渐渐增厚而成为较密的卷层云时，在该方向可能有台风正渐渐接近。

(2) 雷雨停止：夏季如雷雨突然停止，表示可能有台风渐近。

(3) 骤雨忽停忽落：高云出现后，云层渐密渐低，常有骤雨忽停忽落。

(4) 能见度良好：台风来临前两三天，能见度转好。

(5) 海、陆风异常：日间风自海上吹向陆地称为海风，夜间风自陆地吹向海上称为陆风。台风来临前数日，此现象异常。

(6) 风向转变：夏季常吹西南风，转变为东北风时，台风已接近，风速将逐渐增强。

(7) 长浪：夏季近海风力温和，海浪平稳。有台风时，波浪汹涌，伴有长浪。

(8) 海鸣：长浪渐大渐高，撞击海岸山崖发出吼声，此时台风约 3 个小时后到。

(9) 特殊晚霞：台风袭前一两日的日落时分，常在西方地平线下发出数条放射状红蓝相间的美丽光芒，发射至天顶再收敛于东方与太阳对称之处，此种现象称为反暮光。

三、气象灾害的监测、预警

气象灾害的起因非常复杂，预防气象灾害仅依赖于灾害的前兆是远远不够的，必须建设气象灾害监测、预警系统，提高气象灾害预警能力。

气象灾害预警水平首先依赖于大气监测能力的提高，气象卫星从太空监测地球大气，所提供的云图等新的地球大气探测信息极大地丰富了过去常规的大气探测资料，特别是丰富了宽阔海洋、极地和高原、沙漠等人迹稀少地方的探测信息。自有气象卫星探测后，活动在大洋上的台风一般不会漏测了。

我国目前的大气监测网基本上是以监测天气尺度以上系统为原则规划组建的，数十千米至数千米的中小天气尺度系统因目前站网距离大，成了漏网之鱼。为了监测中小天气尺度系统，提高对局地致灾暴雨、雷雨大风、冰雹等的预报水平，减轻山地灾害造成的人民生命财产的损失，很有必要增加站网密度，建设自动气象站。另外，还要建设气象雷达站，提高卫星探测能力，建立起综合性的、密度适合社会发展需求的、现代化的立体大气监测系统，以提高大气监测能力。气象监测预报技术的提高，实现了对大中小不同空间尺度范围内各个气象要素的实时测量。

减轻和防御气象灾害的影响，还要做好灾害的预报预警工作。这意味着在灾害发生前，提前预测气象灾害可能的发生和发展，使减灾防灾措施有的放矢，效益显著。为了更好地做好气象灾害的预报预警工作，提高气象灾害的预警能力，需要不断加强天气气候预报预测新方法的研制，提高对天气气候变化规律的认识。同时，还需要加强天气气候变化监视系统建设，改进天气、气候变化监视手段，达到各种天气、气候探测信息采集及时，分析加工准确，自动化程度高，综合能力强，效率高，使之能反应迅速，为减轻和防御气象灾害赢得宝贵时间。

四、气象防灾减灾对策

目前我国已经初步建成气象监测、预报、通讯和服务系统，特别是近几年来，多数气象台站采用超短波通讯技术，建立了天气预警系统，从而提高了信息传递时效，拓宽了服务面，促进了气象为防灾、抗灾、救灾等系列化服务技术的发展，取得了显著成效。但是，气象减灾服务中仍存在许多问题，气象灾害的预评估机制尚未健全，风险管理部门对气象灾害风险的认识不足，应急准备和应急响应滞后。为了提高我国气象减灾工作能力，实现减灾工作科学化、现代化，应加强以下几方面工作。

（1）加强组织领导，健全减灾指挥系统，协调各部门的减灾工作，改变目前分散“经营”的状态。

（2）积极开展社会公众宣传，提高全民防灾减灾意识，实施公众教育。广泛、深入地宣传各类公共安全知识和最新的应急管理动态，增强公众的忧患意识、社会责任意识。

（3）加强气象灾害预警系统的研究，提高灾害前期的监测、预报和预警水平。掌握气象灾害发生的内在规律性，通过实时监测并做出准确的预测预报，及时发布风险信息。

（4）科学实施灾情评估，提前进行风险规避和部署防御措施。制作不同时段的风险分析图，有重点地进行风险规避，提前采取措施降低风险等级。

（5）加强灾情收集和管理，建立灾害档案系统，这是一项基础工作。应及早制订规章制度，建立灾情调查体系，减少行政干预，实现灾害收集处理自动化、客观化，把我国灾情管理提高到一个新的水平。

（6）加强气象灾害系统的应急管理，从灾害发展演变的过程入手，强化过程控制和管理，进一步完善工作机制，落实各项措施。

附录一　中华人民共和国突发事件应对法

中华人民共和国主席令第六十九号

《中华人民共和国突发事件应对法》已由中华人民共和国第十届全国人民代表大会常务委员会第二十九次会议于 2007 年 8 月 30 日通过，现予公布，自 2007 年 11 月 1 日起施行。

中华人民共和国主席　胡锦涛

2007 年 8 月 30 日

中华人民共和国突发事件应对法

（2007 年 8 月 30 日第十届全国人民代表大会常务委员会第二十九次会议通过）

目　录

第七章　附　则

第一章　总　则

第一条　为了预防和减少突发事件的发生，控制、减轻和消除突发事件引起的严重社会危害，规范突发事件应对活动，保护人民生命财产安全，维护国家安全、公共安全、环境安全和社会秩序，制定本法。

第二条　突发事件的预防与应急准备、监测与预警、应急处置与救援、事后恢复与重建等应对活动，适用本法。

第三条　本法所称突发事件，是指突然发生，造成或者可能造成严重社会危害，需要采取应急处置措施予以应对的自然灾害、事故灾难、公共卫生事件和社会安全事件。

按照社会危害程度、影响范围等因素，自然灾害、事故灾难、公共卫生事件分为特别重大、重大、较大和一般四级。法律、行政法规或者国务院另有规定的，从其规定。

突发事件的分级标准由国务院或者国务院确定的部门制定。

第四条　国家建立统一领导、综合协调、分类管理、分级负责、属地管理为主的应急管理体制。

第五条　突发事件应对工作实行预防为主、预防与应急相结合的原则。国家建立重大突发事件风险评估体系，对可能发生的突发事件进行综合性评估，减少重大突发事件的发生，最大限度地减轻重大突发事件的影响。

第六条　国家建立有效的社会动员机制，增强全民的公共安全和防范风险的意识，提高全社会的避险救助能力。

第七条　县级人民政府对本行政区域内突发事件的应对工作负责；涉及两个以上行政区域的，由有关行政区域共同的上一级人民政府负责，或者由各有关行政区域的上一级人民政府共同负责。

突发事件发生后，发生地县级人民政府应当立即采取措施控制事态发展，组织开展应急救援和处置工作，并立即向上一级人民政府报告，必要时可以越级上报。

突发事件发生地县级人民政府不能消除或者不能有效控制突发事件引起的严重社会危害的，应当及时向上级人民政府报告。上级人民政府应当及时采取措施，统一领导应急处置工作。

法律、行政法规规定由国务院有关部门对突发事件的应对工作负责的，从其规定；地方人民政府应当积极配合并提供必要的支持。

第八条 国务院在总理领导下研究、决定和部署特别重大突发事件的应对工作；根据实际需要，设立国家突发事件应急指挥机构，负责突发事件应对工作；必要时，国务院可以派出工作组指导有关工作。

县级以上地方各级人民政府设立由本级人民政府主要负责人、相关部门负责人、驻当地中国人民解放军和中国人民武装警察部队有关负责人组成的突发事件应急指挥机构，统一领导、协调本级人民政府各有关部门和下级人民政府开展突发事件应对工作；根据实际需要，设立相关类别突发事件应急指挥机构，组织、协调、指挥突发事件应对工作。

上级人民政府主管部门应当在各自职责范围内，指导、协助下级人民政府及其相应部门做好有关突发事件的应对工作。

第九条 国务院和县级以上地方各级人民政府是突发事件应对工作的行政领导机关，其办事机构及具体职责由国务院规定。

第十条 有关人民政府及其部门作出的应对突发事件的决定、命令，应当及时公布。

第十一条 有关人民政府及其部门采取的应对突发事件的措施，应当与突发事件可能造成的社会危害的性质、程度和范围相适应；有多种措施可供选择的，应当选择有利于最大程度地保护公民、法人和其他组织权益的措施。

公民、法人和其他组织有义务参与突发事件应对工作。

第十二条　有关人民政府及其部门为应对突发事件，可以征用单位和个人的财产。被征用的财产在使用完毕或者突发事件应急处置工作结束后，应当及时返还。财产被征用或者征用后毁损、灭失的，应当给予补偿。

第十三条　因采取突发事件应对措施，诉讼、行政复议、仲裁活动不能正常进行的，适用有关时效中止和程序中止的规定，但法律另有规定的除外。

第十四条　中国人民解放军、中国人民武装警察部队和民兵组织依照本法和其他有关法律、行政法规、军事法规的规定以及国务院、中央军事委员会的命令，参加突发事件的应急救援和处置工作。

第十五条　中华人民共和国政府在突发事件的预防、监测与预警、应急处置与救援、事后恢复与重建等方面，同外国政府和有关国际组织开展合作与交流。

第十六条　县级以上人民政府作出应对突发事件的决定、命令，应当报本级人民代表大会常务委员会备案；突发事件应急处置工作结束后，应当向本级人民代表大会常务委员会作出专项工作报告。

第二章　预防与应急准备

第十七条　国家建立健全突发事件应急预案体系。

国务院制定国家突发事件总体应急预案，组织制定国家突发事件专项应急预案；国务院有关部门根据各自的职责和国务院相关应急预案，制定国家突发事件部门应急预案。

地方各级人民政府和县级以上地方各级人民政府有关部门根据有关法律、法规、规章、上级人民政府及其有关部门的应急预案以及本地区的实际情况，制定相应的突发事件应急预案。

应急预案制定机关应当根据实际需要和情势变化，适时修订应急预案。应急预案的制定、修订程序由国务院规定。

第十八条 应急预案应当根据本法和其他有关法律、法规的规定，针对突发事件的性质、特点和可能造成的社会危害，具体规定突发事件应急管理工作的组织指挥体系与职责和突发事件的预防与预警机制、处置程序、应急保障措施以及事后恢复与重建措施等内容。

第十九条 城乡规划应当符合预防、处置突发事件的需要，统筹安排应对突发事件所必需的设备和基础设施建设，合理确定应急避难场所。

第二十条 县级人民政府应当对本行政区域内容易引发自然灾害、事故灾难和公共卫生事件的危险源、危险区域进行调查、登记、风险评估，定期进行检查、监控，并责令有关单位采取安全防范措施。

省级和设区的市级人民政府应当对本行政区域内容易引发特别重大、重大突发事件的危险源、危险区域进行调查、登记、风险评估，组织进行检查、监控，并责令有关单位采取安全防范措施。

县级以上地方各级人民政府按照本法规定登记的危险源、危险区域，应当按照国家规定及时向社会公布。

第二十一条 县级人民政府及其有关部门、乡级人民政府、街道办事处、居民委员会、村民委员会应当及时调解处理可能引发社会安全事件的矛盾纠纷。

第二十二条 所有单位应当建立健全安全管理制度，定期检查本单位各项安全防范措施的落实情况，及时消除事故隐患；掌握并及时处理本单位存在的可能引发社会安全事件的问题，防止矛盾激化和事态扩大；对本单位可能发生的突发事件和采取安全防范措施的情况，应当按照规定及时向所在地人民政府或者人民政府有关部门报告。

第二十三条　矿山、建筑施工单位和易燃易爆物品、危险化学品、放射性物品等危险物品的生产、经营、储运、使用单位，应当制定具体应急预案，并对生产经营场所、有危险物品的建筑物、构筑物及周边环境开展隐患排查，及时采取措施消除隐患，防止发生突发事件。

第二十四条　公共交通工具、公共场所和其他人员密集场所的经营单位或者管理单位应当制定具体应急预案，为交通工具和有关场所配备报警装置和必要的应急救援设备、设施，注明其使用方法，并显著标明安全撤离的通道、路线，保证安全通道、出口的畅通。

有关单位应当定期检测、维护其报警装置和应急救援设备、设施，使其处于良好状态，确保正常使用。

第二十五条　县级以上人民政府应当建立健全突发事件应急管理培训制度，对人民政府及其有关部门负有处置突发事件职责的工作人员定期进行培训。

第二十六条　县级以上人民政府应当整合应急资源，建立或者确定综合性应急救援队伍。人民政府有关部门可以根据实际需要设立专业应急救援队伍。

县级以上人民政府及其有关部门可以建立由成年志愿者组成的应急救援队伍。单位应当建立由本单位职工组成的专职或者兼职应急救援队伍。

县级以上人民政府应当加强专业应急救援队伍与非专业应急救援队伍的合作，联合培训、联合演练，提高合成应急、协同应急的能力。

第二十七条　国务院有关部门、县级以上地方各级人民政府及其有关部门、有关单位应当为专业应急救援人员购买人身意外伤害保险，配备必要的防护装备和器材，减少应急救援人员的人身风险。

第二十八条 中国人民解放军、中国人民武装警察部队和民兵组织应当有计划地组织开展应急救援的专门训练。

第二十九条 县级人民政府及其有关部门、乡级人民政府、街道办事处应当组织开展应急知识的宣传普及活动和必要的应急演练。

居民委员会、村民委员会、企业事业单位应当根据所在地人民政府的要求，结合各自的实际情况，开展有关突发事件应急知识的宣传普及活动和必要的应急演练。

新闻媒体应当无偿开展突发事件预防与应急、自救与互救知识的公益宣传。

第三十条 各级各类学校应当把应急知识教育纳入教学内容，对学生进行应急知识教育，培养学生的安全意识和自救与互救能力。

教育主管部门应当对学校开展应急知识教育进行指导和监督。

第三十一条 国务院和县级以上地方各级人民政府应当采取财政措施，保障突发事件应对工作所需经费。

第三十二条 国家建立健全应急物资储备保障制度，完善重要应急物资的监管、生产、储备、调拨和紧急配送体系。

设区的市级以上人民政府和突发事件易发、多发地区的县级人民政府应当建立应急救援物资、生活必需品和应急处置装备的储备制度。

县级以上地方各级人民政府应当根据本地区的实际情况，与有关企业签订协议，保障应急救援物资、生活必需品和应急处置装备的生产、供给。

第三十三条 国家建立健全应急通信保障体系，完善公用通信网，建立有线与无线相结合、基础电信网络与机动通信系统相配套的应急通信系统，确保突发事件应对工作的通信畅通。

第三十四条 国家鼓励公民、法人和其他组织为人民政府应对突发事件工作提供物资、资金、技术支持和捐赠。

第三十五条　国家发展保险事业，建立国家财政支持的巨灾风险保险体系，并鼓励单位和公民参加保险。

第三十六条　国家鼓励、扶持具备相应条件的教学科研机构培养应急管理专门人才，鼓励、扶持教学科研机构和有关企业研究开发用于突发事件预防、监测、预警、应急处置与救援的新技术、新设备和新工具。

第三章　监测与预警

第三十七条　国务院建立全国统一的突发事件信息系统。

县级以上地方各级人民政府应当建立或者确定本地区统一的突发事件信息系统，汇集、储存、分析、传输有关突发事件的信息，并与上级人民政府及其有关部门、下级人民政府及其有关部门、专业机构和监测网点的突发事件信息系统实现互联互通，加强跨部门、跨地区的信息交流与情报合作。

第三十八条　县级以上人民政府及其有关部门、专业机构应当通过多种途径收集突发事件信息。

县级人民政府应当在居民委员会、村民委员会和有关单位建立专职或者兼职信息报告员制度。

获悉突发事件信息的公民、法人或者其他组织，应当立即向所在地人民政府、有关主管部门或者指定的专业机构报告。

第三十九条　地方各级人民政府应当按照国家有关规定向上级人民政府报送突发事件信息。县级以上人民政府有关主管部门应当向本级人民政府相关部门通报突发事件信息。专业机构、监测网点和信息报告员应当及时向所在地人民政府及其有关主管部门报告突发事件信息。

有关单位和人员报送、报告突发事件信息，应当做到及时、客观、真实，不得迟报、谎报、瞒报、漏报。

第四十条 县级以上地方各级人民政府应当及时汇总分析突发事件隐患和预警信息，必要时组织相关部门、专业技术人员、专家学者进行会商，对发生突发事件的可能性及其可能造成的影响进行评估；认为可能发生重大或者特别重大突发事件的，应当立即向上级人民政府报告，并向上级人民政府有关部门、当地驻军和可能受到危害的毗邻或者相关地区的人民政府通报。

第四十一条 国家建立健全突发事件监测制度。

县级以上人民政府及其有关部门应当根据自然灾害、事故灾难和公共卫生事件的种类和特点，建立健全基础信息数据库，完善监测网络，划分监测区域，确定监测点，明确监测项目，提供必要的设备、设施，配备专职或者兼职人员，对可能发生的突发事件进行监测。

第四十二条 国家建立健全突发事件预警制度。

可以预警的自然灾害、事故灾难和公共卫生事件的预警级别，按照突发事件发生的紧急程度、发展势态和可能造成的危害程度分为一级、二级、三级和四级，分别用红色、橙色、黄色和蓝色标示，一级为最高级别。

预警级别的划分标准由国务院或者国务院确定的部门制定。

第四十三条 可以预警的自然灾害、事故灾难或者公共卫生事件即将发生或者发生的可能性增大时，县级以上地方各级人民政府应当根据有关法律、行政法规和国务院规定的权限和程序，发布相应级别的警报，决定并宣布有关地区进入预警期，同时向上一级人民政府报告，必要时可以越级上报，并向当地驻军和可能受到危害的毗邻或者相关地区的人民政府通报。

第四十四条 发布三级、四级警报，宣布进入预警期后，县级以上地方各级人民政府应当根据即将发生的突发事件的特点和可能造成的危害，采取下列措施：

（一）启动应急预案；

（二）责令有关部门、专业机构、监测网点和负有特定职责的人员及时收集、报告有关信息，向社会公布反映突发事件信息的渠道，加强对突发事件发生、发展情况的监测、预报和预警工作；

（三）组织有关部门和机构、专业技术人员、有关专家学者，随时对突发事件信息进行分析评估，预测发生突发事件可能性的大小、影响范围和强度以及可能发生的突发事件的级别；

（四）定时向社会发布与公众有关的突发事件预测信息和分析评估结果，并对相关信息的报道工作进行管理；

（五）及时按照有关规定向社会发布可能受到突发事件危害的警告，宣传避免、减轻危害的常识，公布咨询电话。

第四十五条　发布一级、二级警报，宣布进入预警期后，县级以上地方各级人民政府除采取本法第四十四条规定的措施外，还应当针对即将发生的突发事件的特点和可能造成的危害，采取下列一项或者多项措施：

（一）责令应急救援队伍、负有特定职责的人员进入待命状态，并动员后备人员做好参加应急救援和处置工作的准备；

（二）调集应急救援所需物资、设备、工具，准备应急设施和避难场所，并确保其处于良好状态、随时可以投入正常使用；

（三）加强对重点单位、重要部位和重要基础设施的安全保卫，维护社会治安秩序；

（四）采取必要措施，确保交通、通信、供水、排水、供电、供气、供热等公共设施的安全和正常运行；

（五）及时向社会发布有关采取特定措施避免或者减轻危害的建议、劝告；

（六）转移、疏散或者撤离易受突发事件危害的人员并予以妥善安置，转移重要财产；

（七）关闭或者限制使用易受突发事件危害的场所，控制或者限制容易导致危害扩大的公共场所的活动；

（八）法律、法规、规章规定的其他必要的防范性、保护性措施。

第四十六条 对即将发生或者已经发生的社会安全事件，县级以上地方各级人民政府及其有关主管部门应当按照规定向上一级人民政府及其有关主管部门报告，必要时可以越级上报。

第四十七条 发布突发事件警报的人民政府应当根据事态的发展，按照有关规定适时调整预警级别并重新发布。

有事实证明不可能发生突发事件或者危险已经解除的，发布警报的人民政府应当立即宣布解除警报，终止预警期，并解除已经采取的有关措施。

第四章 应急处置与救援

第四十八条 突发事件发生后，履行统一领导职责或者组织处置突发事件的人民政府应当针对其性质、特点和危害程度，立即组织有关部门，调动应急救援队伍和社会力量，依照本章的规定和有关法律、法规、规章的规定采取应急处置措施。

第四十九条 自然灾害、事故灾难或者公共卫生事件发生后，履行统一领导职责的人民政府可以采取下列一项或者多项应急处置措施：

（一）组织营救和救治受害人员，疏散、撤离并妥善安置受到威胁的人员以及采取其他救助措施；

（二）迅速控制危险源，标明危险区域，封锁危险场所，划定警戒区，实行交通管制以及其他控制措施；

（三）立即抢修被损坏的交通、通信、供水、排水、供电、供气、供热等公共设施，向受到危害的人员提供避难场所和生活必需品，实施医疗救护和卫生防疫以及其他保障措施；

（四）禁止或者限制使用有关设备、设施，关闭或者限制使用有关场所，中止人员密集的活动或者可能导致危害扩大的生产经营活动以及采取其他保护措施；

（五）启用本级人民政府设置的财政预备费和储备的应急救援物资，必要时调用其他急需物资、设备、设施、工具；

（六）组织公民参加应急救援和处置工作，要求具有特定专长的人员提供服务；

（七）保障食品、饮用水、燃料等基本生活必需品的供应；

（八）依法从严惩处囤积居奇、哄抬物价、制假售假等扰乱市场秩序的行为，稳定市场价格，维护市场秩序；

（九）依法从严惩处哄抢财物、干扰破坏应急处置工作等扰乱社会秩序的行为，维护社会治安；

（十）采取防止发生次生、衍生事件的必要措施。

第五十条　社会安全事件发生后，组织处置工作的人民政府应当立即组织有关部门并由公安机关针对事件的性质和特点，依照有关法律、行政法规和国家其他有关规定，采取下列一项或者多项应急处置措施：

（一）强制隔离使用器械相互对抗或者以暴力行为参与冲突的当事人，妥善解决现场纠纷和争端，控制事态发展；

（二）对特定区域内的建筑物、交通工具、设备、设施以及燃料、燃气、电力、水的供应进行控制；

（三）封锁有关场所、道路，查验现场人员的身份证件，限制有关公共场所内的活动；

（四）加强对易受冲击的核心机关和单位的警卫，在国家机关、军事机关、国家通讯社、广播电台、电视台、外国驻华使领馆等单位附近设置临时警戒线；

（五）法律、行政法规和国务院规定的其他必要措施。

严重危害社会治安秩序的事件发生时，公安机关应当立即依法出动警力，根据现场情况依法采取相应的强制性措施，尽快使社会秩序恢复正常。

第五十一条 发生突发事件，严重影响国民经济正常运行时，国务院或者国务院授权的有关主管部门可以采取保障、控制等必要的应急措施，保障人民群众的基本生活需要，最大限度地减轻突发事件的影响。

第五十二条 履行统一领导职责或者组织处置突发事件的人民政府，必要时可以向单位和个人征用应急救援所需设备、设施、场地、交通工具和其他物资，请求其他地方人民政府提供人力、物力、财力或者技术支援，要求生产、供应生活必需品和应急救援物资的企业组织生产、保证供给，要求提供医疗、交通等公共服务的组织提供相应的服务。

履行统一领导职责或者组织处置突发事件的人民政府，应当组织协调运输经营单位，优先运送处置突发事件所需物资、设备、工具、应急救援人员和受到突发事件危害的人员。

第五十三条 履行统一领导职责或者组织处置突发事件的人民政府，应当按照有关规定统一、准确、及时发布有关突发事件事态发展和应急处置工作的信息。

第五十四条 任何单位和个人不得编造、传播有关突发事件事态发展或者应急处置工作的虚假信息。

第五十五条 突发事件发生地的居民委员会、村民委员会和其他组织应当按照当地人民政府的决定、命令，进行宣传动员，组织群众开展自救和互救，协助维护社会秩序。

第五十六条 受到自然灾害危害或者发生事故灾难、公共卫生事件的单位，应当立即组织本单位应急救援队伍和工作人员营救受害人员，疏散、撤离、安置受到威胁的人员，控制危险源，标明危险区域，封锁危险场所，并采取其他防止危害扩大的必要措施，同时向所在地县级人民政府报告；对因本单位的问题引发的或者主体是本单位人员的社会安全事件，有关单位应当按照规定上报情况，并迅速派出负责人赶赴现场开展劝解、疏导工作。

突发事件发生地的其他单位应当服从人民政府发布的决定、命令，配合人民政府采取的应急处置措施，做好本单位的应急救援工作，并积极组织人员参加所在地的应急救援和处置工作。

第五十七条　突发事件发生地的公民应当服从人民政府、居民委员会、村民委员会或者所属单位的指挥和安排，配合人民政府采取的应急处置措施，积极参加应急救援工作，协助维护社会秩序。

第五章　事后恢复与重建

第五十八条　突发事件的威胁和危害得到控制或者消除后，履行统一领导职责或者组织处置突发事件的人民政府应当停止执行依照本法规定采取的应急处置措施，同时采取或者继续实施必要措施，防止发生自然灾害、事故灾难、公共卫生事件的次生、衍生事件或者重新引发社会安全事件。

第五十九条　突发事件应急处置工作结束后，履行统一领导职责的人民政府应当立即组织对突发事件造成的损失进行评估，组织受影响地区尽快恢复生产、生活、工作和社会秩序，制定恢复重建计划，并向上一级人民政府报告。

受突发事件影响地区的人民政府应当及时组织和协调公安、交通、铁路、民航、邮电、建设等有关部门恢复社会治安秩序，尽快修复被损坏的交通、通信、供水、排水、供电、供气、供热等公共设施。

第六十条　受突发事件影响地区的人民政府开展恢复重建工作需要上一级人民政府支持的，可以向上一级人民政府提出请求。上一级人民政府应当根据受影响地区遭受的损失和实际情况，提供资金、物资支持和技术指导，组织其他地区提供资金、物资和人力支援。

第六十一条　国务院根据受突发事件影响地区遭受损失的情况，制定扶持该地区有关行业发展的优惠政策。

受突发事件影响地区的人民政府应当根据本地区遭受损失的情况，制定救助、补偿、抚慰、抚恤、安置等善后工作计划并组织实施，妥善解决因处置突发事件引发的矛盾和纠纷。

公民参加应急救援工作或者协助维护社会秩序期间，其在本单位的工资待遇和福利不变；表现突出、成绩显著的，由县级以上人民政府给予表彰或者奖励。

县级以上人民政府对在应急救援工作中伤亡的人员依法给予抚恤。

第六十二条 履行统一领导职责的人民政府应当及时查明突发事件的发生经过和原因，总结突发事件应急处置工作的经验教训，制定改进措施，并向上一级人民政府提出报告。

第六章 法律责任

第六十三条 地方各级人民政府和县级以上各级人民政府有关部门违反本法规定，不履行法定职责的，由其上级行政机关或者监察机关责令改正；有下列情形之一的，根据情节对直接负责的主管人员和其他直接责任人员依法给予处分：

（一）未按规定采取预防措施，导致发生突发事件，或者未采取必要的防范措施，导致发生次生、衍生事件的；

（二）迟报、谎报、瞒报、漏报有关突发事件的信息，或者通报、报送、公布虚假信息，造成后果的；

（三）未按规定及时发布突发事件警报、采取预警期的措施，导致损害发生的；

（四）未按规定及时采取措施处置突发事件或者处置不当，造成后果的；

（五）不服从上级人民政府对突发事件应急处置工作的统一领导、指挥和协调的；

（六）未及时组织开展生产自救、恢复重建等善后工作的；

（七）截留、挪用、私分或者变相私分应急救援资金、物资的；

（八）不及时归还征用的单位和个人的财产，或者对被征用财产的单位和个人不按规定给予补偿的。

第六十四条　有关单位有下列情形之一的，由所在地履行统一领导职责的人民政府责令停产停业，暂扣或者吊销许可证或者营业执照，并处五万元以上二十万元以下的罚款；构成违反治安管理行为的，由公安机关依法给予处罚：

（一）未按规定采取预防措施，导致发生严重突发事件的；

（二）未及时消除已发现的可能引发突发事件的隐患，导致发生严重突发事件的；

（三）未做好应急设备、设施日常维护、检测工作，导致发生严重突发事件或者突发事件危害扩大的；

（四）突发事件发生后，不及时组织开展应急救援工作，造成严重后果的。

前款规定的行为，其他法律、行政法规规定由人民政府有关部门依法决定处罚的，从其规定。

第六十五条　违反本法规定，编造并传播有关突发事件事态发展或者应急处置工作的虚假信息，或者明知是有关突发事件事态发展或者应急处置工作的虚假信息而进行传播的，责令改正，给予警告；造成严重后果的，依法暂停其业务活动或者吊销其执业许可证；负有直接责任的人员是国家工作人员的，还应当对其依法给予处分；构成违反治安管理行为的，由公安机关依法给予处罚。

第六十六条　单位或者个人违反本法规定，不服从所在地人民政府及其有关部门发布的决定、命令或者不配合其依法采取的措施，构成违反治安管理行为的，由公安机关依法给予处罚。

第六十七条　单位或者个人违反本法规定，导致突发事件发生或者危害扩大，给他人人身、财产造成损害的，应当依法承担民事责任。

第六十八条 违反本法规定，构成犯罪的，依法追究刑事责任。

第七章 附 则

第六十九条 发生特别重大突发事件，对人民生命财产安全、国家安全、公共安全、环境安全或者社会秩序构成重大威胁，采取本法和其他有关法律、法规、规章规定的应急处置措施不能消除或者有效控制、减轻其严重社会危害，需要进入应急状态的，由全国人民代表大会常务委员会或者国务院依照宪法和其他有关法律规定的权限和程序决定。

应急状态期间采取的非常措施，依照有关法律规定执行或者由全国人民代表大会常务委员会另行规定。

第七十条 本法自 2007 年 11 月 1 日起施行。

附录二　国家突发公共事件总体应急预案

（2005 年 1 月经国务院常务会议讨论通过，
2006 年 1 月 8 日发布实施）

1　总则

1.1　编制目的

提高政府保障公共安全和处置突发公共事件的能力，最大程度地预防和减少突发公共事件及其造成的损害，保障公众的生命财产安全，维护国家安全和社会稳定，促进经济社会全面、协调、可持续发展。

1.2　编制依据

依据宪法及有关法律、行政法规，制定本预案。

1.3　分类分级

本预案所称突发公共事件是指突然发生，造成或者可能造成重大人员伤亡、财产损失、生态环境破坏和严重社会危害，危及公共安全的紧急事件。

根据突发公共事件的发生过程、性质和机理，突发公共事件主要分为以下四类：

（1）自然灾害。主要包括水旱灾害，气象灾害，地震灾害，地质灾害，海洋灾害，生物灾害和森林草原火灾等。

（2）事故灾难。主要包括工矿商贸等企业的各类安全事故，交通运输事故，公共设施和设备事故，环境污染和生态破坏事件等。

（3）公共卫生事件。主要包括传染病疫情，群体性不明原因疾病，食品安全和职业危害，动物疫情，以及其他严重影响公众健康和生命安全的事件。

（4）社会安全事件。主要包括恐怖袭击事件，经济安全事件和涉外突发事件等。

突发公共事件按照其性质、严重程度、可控性和影响范围等因素，一般分为四级：Ⅰ级（特别重大）、Ⅱ级（重大）、Ⅲ级（较大）和Ⅳ级（一般）。

1.4 适用范围

本预案适用于涉及跨省级行政区划的，或超出事发地省级人民政府处置能力的特别重大突发公共事件应对工作。

本预案指导全国的突发公共事件应对工作。

1.5 工作原则

（1）以人为本，减少危害。切实履行政府的社会管理和公共服务职能，把保障公众健康和生命财产安全作为首要任务，最大程度地减少突发公共事件及其造成的人员伤亡和危害。

（2）居安思危，预防为主。高度重视公共安全工作，常抓不懈，防患于未然。增强忧患意识，坚持预防

与应急相结合，常态与非常态相结合，做好应对突发公共事件的各项准备工作。

（3）统一领导，分级负责。在党中央、国务院的统一领导下，建立健全分类管理、分级负责，条块结合、属地管理为主的应急管理体制，在各级党委领导下，实行行政领导责任制，充分发挥专业

应急指挥机构的作用。

（4）依法规范，加强管理。依据有关法律和行政法规，加强应急管理，维护公众的合法权益，使应对突发公共事件的工作规范化、制度化、法制化。

（5）快速反应，协同应对。加强以属地管理为主的应急处置队伍建设，建立联动协调制度，充分动员和发挥乡镇、社区、企事业单位、社会团体和志愿者队伍的作用，依靠公众力量，形成统一指挥、反应灵敏、功能齐全、协调有序、运转高效的应急管理机制。

（6）依靠科技，提高素质。加强公共安全科学研究和技术开发，采用先进的监测、预测、预警、预防和应急处置技术及设施，充分发挥专家队伍和专业人员的作用，提高应对突发公共事件的科技水平和指挥能力，避免发生次生、衍生事件；加强宣传和培训教育工作，提高公众自救、互救和应对各类突发公共事件的综合素质。

1.6　应急预案体系

全国突发公共事件应急预案体系包括：

（1）突发公共事件总体应急预案。总体应急预案是全国应急预案体系的总纲，是国务院应对特别重大突发公共事件的规范性文件。

（2）突发公共事件专项应急预案。专项应急预案主要是国务院及其有关部门为应对某一类型或某几种类型突发公共事件而制定的应急预案。

（3）突发公共事件部门应急预案。部门应急预案是国务院有关部门根据总体应急预案、专项应急预案和部门职责为应对突发公共事件制定的预案。

（4）突发公共事件地方应急预案。具体包括：省级人民政府的突发公共事件总体应急预案、专项应急预案和部门应急预案；各市

（地）、县（市）人民政府及其基层政权组织的突发公共事件应急预案。上述预案在省级人民政府的领导下，按照分类管理、分级负责的原则，由地方人民政府及其有关部门分别制定。

（5）企事业单位根据有关法律法规制定的应急预案。

（6）举办大型会展和文化体育等重大活动，主办单位应当制定应急预案。

各类预案将根据实际情况变化不断补充、完善。

2　组织体系

2.1　领导机构

国务院是突发公共事件应急管理工作的最高行政领导机构。在国务院总理领导下，由国务院常务会议和国家相关突发公共事件应急指挥机构（以下简称相关应急指挥机构）负责突发公共事件的应急管理工作；必要时，派出国务院工作组指导有关工作。

2.2　办事机构

国务院办公厅设国务院应急管理办公室，履行值守应急、信息汇总和综合协调职责，发挥运转枢纽作用。

2.3　工作机构

国务院有关部门依据有关法律、行政法规和各自的职责，负责相关类别突发公共事件的应急管理工作。具体负责相关类别的突发公共事件专项和部门应急预案的起草与实施，贯彻落实国务院有关决定事项。

2.4　地方机构

地方各级人民政府是本行政区域突发公共事件应急管理工作

的行政领导机构，负责本行政区域各类突发公共事件的应对工作。

2.5　专家组

国务院和各应急管理机构建立各类专业人才库，可以根据实际需要聘请有关专家组成专家组，为应急管理提供决策建议，必要时参加突发公共事件的应急处置工作。

3　运行机制

3.1　预测与预警

各地区、各部门要针对各种可能发生的突发公共事件，完善预测预警机制，建立预测预警系统，开展风险分析，做到早发现、早报告、早处置。

3.1.1　预警级别和发布

根据预测分析结果，对可能发生和可以预警的突发公共事件进行预警。预警级别依据突发公共事件可能造成的危害程度、紧急程度和发展势态，一般划分为四级：Ⅰ级（特别严重）、Ⅱ级（严重）、Ⅲ级（较重）和Ⅳ级（一般），依次用红色、橙色、黄色和蓝色表示。

预警信息包括突发公共事件的类别、预警级别、起始时间、可能影响范围、警示事项、应采取的措施和发布机关等。

预警信息的发布、调整和解除可通过广播、电视、报刊、通信、信息网络、警报器、宣传车或组织人员逐户通知等方式进行，对老、幼、病、残、孕等特殊人群以及学校等特殊场所和警报盲区应当采取有针对性的公告方式。

3.2 应急处置

3.2.1 信息报告

特别重大或者重大突发公共事件发生后，各地区、各部门要立即报告，最迟不得超过4小时，同时通报有关地区和部门。应急处置过程中，要及时续报有关情况。

3.2.2 先期处置

突发公共事件发生后，事发地的省级人民政府或者国务院有关部门在报告特别重大、重大突发公共事件信息的同时，要根据职责和规定的权限启动相关应急预案，及时、有效地进行处置，控制事态。

在境外发生涉及中国公民和机构的突发事件，我驻外使领馆、国务院有关部门和有关地方人民政府要采取措施控制事态发展，组织开展应急救援工作。

3.2.3 应急响应

对于先期处置未能有效控制事态的特别重大突发公共事件，要及时启动相关预案，由国务院相关应急指挥机构或国务院工作组统一指挥或指导有关地区、部门开展处置工作。

现场应急指挥机构负责现场的应急处置工作。

需要多个国务院相关部门共同参与处置的突发公共事件，由该类突发公共事件的业务主管部门牵头，其他部门予以协助。

3.2.4 应急结束

特别重大突发公共事件应急处置工作结束，或者相关危险因素消除后，现场应急指挥机构予以撤销。

3.3 恢复与重建

3.3.1 善后处置

要积极稳妥、深入细致地做好善后处置工作。对突发公共事件中的伤亡人员、应急处置工作人员，以及紧急调集、征用有关单位及个人的物资，要按照规定给予抚恤、补助或补偿，并提供心理及司法援助。有关部门要做好疫病防治和环境污染消除工作。保险监管机构督促有关保险机构及时做好有关单位和个人损失的理赔工作。

3.3.2　调查与评估

要对特别重大突发公共事件的起因、性质、影响、责任、经验教训和恢复重建等问题进行调查评估。

3.3.3　恢复重建

根据受灾地区恢复重建计划组织实施恢复重建工作。

3.4　信息发布

突发公共事件的信息发布应当及时、准确、客观、全面。事件发生的第一时间要向社会发布简要信息，随后发布初步核实情况、政府应对措施和公众防范措施等，并根据事件处置情况做好后续发布工作。

信息发布形式主要包括授权发布、散发新闻稿、组织报道、接受记者采访、举行新闻发布会等。

4　应急保障

各有关部门要按照职责分工和相关预案做好突发公共事件的应对工作，同时根据总体预案切实做好应对突发公共事件的人力、物力、财力、交通运输、医疗卫生及通信保障等工作，保证应急救援工作的需要和灾区群众的基本生活，以及恢复重建工作的顺利进行。

4.1　人力资源

公安（消防）、医疗卫生、地震救援、海上搜救、矿山救护、森林消防、防洪抢险、核与辐射、环境监控、危险化学品事故救援、铁路事故、民航事故、基础信息网络和重要信息系统事故处置，以及水、电、油、气等工程抢险救援队伍是应急救援的专业队伍和骨干力量。地方各级人民政府和有关部门、单位要加强应急救援队伍的业务培训和应急演练，建立联动协调机制，提高装备水平；动员社会团体、企事业单位以及志愿者等各种社会力量参与应急救援工作；增进国际间的交流与合作。要加强以乡镇和社区为单位的公众应急能力建设，发挥其在应对突发公共事件中的重要作用。

中国人民解放军和中国人民武装警察部队是处置突发公共事件的骨干和突击力量，按照有关规定参加应急处置工作。

4.2 财力保障

要保证所需突发公共事件应急准备和救援工作资金。对受突发公共事件影响较大的行业、企事业单位和个人要及时研究提出相应的补偿或救助政策。要对突发公共事件财政应急保障资金的使用和效果进行监管和评估。

鼓励自然人、法人或者其他组织（包括国际组织）按照《中华人民共和国公益事业捐赠法》等有关法律、法规的规定进行捐赠和援助。

4.3 物资保障

要建立健全应急物资监测网络、预警体系和应急物资生产、储备、调拨及紧急配送体系，完善应急工作程序，确保应急所需物资和生活用品的及时供应，并加强对物资储备的监督管理，及时予以补充和更新。

地方各级人民政府应根据有关法律、法规和应急预案的规定，做好物资储备工作。

4.4　基本生活保障

要做好受灾群众的基本生活保障工作，确保灾区群众有饭吃、有水喝、有衣穿、有住处、有病能得到及时医治。

4.5　医疗卫生保障

卫生部门负责组建医疗卫生应急专业技术队伍，根据需要及时赴现场开展医疗救治、疾病预防控制等卫生应急工作。及时为受灾地区提供药品、器械等卫生和医疗设备。必要时，组织动员红十字会等社会卫生力量参与医疗卫生救助工作。

4.6　交通运输保障

要保证紧急情况下应急交通工具的优先安排、优先调度、优先放行，确保运输安全畅通；要依法建立紧急情况社会交通运输工具的征用程序，确保抢险救灾物资和人员能够及时、安全送达。

根据应急处置需要，对现场及相关通道实行交通管制，开设应急救援"绿色通道"，保证应急救援工作的顺利开展。

4.7　治安维护

要加强对重点地区、重点场所、重点人群、重要物资和设备的安全保护，依法严厉打击违法犯罪活动。必要时，依法采取有效管制措施，控制事态，维护社会秩序。

4.8　人员防护

要指定或建立与人口密度、城市规模相适应的应急避险场所，完善紧急疏散管理办法和程序，明确各级责任人，确保在紧急情况下公众安全、有序的转移或疏散。

要采取必要的防护措施，严格按照程序开展应急救援工作，确保人员安全。

4.9 通信保障

建立健全应急通信、应急广播电视保障工作体系，完善公用通信网，建立有线和无线相结合、基础电信网络与机动通信系统相配套的应急通信系统，确保通信畅通。

4.10 公共设施

有关部门要按照职责分工，分别负责煤、电、油、气、水的供给，以及废水、废气、固体废弃物等有害物质的监测和处理。

4.11 科技支撑

要积极开展公共安全领域的科学研究；加大公共安全监测、预测、预警、预防和应急处置技术研发的投入，不断改进技术装备，建立健全公共安全应急技术平台，提高我国公共安全科技水平；注意发挥企业在公共安全领域的研发作用。

5 监督管理

5.1 预案演练

各地区、各部门要结合实际，有计划、有重点地组织有关部门对相关预案进行演练。

5.2 宣传和培训

宣传、教育、文化、广电、新闻出版等有关部门要通过图书、报刊、音像制品和电子出版物、广播、电视、网络等，广泛宣传应急法律法规和预防、避险、自救、互救、减灾等常识，增强公众的忧患意识、社会责任意识和自救、互救能力。各有关方面要有计划地对应急救援和管理人员进行培训，提高其专业技能。

5.3　责任与奖惩

突发公共事件应急处置工作实行责任追究制。

对突发公共事件应急管理工作中做出突出贡献的先进集体和个人要给予表彰和奖励。

对迟报、谎报、瞒报和漏报突发公共事件重要情况或者应急管理工作中有其他失职、渎职行为的，依法对有关责任人给予行政处分；构成犯罪的，依法追究刑事责任。

6　附则

6.1　预案管理

根据实际情况的变化，及时修订本预案。

本预案自发布之日起实施。

（完）

参考文献

1. http：//120. 39. net/0912/28/1109479. html.
2. http：//120. 39. net/097/18/617338. html.
3. http：//news. xinhuanet. com/weather/2009—06/05/content _ 11490331. html.
4. http：//ngmchina. com. cn/web/？ action-viewnews-itemid-5046.
5. http：//tieba. baidu. com/f？ kz＝482637603.
6. http：//wenda. tianya. cn/wenda/thread？ tid＝3a81258dde17497d.
7. http：//www. chinasafety. gov. cn.
8. http：//www. dljs. net/showart. asp？ art _ id＝10430.
9. http：//www. emss. org. cn/news/news. asp？ id＝45554.
10. http：//www. xm. gov. cn/zt/qt/2009xmfxftgz/jzcs/200908/t20090824 _ 315084. htm.
11. http：//yuemaoxing. com/blog/index. php？ go＝category _ 29.
12. John A Stoop. Independent accident investigation：a modern safety tool. Journal of Hazardous Materials，2004，111（1）：39－44.
13. Shelian. System Reconstruction of Enterprise Organization：Forewarning Management System Analysis. International Journal of General System，2000（6）：245－249.
14.《应急救援系列丛书》编委会．应急救援法规标准与释读．北京：中国石化出版社，2008.
15. 陈锦治，王旭辉，杨敬．突发公共卫生事件预防与应急管理．

南京：东南大学出版社，2005.
16. 陈婧，刘婧，王志强等. 中国城市综合灾害风险管理现状与对策. 自然灾害学报. 2006，15（6）：17—22.
17. 陈坤. 公共卫生安全. 杭州：浙江大学出版社，2007.
18. 陈强，徐波，尤建新. 城市公共安全管理体系研究. 自然灾害学报，2005，4（14）：90—94.
19. 陈樱. 健全我国公共安全与应急机制的法律体系. 新学术，2008，(3)：183—184.
20. 迟娜娜. 城市灾害应急能力评价指标体系研究［硕士学位论文］. 北京：首都经济贸易大学，2006.
21. 董晓峰. 城市公共安全研究综述. 城市问题，2007，11（148）：71—75.
22. 范维澄，翁文国，张志. 国家公共安全和应急管理科技支撑体系建设的思考和建议. 中国应急管理.
23. 冯庚. 现场自救手册. 北京：同心出版社，2001.
24. 谷传军. 论我国突发事件应急法律体系的完善. 科学论坛，2007，(4)：80.
25. 顾林生. 顾林生谈国外公共安全与应急管理及对我国的启示，http：//cpc. people. com. cn.
26. 郭济. 中央和大城市政府应急机制建设. 北京：中国人民大学出版社，2004.
27. 郭进修，李泽椿. 我国气象灾害的分类与防灾减灾对策. 灾害学，2005，20（4）：106—110.
28. 韩大元，莫于川. 应急法制论. 北京：法律出版社，2005.
29. 霍然，杨振宏，柳静献. 火灾爆炸预防控制工程学. 北京：机械工业出版社，2007.
30. 计雷，池宏，陈安. 突发事件应急管理. 北京：高等教育出版社，2005.

31. 经士仁，薛新伟. 构建突发事件应急管理体系框架初探 . Well-off Society Strategies and Systems Engineering，Global-Link Publisher，2004，695—699.

32. 寇丽平. 浅谈城市公共安全规划的现状及可行性方案. 城市安全规划，2006，30（10）：69—73.

33. 李军涛. 略论我国公共安全法律体系特点及发展方向. 法制与社会，2009，（8）：194—196.

34. 刘茂，赵国敏，王伟娜. 城市公共安全规划编制要点和规划目标的研究. 城市公共安全 2006，1（4）：10—18.

35. 刘铁民. 应急体系建设和应急预案编制. 北京：企业管理出版社，2004.

36. 陆长苏. 整合资源，建立和完善城市公共安全应急体制. 国际地震动态，2004，12（12）：26—28.

37. 莫纪宏. 中国紧急状态法的立法状况及特征. 法学论坛，2003，18（4）：5—12.

38. 秦启文，陆林，周永康等. 突发事件的预防和应对. 北京：新华出版社，2008.

39. 沈荣华 . 国外防灾救灾应急管理体制 . 北京：中国社会出版社，2008.

40. 沈蔚，陈云浩，胡德勇. 城市应急联动系统的研究与实现. 计算机工程，2006，32（20）：267—272.

41. 史培军，刘婧，徐亚骏. 区域综合公共安全管理模式及中国综合公共安全管理对策. 自然灾害学报，2006，15（6）：10—16.

42. 史培军，刘婧. 突发公共安全事件与应急管理对策. 城市与减灾，2006，（6）：4—8.

43. 孙斌. 公共安全应急管理. 北京：气象出版社，2007.

44. 王绍玉，冯百侠. 城市灾害应急与管理 . 重庆. 重庆出版社，2005.
45. 王一镗. 现场急救常用技术. 北京：中国医药科技出版社，2003.
46. 王毅. 论完善我国应急法律制度的宪法依据. 扬州大学学报（人文社会科学版），2004，8（3）：70—73.
47. 王振海，陈洪泉雷仲敏城市公共安全管理——以青岛为个案分析青岛：中国海洋大学出版社，2005.
48. 吴爱明. 公共安全：公共管理不可忽视的社会问题. 行政论坛，2004，11（60）：3—5.
49. 吴超，吴宗之. 公共安全知识读本. 北京：化学工业出版社，2006.
50. 吴富宁，刘洪伟. 气象灾害系统成灾分析及应急管理. 中国水利，2009，(3)：45—46.
51. 吴富宁. 气象灾害风险预报研究. 城市减灾，2008，(2)：2—5.
52. 吴量福. 美国地方政府管理中的应急系统及其运作. "中国首届政府应急管理论坛"讲稿，2003.
53. 吴叶葵. 关于提高我国政府应对突发事件能力的思考. 生产力研究，2007，9：79—81.
54. 夏保成. 西方公共安全管理. 北京：化学工业出版社，2006.
55. 邢娟娟. 事故现场救护与应急自救. 北京：航空工业出版社，2006.
56. 邢娟娟等. 企业事故应急救援与预案编制技术. 北京：气象出版社，2007.
57. 薛澜，钟开斌. 突发公共事件分类、分级与分期：应急体制的管理基础.《中国行政管理》学术论坛，2005，2（236）：102—104.
58. 姚永玲. 美国应急反应规划的管理. 国外城市规划，2006，1（21）：48—54.
59. 于安. 制定紧急状态法的基本问题（下）. 法学杂志，2004，25（5）：6—8.

60. 于殿宝. 事故管理与应急处置. 北京：化学工业出版社，2008.
61. 原军良，原源. 加强公共安全应急管理体系建设. 理论探索，2008，(4)：122－124.
62. 袁凤芝. 我国应急法律制度建设存在的主要问题及对策. 经济师，2007，(7)：78.
63. 岳茂兴，刘志国，蔺宏伟等. 灾害事故现场医学应急救援的主要特点及救护原则. 中国全科医学，2004，7 (18)：1327－1329.
64. 岳茂兴. 危险化学品事故急救. 北京：化学工业出版社，2005.
65. 岳茂兴. 灾害事故现场急救. 北京：化学工业出版社，2006.
66. 张付领，刘宇，刘建新等. 公共安全法学与法律法规概论. 北京：当代中国出版社，2007.
67. 张富强. 公共卫生应急法律制度的构建和完善. 学术研究，2003，(12)：81－84.
68. 张丽. 应急管理制度中存在的伦理价值问题及完善措施. 新西部，2009，(8)：74－75.
69. 张沛，潘峰. 现代城市公共安全应急管理概论. 北京：清华大学出版社，2007.
70. 张维平. 关于完善中国突发公共事件应急法律制度体系的构想. 中北大学学报（社会科学版），2006，22 (3)：1－5.
71. 赵秀雯. 公共安全管理在社会和谐发展中的作用. 安全与环境学报，2006，6：64－66.
72. 郑东方，李美庆. 事故灾难应急管理法规体系探讨. 工业安全与环保，2008，34 (7)：55－57.
73. 郑双忠，邓云峰. 城市突发公共事件应急能力评估体系及其应用. 辽宁工程技术大学学报，2006，25 (6)：943－946.
74. 中华人民共和国卫生部. 道路交通事故受伤人员临床诊疗指南.

75. 周静茹. 以科学发展观解析公共安全之内涵和外延. 长春大学学报，2006，2（16）：73－75.
76. 周晓丽. 灾害性公共危机治理. 北京：社会科学文献出版社，2008.
77. 朱兰娟，蔡海航，姜纪红等. 农业气象灾害预警系统的开发与应用. 科技通报，2008，24（6）：758－761.
78. 胡二邦．环境风险评价实用技术和方法．北京：中国环境科学出版社，2000.
79. 马宗晋等．灾害学导论．长沙：湖南人民出版社，1998.
80. 董华，胡军，薛梅．系统论方法在城市公共安全系统构建中的应用．中国安全科学学报，2003，13（6）：36－39.
81. 张成福．公共危机管理：全面整合的模式与中国的战略选择．中国行政管理，2003，（7）：6－11.
82. 李习彬．改进和完善我国政府危机管理的几条建议．中国行政管理，2003，（11）：16－19.